Knaur
MensSana

Von Richard Carlson und Benjamin Shield ist außerdem erschienen:

*Das kleine Buch der Seele*

Von Richard Carlson ist erschienen:

*Glaub an dich!*
(03/2004)

Über die Autoren:

Dr. Richard Carlson, Psychologe, bekannter Stress-Management-Berater und Dozent auf dem Gebiet der Persönlichkeitsentwicklung. Der Bestseller-Autor ist u.a. auch Herausgeber des regelmäßig erscheinenden Mitteilungsblattes „The Soul Times".

Dr. Benjamin Shield, Psychologe und Seminarleiter. Der Schwerpunkt seiner Arbeit liegt auf der Integration von Körper, Geist und Seele. Er ist Autor zahlreicher Artikel, Bücher und Hörkassetten über Psychologie, Heilung und Spiritualität.

Richard Carlson und
Benjamin Shield (Hrsg.)

# Das kleine Buch des Herzens

Stellen Sie eine Frage,
schlagen Sie eine Geschichte auf,
und lesen Sie die Antwort

Mit einem Vorwort von John Gray

Aus dem Amerikanischen
von Renate Dornberg

Knaur
MensSana

Die englische Originalausgabe erschien 1996 unter dem Titel *Handbook for the Heart* bei Little, Brown and Company, Boston, New York, Toronto, London

---

*Dieses Buch ist euch gewidmet, den Lesern.*
*Möge euer Leben voller Liebe sein.*

---

Besuchen Sie uns im Internet: www.droemer-knaur.de
Alle Titel aus dem Bereich MensSana finden Sie im Internet unter
www.knaur-mens-sana.de

Vollständige Taschenbuchausgabe 2003
Dieser Titel erschien bereits unter der Bandnummer 87009.
Knaur Taschenbuch.
Ein Unternehmen der Droemerschen Verlagsanstalt
Th. Knaur Nachf. GmbH & Co. KG, München

Redaktion: Ralf Lay, Mönchengladbach
Umschlaggestaltung: ZERO Werbeagentur, München
Satz: Barbara Rabus, Sonthofen
Druck und Bindung: Ebner Ulm
Printed in Germany

ISBN 3-426-87225-0

2 4 5 3 1

# Inhalt

# Dank

Wir möchten folgenden Menschen für ihre liebevolle Unterstützung bei der Entstehung dieses Buches danken:

Jennifer Josephy und Little, Brown and Company dafür, daß sie zuversichtlich unsere Vision teilten.

Patti Breitman, Sheree Bykofsky und Linda Michaels für ihre Professionalität und ihren Enthusiasmus.

Stephen Lamont für sein ausgezeichnetes Lektorieren.

Gay Edelman, Barry Fox, Dr. Pamela DuMond-Shield, Tom Bedell, Mark Lipsman, Steve Hasenberg und Valerie Harms für ihren phantasiereichen und hingebungsvollen Einsatz.

Unseren besonderen Dank und Respekt möchten wir allen Autoren aussprechen, die uns Einblick in ihre Weisheit gaben und so großzügig ihr Herz mit uns teilten. Sie halten uns vor Augen, daß der beste Lehrer mit gutem Beispiel vorangeht. Unseren tiefempfundenen Dank an alle, die an diesem Projekt beteiligt waren.

# Vorwort

*von Dr. John Gray*

Die Liebe ist zum Heiligen Gral unserer Zeit geworden. Die Menschen wollen mehr davon, leiden unter ihrem Mangel und streben ihr ganzes Leben danach. *Das kleine Buch des Herzens* befaßt sich mit dieser Suche nach der Liebe und vermittelt Fertigkeiten, die wir auf unserem Weg brauchen. Auf den folgenden Seiten untersuchen die führenden Experten auf dem Gebiet des Herzens die vielen Facetten des Diamanten Liebe, um uns bei unserer sehnlichen Suche zu helfen.

Für viele von uns beruhen die Schwierigkeiten in unseren Beziehungen darauf, daß wir während des kulturellen Übergangs von einer alten Form der Partnerfindung zu einer neuen leben. Früher suchte man sich einen Ehepartner in erster Linie, um eine Familie zu gründen und Sicherheit zu finden. Der Mann arbeitete außerhalb des Heims, die Frau zog die Kinder groß. Beide Eltern erwarteten von ihren Kindern, daß sie bei der Arbeit halfen und sich im Alter um sie kümmern würden. Heute sind die Geschlechter jedoch selbständiger und weniger voneinander abhängig, was Sicherheit und Überleben angeht. Männer ziehen Kinder groß, und Frauen haben Berufe. So kommt es, daß sie sich immer häufiger vor allem deshalb suchen, um beieinander Erfüllung langentbehrter emotionaler Bedürfnisse zu finden.

Dadurch hat sich die Grundlage der Ehe geändert. Wir heiraten nicht mehr, um zu überleben, sondern um Nähe und Intimität zu finden. Ironischerweise werden heutzutage viele Ehen geschieden, weil die Menschen mehr und nicht weniger Liebe wollen. Viele finden, ihr Wunsch nach Liebe müsse befriedigt werden, wenn sie bei ihrem Partner bleiben sollen.

Wir sehnen uns nach dem Gefühl, geliebt, bewundert und geschätzt und nicht nur als Stütze zur finanziellen Absicherung betrachtet zu werden. Sobald die Menschen in der Lage sind, ihre Familie zu ernähren, können sie sich auf die Qualität ihrer gemeinsamen Verbindung konzentrieren. Ein neuer Sinn und Zweck des Lebens tritt hervor, wenn ein Herzensband geknüpft wird. *Das kleine Buch des Herzens* hilft Ihnen, die Hindernisse zu beseitigen, die vor tiefen, liebevollen Beziehungen stehen.

Um diese Liebe zu erreichen, müssen wir empfänglich sein für die Liebe, die wir brauchen. Wir müssen nicht nur wissen, wie wir sie erhalten können, sondern auch, wie wir unseren Partnern die Zuwendung geben, die sie brauchen. Dazu ist es erforderlich, bessere Kommunikationsformen zu entwickeln, als unsere Eltern sie hatten. Wir müssen unsere Bedürfnisse artikulieren können, auch wenn wir und unser Partner uns im Laufe der Zeit ändern. Früher lebten die meisten Männer und Frauen in getrennten Welten, ohne auch nur zu versuchen, ihre innersten Gedanken und Gefühle miteinander zu teilen. Meine Mutter erwartete zum Beispiel nie von meinem Vater, daß er sich ihr gegenüber mitteilte.

Heutzutage müssen beide lernen, respektvoll miteinander umzugehen. In unserer Welt ist es nicht mehr so, daß die Männer für einen bestimmten Bereich wie zum Beispiel das Haushaltsbudget verantwortlich sind und die Frauen für einen anderen, etwa die gesellschaftlichen Verpflichtungen. Da Frauen zunehmend zum Unterhalt der Familie beitragen, möchten sie auch etwas zu sagen haben, wenn es darum geht, wie das Geld ausgegeben wird. Und Männer wollen bei der Planung der Freizeit mitreden. Die wachsende Bedeutung der Liebe in unseren Beziehungen führt außerdem zu einer größeren Fähigkeit zur romantischen Leidenschaft und mehr Zuwendung für die Kinder. Auch der Begriff der Liebe hat sich gewandelt: Früher entwickelte sich Zuneigung aus Loyalität und einem gemeinsamen gesellschaftlichen Hintergrund. Romantische Leidenschaft war in den meisten Fällen weniger wichtig, oder man erwartete nicht, daß sie von Dauer war. Als Liebesbeweis galt, wenn man sich für seinen Partner aufopferte. Heutzutage hingegen sind die Menschen nicht länger gewillt, ihr Dasein in gegenseitiger Aufopferung zu fristen. Wenn wir in einer Beziehung unser Ich opfern, verlieren wir die Verbindung zu uns selbst und zu unseren Gefühlen und können auch keinen anderen Menschen wirklich lieben. Für uns bedeutet Liebe Leidenschaft, Partnerschaft, Romantik und eine funktionierende Kommunikation. Gefühle sind ungeheuer wichtig geworden. Liebe, Intimität und Nähe sind bedeutsamer als jemals zuvor.

Um mein eigenes Leben mit Liebe zu füllen, habe ich mir die wichtigsten Verhaltensweisen und Handlungen angeeignet, die ein liebevolles Klima schaffen. In meiner Ehe habe ich gelernt, daß es gewöhnlich die kleinen Aufmerksamkeiten sind, die Anklang finden: Meine Frau und ich haben liebevolle Rituale entwickelt, wir tun etwas füreinander, um uns gegenseitig eine Freude zu machen. Wenn sie zum Beispiel mit im Auto sitzt, trete ich immer schon auf die Bremse, wenn die Ampel auf

Gelb springt, und halte an. Sie ist dankbar dafür, weil sie weiß, daß ich oft noch bei Gelb durchbrause, wenn ich allein fahre. Manchmal sage ich ihr dann sogar, daß ich ihretwegen so vorsichtig gefahren sei. Normalerweise reagiert sie mit einem leisen Lachen und sagt: »Ich danke dir vielmals.« Ein weiteres Beispiel: Selbst nach zehn Jahren Ehe bringe ich ihr immer noch regelmäßig frische Blumen mit. Es sind die kleinen Dinge, die die Romantik am Leben erhalten.

Bei meinen Kindern achte ich darauf, daß die Zeit, die wir zusammen verbringen, durch nichts unterbrochen wird. Ich habe ihnen beigebracht, daß sie mich, falls sie einmal meine volle Aufmerksamkeit brauchen, am Hosenbein zupfen können und ich sofort meine Arbeit unterbreche und ihnen zuhöre. Auch denke ich immer daran, ihnen etwas von meinen Reisen mitzubringen – ein winziges Geschenk, das ihnen zeigt, wie lieb ich sie habe. Die kleinen Dinge, die sagen: »Du bist etwas Besonderes«, sind am wirkungsvollsten, um das Leben mit Liebe zu füllen.

Damit meine eigenen Bedürfnisse nicht zu kurz kommen, widme ich meine Zeit den Aktivitäten, die mir Spaß machen. Auch wenn meine Frau findet, wir sollten etwas zusammen unternehmen, ziehe ich mich zurück, wenn ich nicht in der richtigen Stimmung bin – verspreche ihr allerdings, daß wir später zusammen etwas machen werden. Wenn wir an erster Stelle uns selbst etwas geben, ist letztlich mehr da für unsere Beziehungen und Familien.

Viele Menschen opfern in der Illusion, dadurch nett zu sein, einfach zuviel ihres Selbst und verlieren damit die Fähigkeit, wahrhaft zu lieben und die Liebe zu erhalten, die sie brauchen. Sie leiden, wenn sie nicht erkannt haben, wie lebenswichtig die Liebe für sie ist. Die Liebe ist ein wesentliches »Vitamin«, besonders in unserer Gesellschaft, in der Effizienz, Produktivität und virtuelle Realitäten den höchsten Stellenwert zu haben scheinen. Häufig werden unsere Enttäuschungen, Ängste, Krankheiten und Erschöpfungszustände durch einen Mangel an Liebe verursacht. Die Menschen merken nicht, was ihnen – im wahrsten Sinne des Wortes – fehlt.

*Das kleine Buch des Herzens* bietet eine Zuflucht vor der Geschäftigkeit des Alltags und spricht von der Freude, die aus einem Leben in Liebe gewonnen wird. Dieses Buch zu lesen, die Worte der Menschen zu hören, die es sich zur Lebensaufgabe gemacht haben, die Liebe zu definieren, aufzuzeigen, wie wir am erfolgreichsten Liebe ausdrücken, geben und empfangen können, ist von größtem Wert – und ein außergewöhnliches Geschenk. Genau wie bei mir wird *Das kleine Buch des Herzens* Ihr Leben auf mannigfaltige Weise positiv beeinflussen.

# Einführung

»Man sieht nur mit dem Herzen gut. Das Wesentliche ist für die Augen unsichtbar.«
*Antoine de Saint-Exupéry (1900–1944)*
DER KLEINE PRINZ

Wenn Sie einen einzigen Wunsch für unsere Welt frei hätten, wie sähe der aus? Unserer bestünde ganz einfach darin, daß wirklich jeder Mensch inneren Frieden fände. Und wir glauben, das Geschenk des Friedens beginnt mit von Liebe erfüllten Herzen.

Wer von uns wünscht sich nicht mehr Liebe in seinem Leben? Und wer hat nicht schon seufzend weitergemacht in der Geschäftigkeit des Alltags und dabei die Gelegenheit, Liebe zu zeigen, verstreichen lassen? Die Umarmung eines Kindes wird gelöst, um einen Telefonanruf entgegenzunehmen, eine Freundin wird vernachlässigt, weil sie weit weg wohnt, ein Kompliment des Partners geht in einer Diskussion über finanzielle Angelegenheiten unter, eine wohltätige Arbeit wird aus den Gedanken verbannt und auf »später« verschoben. Es scheint, als würden die wirklich wichtigen, von Herz zu Herz gehenden Momente viel zu oft vernachlässigt. Und unser Leben, unser aller Leben, wird dadurch ärmer.

Wir wissen, daß wir Liebe wollen und brauchen, Liebe, die wir geben, und Liebe, die wir empfangen. In all ihrer Fülle. Aber wie können wir das Tempo unseres Alltags drosseln und mehr Liebe in unser Leben bringen, wenn innere und äußere Belastungen uns von unserem tiefsten

Herzenswunsch ablenken? Es gibt viele außergewöhnliche Menschen, die ihr Leben der Beantwortung ebendieser Frage widmen. Und da wir wußten, daß sie Rollenmodelle entwickelt haben, die uns als Vorbild dienen können, haben wir sie direkt um ganz konkrete, praktische Ratschläge gebeten, wie wir unser Leben mit Liebe füllen könnten. »Wie«, so fragten wir sie, »machen Sie das?«

So wurde die Idee zu dem vorliegenden Buch geboren. Wir stellten eine »Wunschliste« für mögliche Mitautoren auf, Menschen, die uns seit langen Jahren lehren, was Liebe bedeutet. Sie haben sich sozusagen den Ruf als Experten auf dem Gebiet der Liebe errungen. Manchmal kamen uns Zweifel. Wären diese wundervollen Lehrer bereit, ihr Wissen in einem Sammelwerk weiterzugeben? Schließlich ließen wir uns jedoch von unserem Wissensdurst leiten und wandten uns an jeden von ihnen mit der Bitte, zu beschreiben, wie er sein Leben mit Liebe erfüllt. Fast ausnahmslos stimmten alle bereitwillig zu, ihre Weisheit und Erkenntnisse mit uns zu teilen – warum wir unser Leben mit Liebe füllen müssen und, vor allem, wie wir dies vollbringen können.

Wir wurden reicher belohnt, als wir uns das hätten vorstellen können. Die Tiefe der Überzeugung aller Autoren ist überwältigend. Wir erlebten aus nächster Nähe mit, wie sich jeder ehrlich und wahrhaftig bemüht, »seinen Weg zu gehen« und seine »Lehren in die Tat umzusetzen«. Nie zuvor haben wir Menschen getroffen und mit ihnen gearbeitet, die sich so außergewöhnlich hingebungsvoll für ein liebevolles Leben einsetzen. Mahatma Gandhi hat einmal gesagt: »Mein Leben ist meine Botschaft.« Wir glauben, daß dies ebenso auf die Autoren des vorliegenden Buches zutrifft. Sie alle verkünden uns auf ihre ganz persönliche, einzigartige Weise, warum das Herz die grundlegende Quelle unserer Verbundenheit mit jeder Art von Leben darstellt.

Zur Liebe – dem von Herzen kommenden Geben und Empfangen – gehören Mitgefühl, Ruhe, Dankbarkeit, Frieden, Vertrautheit, zwischenmenschliche Beziehungen und der Dienst am Nächsten. Aus Sicht der Autoren dieser Sammlung ist die Liebe der einzig wahre Maßstab für unseren Erfolg im Leben. Alles andere ist letztendlich ohne Bedeutung. Mutter Teresa wird in einem der Beiträge zitiert: »Wir können auf dieser Erde keine großen Dinge vollbringen. Wir können nur mit großer Liebe kleine Dinge tun.«

Die Erstellung dieses kleinen »Dings«, dieser originellen Anthologie, ist für uns ein Akt großer Liebe – für uns selbst, füreinander, für unsere Familien und für Sie, unsere Leserinnen und Leser. Wir möchten allen Autoren für den Reichtum danken, mit dem sie unser Leben und das Leben von Millionen von Menschen bedacht haben. Dieses Projekt, diese Aufsätze, diese Menschen haben unser Leben in bemerkenswerter und profunder Weise verändert und bereichert. Nun wollen wir Ihnen dasselbe wünschen – mögen auch Sie neue Wege finden, um Liebe in Ihr Leben zu bringen, und den Frieden, den ein von Liebe erfülltes Herz bringt.

Aus tiefstem Herzen

*Dr. Benjamin Shield*
*Dr. Richard Carlson*

# 1. TEIL
# Die Macht des Herzens

»Jener beste Teil im Leben eines guten Menschen,
Seine kleinen, namenlosen, vergessenen Akte
Der Freundlichkeit und Liebe.«

*William Wordsworth (1770–1850)*

# Die Macht der Nächstenliebe

*von Sharon Salzberg*

»In der buddhistischen Tradition heißt es: ›Du kannst das ganze Universum nach jemandem absuchen, der deiner Liebe und Zuneigung würdiger sei als du selbst, doch du wirst ihn nicht finden.‹«

Die Macht der Liebe oder Nächstenliebe gilt in unserer Kultur nicht mehr viel. Man glaubt, ein liebevoller Mensch werde ausgenutzt, lasse sich ohne Widerstand tyrannisieren und sei nicht stark. Es scheint fast so, als würde Liebe als Schwäche angesehen. Die Leute glauben, ein liebevolles Herz mache die Menschen irgendwie leicht dämlich und sentimental – sie könnten aufgrund ihrer Einstellung das Leiden in der Welt oder schwierige Probleme mit sich selbst nicht richtig erfassen. Ich glaube, wir müssen von Grund auf umdenken und die Macht des liebenden Herzens erkennen lernen. Sie ist nicht nur angeboren, sondern auch unzerstörbar, einerlei, welche Lebenserfahrungen wir gemacht haben, wie viele Narben wir tragen, wieviel Leid wir durchgemacht haben oder wie ungeliebt wir uns fühlen. Wir haben die Fähigkeit, zu lieben und im Gegenzug Liebe zu empfangen.

Wer in Angst lebt, der ist erstarrt. Es heißt, der Buddha habe als Gegenmittel gegen die Angst die Liebe – besonders *metta,* die Nächstenliebe oder Güte – gelehrt. In einem Gedicht von Mary Oliver findet sich der wunderschöne Vers: »Wenn sich der Daumen der Angst hebt, sind wir voller Leben.« Wir werden niedergedrückt von unseren Ängsten, unserer Intoleranz, unseren Schuldgefühlen – in der buddhistischen Psychologie wird das Gefühl der Schuld als eine Eigenschaft des Selbsthasses gesehen –, und wenn dieser Druck sich hebt, sind wir voller Leben. Das ist die Kraft der Liebe.

Manchmal, wenn wir Glück haben, erfahren wir diese Liebe durch einen anderen Menschen. Vielleicht gibt es ja jemanden in unserem Leben, der ein Vorbild an bedingungsloser Liebe ist, so daß wir keine Zurückweisung fürchten müssen, wenn wir ihm gegenüber wahrhaft und ehrlich sind oder uns nicht in einer bestimmten Art und Weise präsentieren. Wir empfinden großen Respekt für diesen Menschen, der für uns Sicherheit und vielleicht auch Klarheit bedeutet – nicht Unverbindlichkeit, eine falsche Fassade oder das Unvermögen, schwierigen und schmerzlichen Dingen ins Auge zu sehen. Dieser Mensch mag die Probleme und den Schmerz in uns sehen, aber er vermittelt das Gefühl, dabei neben uns zu stehen und sie nicht über eine gewaltige Kluft der Distanz hinweg zu betrachten. Dies ist das wahre Wesen eines liebevollen Herzens – das Verständnis unserer Nichtgetrenntheit.

In der buddhistischen Tradition heißt es: »Du kannst das ganze Universum nach jemandem absuchen, der deiner Liebe und Zuneigung würdiger sei als du selbst, doch du wirst ihn nicht finden.« Wir selbst sind unserer Liebe und Zuneigung genauso würdig wie unsere Mitmenschen. Ein sich auf Selbsthaß gründender Spiritualismus kann niemals Bestand haben. Um unsere Fähigkeit zur Liebe zu verstehen, müssen wir zunächst uns selbst lieben, alle Teile unserer selbst und der Welt bejahen.

Der Buddha hat gesagt: »Würdet ihr euch selbst wahrhaft lieben, könntet ihr einander niemals Schmerz zufügen.« Wer einem anderen schadet, der schadet sich selbst. Die buddhistische Psychologie unterscheidet zwischen der Kraft des Schuldgefühls und der Kraft der Reue, dem vollen, einfühlsamen Bewußtsein, jemanden verletzt zu haben. Im Gefühl dieses Schmerzes können wir loslassen und haben dann die Energie, nach vorne zu schauen. Schuldgefühle sind etwas ganz anderes – ein ständiges Wiederkäuen eines Vorfalls, geistige Geißelung und ungeheurer Selbsthaß. Sie laugen uns aus, so daß wir erschöpft sind und keine Energie mehr haben, um weiterzumachen und uns zu ändern.

Wenn Selbstverurteilung, Selbstkritik, Selbsthaß eine befreiende Wirkung hätten, wären wir alle wohl schon seit langem frei. Ich will diese Haltungen nicht verurteilen – aber deutlich sagen, daß sie einfach zu nichts führen. Verstehen Sie mich nicht falsch; ich möchte niemandem vorschreiben, alle Menschen zu lieben, aber Tatsache ist, daß die Liebe funktioniert und der Haß nur destruktiv ist. Selbsthaß muß keinen konkreten Anlaß haben – er kann einfach auf einem Minderwertigkeitsgefühl basieren oder darauf, daß wir älter, krank oder behindert werden, weil wir glauben, gescheitert zu sein, zornig oder eifersüchtig werden. Wir hassen und verurteilen nur zu leicht, aber unglücklicherweise beendet das unsere Probleme nicht – auf merkwürdige Weise werden sie dadurch nur noch verschlimmert.

Der Buddha hat gesagt: »Entwickelt einen Geist, der so voller Liebe sei, daß er dem All gleicht.« Wir verwenden die Wörter »Geist« und »Herz« hier synonym; es bedeutet, ein Herz so voller Liebe zu entwickeln, daß es wie das unermeßlich große All ist, das nicht beeinträchtigt, nicht zerstört werden kann. Wir vermögen einen Geist oder ein Herz zu entwickeln, das so sehr mit Liebe erfüllt ist, daß es wie endloser Raum wird – grenzenlos, offen, weit, frei. Kein Ärgernis, keine inneren oder äußeren Schwierigkeiten vermögen zu landen.

Kürzlich war ich in Israel, um einen Kurs in Vergebungsmeditation abzuhalten. Während der Sitzung erzählte ein Teilnehmer, er habe einen Überfall durch Terroristen überlebt – er habe immer noch einige Kugeln in seinem Körper und sei nie ohne Schmerzen. Er sagte, er glaube nicht, je vergeben zu können, aber er wisse, daß dies unabdingbar sei, wenn er aufhören wolle zu hassen.

Es ist ganz klar. Wenn wir nicht aufhören zu hassen, wird es niemand tun. Es muß bei uns anfangen, weil wir nicht nur schrecklich unter den Fesseln und dem Glühen dieses Zorns leiden, sondern weil die Welt sich nie ändern wird, wenn nicht irgendwo irgend jemand den ersten Schritt tut und aufhört zu hassen.

Wir entwickeln ein liebevolles Herz, indem wir selbst meditieren. Das ist etwas anderes, als über etwas zu lesen oder es aus der Ferne zu bewundern. Indem wir auch nur fünf Minuten am Tag auf einer pragmatischen – also nicht auf einer theoretischen oder religiösen – Ebene meditieren, können wir es selbst erkennen: »Was geschieht, wenn ich diesen Satz sage oder darüber nachdenke, daß jedermann glücklich sein möchte? Was geschieht, wenn ich mich fünf Minuten hinsetze und mir Liebe und Sicherheit und Frieden wünsche? Was geschieht, wenn ich an diesen Menschen denke, der mir sehr am Herzen liegt und dem ich dankbar bin, oder wenn ich an jemanden denke, den ich eigentlich nicht mag, und mir vergegenwärtige, daß er auch glücklich sein möchte?« Es ist ein lohnendes Experiment.

Manchmal kommen sich die Menschen komisch vor, wenn sie eine solche Übung zur Entwicklung eines liebevollen Herzens machen – sie finden es gekünstelt und mechanisch, doch in Wahrheit ist es das nicht. Ich verwende in diesem Zusammenhang gern die Analogie des Säens: Wir säen durch die Kraft unserer Absicht einen Garten der Liebe. Er wird mit Sicherheit blühen, aber wir müssen jene ersten Schritte unternehmen, müssen es riskieren und bereit sein herauszufinden, welche Art von Entwicklung im liebevollen Herzen möglich ist.

Eine Methode, die mir gefällt, besteht darin, *metta* für eine »neutrale« Person zu entwickeln. Es ist interessant, weil es uns schwerfällt, so jemanden zu finden, denn sobald wir an jemanden denken, fällen wir sofort das Urteil, ob er uns sympathisch oder unsympathisch ist. Dies zeigt uns, daß es eine Vielzahl von Menschen in unserem Leben gibt, über die wir ein Urteil gefällt haben. Manche empfinden diese Erkenntnis als einen Schock. Wenn wir uns einen Menschen vorstellen, über den wir nichts wissen – einfach ein Lebewesen, das wie wir selbst glücklich sein möchte –, und wenn wir ihm dieselbe Sorge und Umsicht widmen, die wir gerade uns selbst oder jemandem, den wir aus tiefstem Herzen lieben, haben zukommen lassen, verschwindet das Gefühl der Trennung. Manche Teilnehmer an Selbstbesinnungstagen denken in einer intensiven *metta* an eine neutrale Person und haben tatsächlich das Gefühl, sich in sie zu verlieben! Nicht im romantischen Sinne, sondern auf der Ebene einer liebevollen Freundschaft.

Eine der gewaltigsten Erkenntnisse spiritueller Praxis ist

die Erfahrung der Macht des Geistes. Obwohl wir in derselben Welt leben, ist unsere individuelle Realität nicht nur eine Funktion der äußeren Ereignisse, sondern der Art, wie wir diese in unserem Herzen bewahren – das Ausmaß von Raum in unserem Herzen, die Weite oder die Enge, das Zusammenziehen oder Öffnen des Geistes, der die äußeren Ereignisse aufnimmt. Die spirituelle Perspektive sieht nicht so aus, daß wir in Wirklichkeit zornig sind und so tun, als seien wir es nicht. Vielmehr bedeutet sie, offen zu sein für das, was wir tatsächlich fühlen, offen dafür, das Leiden zu verstehen, ein großes Maß an Liebe, Freundlichkeit und Mitgefühl für uns selbst zu empfinden – nicht in jener ersten Zornesreaktion stekkenzubleiben. Es bedeutet, die Wahl zu haben – und dies ist gemeint, wenn wir von einem offenen im Gegensatz zu einem verschlossenen Herzen sprechen – und zu erkennen, daß wir die Dinge auch anders betrachten können.

In meinem Buch *Lovingkindness* erzähle ich die Geschichte meiner Freundin Sylvia Boorstein, die sich in einem Flugzeug befand, bei dem es plötzlich Probleme mit dem hydraulischen System gab. Es mußte zum Flughafen zurückkehren, und alle fünf Minuten verkündete der Pilot über die Sprechanlage: »Noch fünfunddreißig Minuten bis zur Landung ... noch dreißig Minuten bis zur Landung ...« Die ganze Zeit über führte Sylvia bewußt eine »Nächstenliebe-Übung« für die Mitglieder ihrer engeren Familie durch, hüllte sie in Sorge und Wärme und dachte an ihre Verbundenheit mit ihnen allen. Als der Pilot sich erneut meldete und sagte: »Noch fünf Minuten bis zur Landung«, wurde Sylvia bewußt, daß sie in fünf Minuten tot sein könnte. Sie fuhr mit ihrer Übung fort und merkte, daß überhaupt nicht daran zu denken war, das Öffnen ihres Herzens auf ihre Familie zu beschränken. Ihr blieb in diesem Moment, da sie vielleicht nur noch fünf Minuten zu leben hatte, nichts anderes übrig, als ihr Herz allen Wesen auf der ganzen Welt zu öffnen. Dies geschah ohne List oder Zwang oder Anmaßung.

*Metta* ist keine künstliche Entscheidung wie: »Also, ich bin ein sehr spiritueller Mensch und werde daher alle Geschöpfe lieben.« Auch bedeutet es nicht, daß wir, wenn wir vor Wut schäumen oder voller Angst sind, dies hinter einer Fassade der Nettigkeit verstecken, uns verstellen und die ganze Zeit über lächeln. Das ist überhaupt nicht damit gemeint. *Metta* ist der Augenblick, in dem für Sylvia die Unterscheidung in »wir« und »die anderen« zerbröckelte. Es wurde aus dem Verständnis heraus geboren, daß sie bald tot sein könnte – warum also noch jene Grenzen und Barrieren aufrechterhalten? Mit dem Fallen dieser Grenzen sprudelt die mühelose, natürliche Liebe für alle Geschöpfe empor. Dies ist der Augenblick, den wir suchen. Dies ist der Augenblick, in dem wir wahrhaft lebendig sind.

Diese Übung zeigt uns unsere Stärke. Ganz zu Anfang sagte einer meiner Lehrer etwas Wundervolles zu mir: »Die Erleuchtung des Buddha löste die Probleme des Buddha; jetzt mußt du deine lösen.« Unsere Übung zeigt uns: »Ich habe die Weisheit, ich habe die Stärke, ich habe die Liebesfähigkeit, die Dinge in allen Lebenssituationen mit anderen Augen zu sehen.«

# Herzensklänge

*von Dr. Deepak Chopra*

> »Es ist ganz einfach, das Leben mit Liebe zu füllen: Wer mehr Liebe haben möchte, muß mehr Liebe geben.«

Unser Leben mit Liebe zu erfüllen ist so wichtig, weil die Liebe die einzig wahre Realität ist. Letztendlich tun wir alles im Leben, weil wir Liebe suchen. Die Liebe ist Gott. Sie ist eine Erfahrung des Heiligen. Alles, was wir tun, tun wir um der Liebe willen. Jemand hat einmal gesagt: »Die Nobelpreisträger wünschen sich in Wirklichkeit Liebe. Die Auszeichnung ist im Grunde nur ein Trostpreis.« Da nichts anderes von solcher Wichtigkeit ist, geziemt es uns, die Liebe zu unserem wahren Lebensinhalt zu machen. Wir müssen ihre Bedeutung erkennen, und dies nicht nur durch ein Lippenbekenntnis, sondern indem wir sie in unser Wesen integrieren.

Die Liebe ist die Erfahrung aller Erfahrungen, weil alle Formen der Liebe ein Ausdruck Gottes sind. Liebe wird oft als ein Gefühl oder eine Empfindung gesehen. Doch Liebe ist weitaus mehr! Tiefe Gefühle und Empfindungen können uns sehr viel geben, das stimmt. Aber die Liebe ist wahrhaftig die höchste Wirklichkeit. Sie ist die Erfahrung eines Eins-Bewußtseins – das heißt, Beobachter und Beobachteter, Sehender und Gesehenes, Liebende und Geliebte werden als eins erlebt. Liebe ist das empirische Wissen, daß wir alle dasselbe Wesen sind: Wir sind alle eins. Wir erscheinen nur in unterschiedlichen Ausführungen; im innersten Wesen sind wir gleich. Und es ist dieses Bewußtsein unseres innersten Wesens, das uns unbegrenzt Liebe schenken und empfangen läßt.

Wenn Sie über dieses empirische Wissen des Eins-Bewußtseins verfügen, dieses tiefe Verständnis, daß wir alle eins sind, wird es Ihnen nicht mehr gelingen, andere zu verletzen oder selbst verletzt zu werden. Statt dessen ist da nichts als Liebe, Wonne und Verzückung. Augustinus sagte: »Ich liebe es zu lieben.« Wenn Sie fragen: »Was ist der Zweck der Liebe?«, lautet die Antwort: »Es gibt keinen.« Die Liebe ist sich selbst der Lohn. Und je mehr Liebe Sie geben, desto mehr werden Sie empfangen. Ja, wenn sie bedingungslos ist und von Herzen kommt, wird man genausoviel zurückerhalten, wie man gegeben hat. Und so ist es ganz einfach, das Leben mit Liebe zu erfüllen: Wer mehr Liebe haben möchte, muß mehr Liebe geben.

Denn das Universum funktioniert durch dynamischen Austausch; Geben und Empfangen sind lediglich verschiedene Aspekte des Energieflusses im Universum. Indem wir uns entschließen, das zu geben, was wir auch suchen – nämlich Liebe –, unterstützen wir den Fluß der in unserem Leben und in der Welt fließenden Liebe. Wir bieten unsere Liebe anderen an und sorgen auf diese Weise dafür, daß wir nie ohne sie sind. Solange wir Liebe geben, brauchen wir keine Angst zu haben, nicht genug zu erhalten. Sie wird sich einstellen – in dem Augenblick, da wir einem anderen Menschen unsere Liebe darbieten, denn Empfangen ist dasselbe wie Geben. Es sind lediglich zwei Aspekte des Energieflusses im Universum.

Es gibt ganz spezifische Wege, wie Sie sich an dem Fluß

der Energie beteiligen können. Die Menschen haben drei Grundbedürfnisse: Anerkennung, Aufmerksamkeit und zärtliche Zuneigung. Die Befriedigung dieser Bedürfnisse erfüllt Ihr Leben mit mehr Liebe, jeden Tag, jeden Augenblick.

Anerkennung bedeutet, einem anderen Menschen zu sagen, wieviel Ihnen an ihm liegt. Es ist wichtig, diese Anerkennung so oft wie möglich auszusprechen. Ich bemühe mich, bei jedem Menschen, dem ich begegne, etwas zu finden, was ich achten oder bewundern kann. Ich halte es nur für recht und billig, den Menschen zu sagen, was ich sehe. Meine Handlung befriedigt mein Bedürfnis, Anerkennung auszudrücken, sowie ihr Bedürfnis, Anerkennung zu erfahren.

Aufmerksamkeit ist die Fähigkeit, mit der Ganzheit Ihres Wesens zuzuhören, sich Zeit zu nehmen, wahrhaft dazusein für den anderen, sich nicht ablenken oder Ihre Gedanken abschweifen zu lassen. Ich persönlich bemühe mich, stets voll und ganz dazusein, ob es sich nun um eine Kellnerin handelt, jemanden, der mir bei einem meiner Vorträge eine Frage stellt, ein Familienmitglied, eine Mitarbeiterin, einen Freund oder jemanden am Telefon. Der andere verdient meine ungeteilte Aufmerksamkeit. Und wenn ich sie ihm gebe, werden wir beide bereichert.

Zärtliche Zuneigung heißt, jemanden in liebevoller Weise berühren, jemandem offen und liebevoll zu zeigen, daß er mir am Herzen liegt. Zuneigung zu zeigen, mit zärtlichen Gesten und Berührungen, ist eine wundervolle Art und Weise, das Leben mit Liebe zu erfüllen. Ein einfacher Handschlag, ein leichtes Streicheln, eine feste Umarmung lassen die Energie der Liebe durch unser beider Leben fließen.

Botschaften der Liebe erreichen uns nicht nur vom Herzen, sondern auch vom Körper. Ich weiß, daß sowohl mein Herz als auch mein Körper sehr intelligente Quellen sind, die es mir erlauben, die karmisch richtigen Entscheidungen zu treffen, Entscheidungen, die weniger von Rationalität als von Liebe bestimmt werden. Ich habe gelernt, meinem Herzen mehr zu vertrauen als meinem Intellekt. In einer beruflichen Situation mag mein Intellekt oder mein Verstand mir zum Beispiel sagen, daß etwas keine gute Idee ist. Er könnte sagen: »Tu's nicht«, doch mein Herz sagt: »Du solltest es tun.« In diesem Fall folge ich meinem Herzen. Ich glaube, die besten – karmisch korrekten – Entscheidungen werden immer von einem Ort der Liebe aus getroffen.
Mein bester Ratschlag sieht folgendermaßen aus. Stellen Sie sich bei jeder Begegnung, bei jedem Menschen, den Sie treffen, die einfache Frage: »Was kann ich diesem Menschen geben?« Überlegen Sie nicht, was Sie im Gegenzug erhalten könnten, sondern denken Sie nur an das, was Sie für ihn tun können. Und das ist ganz einfach. Wenn ich zum Beispiel jemanden besuche, bringe ich oft ein kleines Geschenk mit oder pflücke eine Blume. Es braucht nicht unbedingt etwas Materielles zu sein. Was Sie auch geben – Ihr Geschenk wird immer eine starke Wirkung haben. Sie können etwas Nettes sagen oder auch im stillen dem Menschen Glück und Zufriedenheit wünschen oder auf andere Weise Wohlwollen zeigen. Auch der Gedanke, jemanden zu segnen, das Senden liebevoller Gedanken oder das Sprechen eines einfachen, stillen Gebets haben die Macht, das Leben anderer zu berühren.
Wenn Sie anfangen, Liebe in Ihr Leben zu bringen, Ihr

Leben bewußt und gezielt mit Liebe zu füllen, beginnen Sie, die Wunder um sich herum zu sehen. Ihr Leben wird zu einem Ausdruck der Liebe, und Sie sehen in Ihrem inneren und äußeren Leben Dinge, die Sie nie für möglich gehalten hätten. Wenn Sie sich bemühen, Liebe zu schenken, wird alles andere von selbst kommen.

Indem wir am Fluß der Liebe im Universum teilhaben, können wir die ganze Welt verändern. Wir sind die Welt! Die äußere Welt ist nichts anderes als ein Ausdruck unserer inneren. Was auch in unserer inneren Welt geschieht, spiegelt sich »dort draußen« wider. Die sogenannten Verbrecher der Gesellschaft, irregeleitete Träumer, die Außenseiter, sind nichts als Projektionen unseres kollektiven Schatten-Ichs. Sobald wir uns mit dieser Wahrheit auseinandersetzen, wird uns klar, daß es keinen Sinn hat, hinauszugehen und die Welt zu verändern. Wenn wir alle nur uns selbst veränderten, würde sich die Welt verwandeln und für sich selbst sorgen.

Es ist einfach, allzu einfach, uns ablenken zu lassen und zu sagen: »Oh, mein Gott, seht euch nur all das Schlechte an, das in der Welt geschieht.« Doch dem dürfen wir nicht nachgeben; die Liebe muß der Mittelpunkt unseres Denkens sein. Diese Idee scheint eine neue Akzeptanz gefunden und einen deutlichen Wandel in der kollektiven Psyche der Welt bewirkt zu haben, da bei mehr und mehr Menschen die Liebe oberste Priorität einnimmt. Deutliche Veränderungen sind zu spüren. Indem wir Liebe, immer nur Liebe geben, können wir weiter Einfluß nehmen auf das, was in der übrigen Welt vor sich geht. Wenn genug von uns der Liebe Vorrang geben, wird die Welt schließlich mit Liebe durchtränkt sein. Die Liebe in der Welt beginnt bei der Liebe in unserem Innern.

# Das Herz ist immer offen

*von Stephen und Ondrea Levine*

»Es heißt, das Leben sei so kurz. Das stimmt überhaupt nicht. Das Leben ist so lang, daß wir keine Sekunde ohne Vergebung und Nächstenliebe verschwenden dürfen. Das Leben ist so lang, daß ohne Spiritualität nur sehr wenige Menschen lebendig genug sind, um auf dem Totenbett zu sterben. Die meisten sind schon viele Jahre zuvor gestorben.«

So, wie die Sonne immer scheint, ist auch das Herz immer offen. Um liebevoller zu sein, brauchen wir nichts anderes zu tun, als die Barrieren abzubauen, die die natürliche Leuchtkraft des Herzens verdunkeln. Wir müssen die Ängste und Begierden anschauen, die uns weniger liebevoll machen. Wahrhaft liebevoll zu sein heißt, in der Gegenwart zu leben – nicht in der Vergangenheit und nicht in der Zukunft – und zu versuchen, auch dem verschlossensten Herzen mit Freundlichkeit zu begegnen.
Natürlich gibt es Ablenkungen – dort draußen in der Welt hat sich viel Unersättlichkeit und Ehrgeiz breitgemacht. Aber es sind nicht äußere Dinge, die uns aus unserem Innern herausziehen. Das Begehren zieht aus dem Inneren. Wir fischen lediglich – nach Vergnügen, nach Sicherheit, nach Stolz. Wir können nicht den Fischen die Schuld geben für unser Interesse und unsere Aufregung, wenn wir sie gefangen haben! Ich glaube, es

war Hari Dass, der sagte, eine seiner tiefsten Erkenntnisse sei die Entdeckung gewesen, daß jedes Vergnügen auch ein Element des Leidens enthält. Wir klammern uns an Vergnügen, wollen es bis in die Unendlichkeit verlängern, und an das brennende Seil, das aus unserer Reichweite gezogen wird. Wenn wir nach unserem eigenen System von Begierden vorgehen – wenn wir unsere Haken aus dem Wasser nehmen –, dann werden Fische zu einer wunderschönen Sache. An die Stelle des Karpfens für unseren Teller tritt etwas, was wir uns in Ruhe besehen können, wie einen Koi, jenen großen japanischen Goldfisch. Ähnlich wie unsere Wahrnehmung der im Wasser schwimmenden Fische sich ändert, wandelt sich auch unsere Beziehung zu den Objekten unserer Gelüste von Grund auf. Begehren ist dann nichts mehr, was uns aus unserem Innern zieht, sondern etwas, das uns erinnert, das unser Herz öffnet; denn nichts öffnet das Herz so sehr, wie das zu beobachten, was es verschließt, ablenkt, verwässert oder verwirrt.
Unsere Konditionierung entstand durch ständiges Aufbauen dieser Hindernisse, und so befreien wir uns auch wieder von ihnen: ein Augenblick des Erbarmens hier, eine Tausendstelsekunde der Vergebung dort. Diese kurzen Momente scheinen so unbedeutend; aber wir werden immer wieder von Menschen angesprochen, die sagen: »Wissen Sie, wenn ich ehrlich bin, muß ich sagen, daß mein Herz vielleicht zwei Minuten in der Woche wirklich offen ist.« Sie machen sich große Sorgen, und wir lachen daraufhin. Wir sagen ihnen: »In dieser Welt, auf dieser Ebene des Leidens, ist es ein Wunder, wenn das Herz überhaupt offen ist.« Doch es ist gut, daß es nicht alles auf einmal geschieht, denn niemand, fast niemand,

von uns ist bereit für die Unermeßlichkeit unseres großen Herzens – wir würden das Bewußtsein verlieren.

Die Menschen tun all diese mühselige spirituelle Arbeit, um das große Herz des Göttlichen zu verstehen. Wenn wir dort anlangen, entdecken wir, daß kein Ding an sich eine Bedeutung hat. Alle Bedeutung wird vom Verstand hinzugefügt. Der einzige rationale Akt eines Lebens ist die Liebe. Wenn wir diese große Wahrheit erkannt haben, ergibt nur noch die Liebe einen Sinn. Das übrige war lediglich die Verwirrung, die wir schufen, um dem Leiden zu entgehen. Die Liebe gibt uns die Gelegenheit, in die Unermeßlichkeit, die einzige Quelle der Befriedigung, einzutauchen, die unser wahres Wesen ist und die wir immer nur einen winzigen Augenblick sehen, wenn wir einem Begehren nachkommen. In dieser Tausendstelsekunde, in der es kein Begehren gibt, erleben wir, was wir Befriedigung nennen. Nicht, weil der Wunsch erfüllt wurde, sondern weil die Befriedigung wie ein Aufreißen der Wolken ist, ein Moment, in dem es in unseren Gedanken kein Begehren gibt und die Liebe sich mühelos, natürlich und strahlend zeigen kann.

Manche Menschen sagen uns: »Wenn ich nur den richtigen Partner finden könnte, dann wäre ich für den Rest meines Lebens glücklich.« So sieht es aus, sich vom Begehren, von dem Angelhaken im Wasser, herausziehen zu lassen. Eine Beziehung an sich macht noch nicht glücklich. Nichts macht uns glücklich außer der Arbeit, die wir in unserem Innern ableisten, weil wir nur wahrhaft glücklich sind, wenn unser Herz offen ist. Beziehungen sind allerdings eine Plattform für innere Arbeit. Nichts zeigt uns deutlicher als eine Beziehung, wie wenig liebevoll wir sind. Hier werden wir tagtäglich mit unse-

ren Fesseln, unseren Ängsten, unseren Erwartungen, unserem Ärger, unserem Mißtrauen konfrontiert. In der Welt – sogar im Meditationssaal oder im Kloster – können wir nach unseren eigenen Regeln teilnehmen. Wir können meditieren, wann wir wollen, beten, wann wir wollen. Wenn sich unpassende Gedanken oder Gefühle einstellen, wissen nur wir davon. Wir können uns weiter den Anschein geben, als seien wir jemand, der Gott liebt. Doch in einer Beziehung ist dies unmöglich. Alle Unaufrichtigkeit geht am Ende in Flammen auf und zerstört die strukturelle Integrität der Beziehung.
Die Schwierigkeiten in einer Beziehung gehören zu ihren kostbarsten Geschenken – vorausgesetzt, wir haben einen Partner, bei dem wir loslassen können und der uns deswegen nicht gram ist. Indem wir spiritueller werden, könnten wir Gefahr laufen, in einer schlechten Beziehung zu bleiben, weil wir glauben, dies sei gut für unsere persönliche Entwicklung. Das ist ein kniffliges Problem. Mit der Vorstellung, wir könnten kein guter Mensch sein, wenn wir nicht schlecht behandelt werden, ist der Welt nicht geholfen. Uns schlecht behandeln zu lassen ist kein Akt des Mitgefühls, im Gegenteil, es könnte sogar ein Akt der Selbstgerechtigkeit sein. Die Schwierigkeit bei Beziehungen ist entweder, daß wir uns aus Angst nicht fest binden wollen, oder daß wir uns blind an jemanden binden und von unseren eigenen Wünschen und Erwartungen eingeholt werden. Wenn unsere Partner das sind, was wir mehr als alles andere auf der Welt lieben, dann sind wir und unsere Partner in großen Schwierigkeiten. Wenn unsere Partner die *Menschen* sind, die wir mehr als alle anderen auf der Welt lieben, und falls Gott oder die Wahrheit – wie immer wir es auch nennen

wollen – das ist, was wir am meisten lieben, dann ist die Beziehung zu diesen Menschen unser tiefster Wunsch.

Es heißt, das Leben sei so kurz. Das stimmt überhaupt nicht. Das Leben ist so lang, daß wir keine Sekunde ohne Vergebung und Nächstenliebe verschwenden dürfen. Das Leben ist so lang, daß ohne Spiritualität nur sehr wenige Menschen lebendig genug sind, um auf dem Totenbett zu sterben. Die meisten sind schon viele Jahre zuvor gestorben. Wir haben einen spirituellen Arm, ein spirituelles Bein verhökert. Wir haben so viele Teile unseres wahren Wesens, so viele Teile unseres Herzens verleugnet – es ist sagenhaft, wie sehr wir gestorben sind. Der Tod ist nicht das Problem, das Problem ist, wie tot wir gelebt haben – wie wenig die Priorität des Herzens uns motiviert hat, wie oft wir Tag für Tag gestolpert und kopfüber in einen weiteren unbewußten Moment gefallen sind, einen anderen Menschen als Objekt des Verstands gesehen haben statt als Subjekt des Herzens.

In Beziehungen haben wir ständig die Gelegenheit, bewußt zu leben. Die Menschen halten Stoffstücke über ihren Kopf und springen aus Flugzeugen, was sie Fallschirmspringen nennen, oder sie springen an Bungeeseilen von Brücken. Fragt man sie: »Warum betreibt ihr diesen gefährlichen Sport?«, antworten sie: »Weil er mir das Gefühl gibt, richtig lebendig zu sein.« Wenn wir zu überleben versuchen, richtet sich all unser Bewußtsein auf den unmittelbaren Augenblick. Wo unser Bewußtsein ist, da ist auch unser Lebendigsein. Normalerweise ist unser Bewußtsein verschwommen wie die Sonne an einem Wintertag. Doch ähnlich wie bei der Sonne an einem Wintertag können wir das Bewußtsein durch ein »Vergrößerungsglas« betrachten, es scharf einstellen und

einen gleißenden Lichtstrahl auf einen ganz bestimmten Punkt richten.
In einer Beziehung geschieht genau das gleiche. Bei Beziehungen verhält es sich wie bei einer extrem gefährlichen Sportart, weil wir in keinem Augenblick wissen, ob wir überleben werden – ob unser Selbstbild unbeschädigt bleibt oder nicht. Im Idealfall wird es das nicht! Je intakter unser Selbstbild, desto isolierter sind wir von der Unermeßlichkeit der Wahrheit. Je mehr wir uns von unseren Ängsten lösen, desto mehr lassen wir von unseren Erwartungen los und richten unsere Aufmerksamkeit darauf, ob der andere sich geliebt fühlt, statt nur daran zu denken, ob wir uns geliebt fühlen. Franz von Assisi sagte: »Die Zeit ist gekommen, Liebe zu schenken, statt danach zu trachten, Liebe zu empfangen.« Wenn wir Liebe geben, werden wir mehr Liebe erhalten, als wir uns je erträumt hätten. Nichts ist erhabener als ein offenes Herz.

# Der Wert der Liebe

*von Dr. Nathaniel Branden*

»›Wie kann ich mein Leben mit Liebe erfüllen?‹ Meine Antwort lautet: dadurch, daß ich mich tagtäglich auf das konzentriere, woran mir auf der Welt am meisten liegt – auf das, was ich am meisten achte und bewundere. Und diesen Dingen widme ich meine Zeit und Aufmerksamkeit.«

Ich weiß nicht, ob es je eine Epoche gegeben hat, in der das Wort »Liebe« so wahllos verwendet wurde wie heute. Alle möglichen Heilsverkünder preisen die Liebe als Allheilmittel an. Die Führer von Sekten und Bewegungen erklären, sie »liebten« ihre Anhänger, obwohl sie die meisten davon nie getroffen haben. Teilnehmer von Workshops zur Persönlichkeitsentwicklung und von Begegnungswochenenden verkünden enthusiastisch, sie »liebten« alle Menschen ...

Wie eine Währung, die immer mehr der Inflation unterliegt, immer weniger Kaufkraft hat, so verlieren Wörter durch eine immer sorglosere Verwendung zunehmend an Bedeutung.

Es ist möglich, Güte und Wohlwollen für Menschen zu empfinden, die man gar nicht oder nicht besonders gut kennt. Es ist nicht möglich, diese Menschen zu lieben. Aristoteles machte diese Beobachtung vor über zwei Jahrtausenden, und sie gilt immer noch. Wenn wir uns das bei der Verwendung des Begriffs nicht bewußtmachen, erreichen wir nur, daß er allmählich an Bedeutung verliert.

Die Liebe definiert sich naturgemäß durch den Prozeß des Auswählens, der Selektion. Die Liebe ist unsere Antwort auf das, was unsere höchsten Werte darstellt. Die Liebe ist eine Antwort auf bestimmte Eigenschaften, die einige, jedoch keineswegs alle Menschen besitzen. Was wäre sonst der Wert der Liebe?

Wenn zur Liebe zwischen zwei Erwachsenen keine Bewunderung, keine gebührende Anerkennung von Eigenschaften und Wesenszügen des Empfängers gehörte – welche Bedeutung hätte die Liebe dann, und warum würde sie noch als erstrebenswert gelten?

In seinem Buch *Die Kunst des Liebens* schreibt Erich Fromm: »Ihrem Wesen nach sind alle Menschen gleich. Wir alle sind Teil des Einen; wir alle sind das Eine. Deshalb sollte es eigentlich keinen Unterschied machen, wen ich liebe.«

Tatsächlich? Wenn die Menschen, die uns lieben, auf die Frage, warum sie uns mögen, antworteten: »Warum sollte ich dich nicht lieben? Alle Menschen sind gleich. Daher ist es einerlei, wen ich liebe. Warum also nicht dich?«, wie würden wir da wohl reagieren? Diese Antwort ist nicht gerade erhebend, oder?

Ich verstehe daher die Verfechtung »universeller Liebe«, wenn man sie wörtlich nimmt, nicht ganz. Nicht jeder verdammt sexuelle Promiskuität, aber ich habe noch nie gehört, daß jemand sie als herausragende Tugend lobte. Aber *geistige* Promiskuität? Ist *das* eine herausragende Tugend? Ist der Geist soviel weniger wert als der Körper?

Ayn Rand beschäftigt sich in *Atlas Shrugged* mit diesem Paradox: »Eine Moralität, die den Glauben vertritt, daß die Werte des Geistes wertvoller seien als Substanz, eine Moralität, die uns lehrt, eine Hure, die ihren Körper wahllos allen Männern hingibt, zu verachten – dieselbe Moralität verlangt, daß wir unsere Seele allem und jedem in promiskuitiver Liebe hingeben.«

Mein Eindruck ist, daß diejenigen, die behaupten, jeden zu »lieben«, damit in Wirklichkeit die Bitte, den sehnlichen Wunsch ausdrücken, daß jedermann *sie* lieben möge. Nur wer die Liebe – vor allem die Liebe zwischen Erwachsenen – *ernst nimmt,* wer den Begriff »Liebe« mit Respekt behandelt und ihn von verallgemeinertem Wohlwollen unterscheidet, der weiß zu schätzen, daß eine einzigartige Erfahrung zwischen manchen Menschen möglich ist, aber nicht zwischen allen.

Nehmen wir das Beispiel einer Liebe zwischen Mann und Frau. Wenn sich zwei Erwachsene mit wesentlichen geistigen und psychologischen Gemeinsamkeiten begegnen und eine angemessene Ebene der Reife erreicht haben – wenn sie über das Stadium des Aufbauens einer Beziehung hinaus sind –, dann kann die Liebe den Weg nicht nur zu sexuellem und emotionalem Glück ebnen, sondern auch zu den Höhen menschlichen Wachsens. Sie kann das Umfeld werden für eine kontinuierliche Begegnung mit dem Selbst durch die Interaktion mit einem anderen Selbst. Das Bewußtsein der beiden, jedes der persönlichen Evolution gewidmet, kann das jeweils andere ungeheuer herausfordern und beflügeln. Doch diese Möglichkeit setzt Selbstachtung voraus. Die erste »Liebesbeziehung« müssen wir erfolgreich mit uns selbst herstellen; erst dann können wir eine Beziehung zu einem anderen eingehen. Wer sich für unwürdig oder der Liebe nicht wert erachtet, ist noch nicht reif für eine Liebesbeziehung.

Natürlich gibt es andere Arten der Liebe als die zwischen Mann und Frau. Was ich für meine Enkel empfinde, ist eine andere Art von Zuneigung. Ihr gemeinsam mit einer Liebesbeziehung ist jedoch, daß ich bei meinen Enkeln Eigenschaften und Wesenszüge sehe, die an mein Herz rühren. Aber es wäre eine Korrumpierung der Sprache, wenn ich behauptete, meine »Liebe« für meine Enkel sei dasselbe wie die »Liebe« für Kinder, die ich überhaupt nicht kenne. Dieses wie immer geartete Gefühl für andere Kinder ist etwas vollkommen anderes.

Neben dem, was ich für meine Frau Devers – die der höchste Wert in meinem Leben ist – empfinde, ist das Schreiben meine vorrangige Leidenschaft. Das bedeutet praktisch, daß ein Großteil meiner Zeit und Energie dem Schreiben gewidmet wird. Ich *lebe* also meine Werte, statt sie nur mündlich zu bekunden.

Sie fragen: »Wie kann ich mein Leben mit Liebe erfüllen?« Meine Antwort lautet: dadurch, daß ich mich tagtäglich auf das konzentriere, an dem mir in der Welt am meisten liegt – auf das, was ich am meisten achte und bewundere. Und diesen Dingen widme ich meine Zeit und Aufmerksamkeit.

Da meine höchsten Prioritäten meine Ehe und meine Arbeit sind, widme ich ihnen den größten Teil meiner Zeit und Energie. Mit meiner Frau spreche ich häufig über die Eigenschaften und Wesenszüge, die ich an ihr besonders liebe, achte, schätze und bewundere. Wir alle möchten wahrgenommen, verstanden und gewürdigt werden. Ich nenne dies das Bedürfnis nach der Erfahrung psychologischer Sichtbarkeit. Ich bemühe mich, meiner Frau das Gefühl zu geben, daß sie für mich sichtbar ist.

Ich verbringe einen Großteil meiner Zeit auch damit,

über die Dinge nachzudenken, die ich liebe. Ich bin mir äußerst bewußt, wieviel Schönes und Erfreuliches es in meinem Leben gibt. Das mache ich mir jeden Tag wieder klar. Ich nehme nichts Schönes in meinem Leben als selbstverständlich hin.
Ich bin mir auch unserer Sterblichkeit bewußt. Falls ich jemanden liebe, so ist heute der richtige Zeitpunkt, es auszusprechen. Wenn ich etwas schätze, so ist heute der richtige Zeitpunkt, es anzuerkennen.

# Das bestgehütete Geheimnis

*von Barry Neil Kaufman*

»Können, wenn unsere Wahrnehmung eines Menschen ein bestimmtes Verhalten hervorruft, dann unsere Gedanken Liebe in unser Leben bringen? Auf jeden Fall. Ich weiß genau, daß wir uns für die Liebe entscheiden können, daß wir diese Entscheidung zum Leben erwecken können und daß sie dauerhaft, erneuerbar und sich ständig vertiefend ist.«

Ich habe schließlich doch noch eine einfache Definition von Liebe gefunden, die es mir ermöglicht hat, mein Leben auf eine Weise zu aktivieren, die mich erstaunt. Meine Definition ist dreigeteilt: Liebe ist tolerant und urteilsfrei; Liebe heißt, das Beste für einen anderen zu wollen; und Liebe heißt, dazu beizutragen, daß ein anderer Mensch seine Talente entfalten kann.

Eine anfängliche Erkenntnis, die mir Richtschnur und Leitstern war und die vielleicht wirklich das bestgehütete Geheimnis auf diesem Planeten ist, lautet einfach: Die Liebe ist eine bewußte Entscheidung. Mir war das früher nie bewußt. Statt dessen hatte ich immer das Gefühl, die Liebe falle vom Himmel und treffe uns »am Kopf« oder manifestiere sich auf andere magische Weise. Und ich glaube, diese Vorstellung ist ziemlich weit verbreitet. In unserer Kultur wird die Liebe als eine passive Erfahrung betrachtet, etwas, was uns »einfach passiert«. Wir sehen die Liebe eher als Reaktion und weniger als Aktion, und wir haben systematisch gelernt, Mauerblümchen zu werden im Tanz der Liebe. Sogar wie wir darüber reden – »Es hat mich erwischt« –, läßt es wie einen Riesenunfall erscheinen, niedergestreckt von einem Pfeil oder einer Kugel. Viele Menschen verstehen nicht, daß Liebe in Wirklichkeit das Resultat einer Entscheidung des offenen Herzens ist, die wir jederzeit in unserem Leben treffen können.

Ja, wir entscheiden uns für die Liebe, sie passiert nicht einfach so. Aber um zu lieben, müssen wir zunächst in uns selbst Glück und Zufriedenheit finden. Denn wer unglücklich ist, kann nicht lieben. Sobald Sie lernen, glücklich zu sein, können Sie lernen, Ihr Herz der Liebe zu öffnen. Sie müssen außerdem einen Ort schaffen, an dem Sie Ihre Mitmenschen nicht verurteilen, einen Ort des Lernens, einen Ort, an dem Sie zu jedem beliebigen Augenblick für andere da sind, gegenwärtig sind. Und wenn Sie Ihr eigenes Leben und das anderer Menschen mit Glück und Zufriedenheit erfüllen, dann erst können Sie lieben und Ihrerseits geliebt werden.

Ich bin ein unverbesserlicher Optimist. Ich glaube daran, daß jedermann liebenswert ist – wir müssen lediglich lernen, das Liebenswerte bei anderen zu entdecken. Ich glaube ebenfalls, daß jeder, ausnahmslos jeder, Liebe schenken kann und daß ein einziger liebevoller Mensch die Welt zu ändern vermag.

Doch die Art, wie wir die Welt und die Liebe erleben, hängt vollkommen davon ab, wie wir die Welt sehen wollen – das heißt, wie wir sie nach unseren Vorstellungen »modeln«. Ich nenne dies »das große So-tun-als-ob-Modell«. Meine Frau Samahria und ich mußten uns mit dieser Wahrheit befassen, als wir ein ganz besonderes

Kind bekamen, ein autistisches und zurückgebliebenes Kind – von dem alle Experten behaupteten, es sei unheilbar und nicht zu rehabilitieren. Sie schauten sich unseren Jungen an und sagten: »Schlimm, schrecklich, entsetzlich.« Doch wir betrachteten dasselbe Kind und sagten: »Wundervoll, etwas Besonderes, eine Herausforderung.« In Wahrheit war er weder schlimm, schrecklich, entsetzlich noch wundervoll oder eine Herausforderung – das waren einfach Eigenschaften, die wir in ihn hineinlasen. Das Wichtigste ist jedoch, daß diese Überzeugungen, Auffassungen, diese Etiketten zu bestimmten Verhaltensweisen führten. »Schlimm, schrecklich, entsetzlich« führt zu Kummer, Verzweiflung und Inaktivität. »Wundervoll, etwas Besonderes, eine Herausforderung« führt zu Optimismus, Hoffnung und einer unglaublichen Kreativität und Aktivität.

Können, wenn unsere Wahrnehmung eines Menschen ein bestimmtes Verhalten hervorruft, dann unsere Gedanken Liebe in unser Leben bringen? Auf jeden Fall. Ich weiß genau, daß wir uns für die Liebe entscheiden können, daß wir diese Entscheidung zum Leben erwecken können und daß sie dauerhaft, erneuerbar und sich ständig vertiefend ist. Ich habe vor langem beschlossen, die Liebe zum Leben zu erwecken, nicht nur als geheimnisvolle Erfahrung jenseits meiner Kontrolle, sondern als lebendiges Prinzip. Und eine der tiefsten und liebevollsten Erfahrungen meines Lebens wurde mir zuteil, als ich genau dies tat.

Samahria und ich haben mehrere Kinder adoptiert, die schweren Mißhandlungen ausgesetzt waren. Als wir zum ersten Mal zum Flughafen fuhren, um eines der Kinder abzuholen, mußte ich darüber nachdenken, daß ich von diesem kleinen Kerl nur wußte, daß er fünf Jahre alt war, daß seine Mutter gestorben war, als er zweieinhalb war, und sein Vater versucht hatte, ihm die Kehle durchzuschneiden. Er war dann in der hintersten Station eines Waisenhauses gelandet. Als man uns anrief und fragte: »Würden Sie diesen kleinen Jungen nehmen, den niemand sonst will?«, antworteten wir sofort: »Auf jeden Fall!«, denn wir wollten ihm unsere Herzen und unsere Familie öffnen. Als wir zum Flughafen fuhren, wurde mir bewußt, daß ich diese kleine Person zwar nicht kannte, sie aber mit offenen Armen empfangen würde. Er würde mein Sohn sein, und ich würde mich verpflichten, so lange sein Papa zu sein, wie er es brauchte. Als wir im Wartesaal des Flughafens ankamen und die Menschen durch die Tür hereinzuströmen begannen, erblickte ich einen Mann, den ich aus dem Waisenhaus kannte. Er hielt die Hand eines sehr zarten, kleinen fünfjährigen Jungen. Ich ließ mich auf ein Knie fallen, damit ich nicht zu groß und einschüchternd wirkte, und öffnete meine Arme weit. Ich muß mehr als fünfzig Meter weit weg gewesen sein, aber er sah mich, erkannte, wer ich war, und begann auf mich zuzurennen. Und als ich meinen kleinen Robby auf mich zulaufen sah, war es, als würde jeder Schritt in Zeitlupe aufgenommen. Als er den ersten Schritt tat, dachte ich: »Ich liebe dich, und du bist mein Sohn.« Und als er den nächsten Schritt tat, dachte ich: »Und jetzt liebe ich dich noch mehr, und du bist mein Sohn«, und beim dritten dachte ich: »Und ich liebe dich sogar noch mehr.« Als er sich schließlich in meine Arme warf, merkte ich, daß ich Zugang gefunden hatte zu der tiefsten Ader der Liebe, die ich je erlebt hatte, und daß ich gegenüber diesem kleinen Fremdling die gleiche leidenschaftliche Liebe und Verantwortung empfand wie gegenüber meinen anderen Kindern.

Bei meiner Definition der Liebe weiter oben ging es darum, einen Menschen als erstes wahrhaft zu akzeptieren und ihm mit Toleranz zu begegnen; ihm zweitens in die Augen zu sehen und aus tiefstem Herzen sein Wohl zu wünschen, und drittens irgend etwas zu tun, damit diese Person ihren Talenten gerecht werden kann. Ich möchte noch die Idee des willkürlichen Liebens hinzufügen. Diese Art willkürlicher Liebe hat nichts mit Sexualität oder Promiskuität zu tun – sondern mit der Entwicklung der Fähigkeit, alles und jeden zu lieben, ohne eine Gegengabe zu erwarten. Die meiste Zeit knausern wir mit unserer Liebe, beschränken unsere Zuneigung auf eine kleine Zahl von Menschen. Das tun wir, weil wir die Liebe für eine begrenzte Menge halten. Am wirkungsvollsten entwickelt man sie jedoch, indem man willkürlich vorgeht; das heißt, die Liebe an keine Forderungen knüpft. Statt dessen öffnen wir sofort unser Herz dem Busfahrer, der Kellnerin, dem Steward und der Postbotin, weil wir es so wollen. Und je mehr wir auf diese Weise die Liebe »üben«, desto mehr wird unser Leben sich mit Liebe füllen. Dasselbe Prinzip können Sie sehen, wenn Sie eine Hantel heben. Ihr Körper wird schließlich dadurch reagieren, daß er die Kraft und den Umfang Ihres Bizeps vergrößert. Es ist eine Grundregel des Lebens, daß sich die Aspekte bei Ihnen, auf die Sie sich am meisten konzentrieren, auch am meisten weiterentwickeln. Leider richten wir in unserer Kultur einen erschreckend großen Teil unserer Aufmerksamkeit auf Zorn, Angst, Sorge, Verachtung und so weiter. Stellen Sie sich nur vor, was geschähe, wenn wir uns statt dessen auf Liebe konzentrierten!

Eines meiner Kinder hat einmal zu mir gesagt: »Aber wenn du alle liebst, dann sind wir für dich ja gar nichts Besonderes. Du liebst alle Fremden auf der Straße, aber was ist mit uns?« Ich erzählte ihm, auch wenn ich das Gefühl hätte, hundert oder tausend oder noch mehr Menschen lieben zu können, sei doch jede dieser Erfahrungen etwas Besonderes und Eigenes. Ich meinte damit nicht, daß meine Liebe für meinen Sohn, wenn ich mich ihm zuwandte und seine Hand ergriff, in irgendeiner Weise gemindert würde. Im Gegenteil, sie würde noch verstärkt, weil die Fähigkeit zu lieben noch anwächst, je mehr jemand die Liebe in den Mittelpunkt stellt. Ich könnte also sagen, daß ich, indem ich willkürlich liebe, meine Fähigkeit und mein Vermögen, andere zu lieben, noch mehr festige.

Die Liebe in den Mittelpunkt zu stellen ist sehr wichtig. Manche Menschen wollen vor allem ein größeres Auto, wünschen sich eine bessere Liebesbeziehung oder möchten, daß ihre Kinder auf sie hören. Dann frage ich sie stets: »Warum wollen Sie ausgerechnet dies?« Sie antworten darauf meist mit einem Satz wie zum Beispiel: »Weil ich mich dann gut fühle.« Diese Auffassung macht uns glauben, wir würden uns gut fühlen, wenn wir erhielten, was wir uns wünschen. In Wirklichkeit empfinden wir jedoch nur vorübergehend Freude, sobald wir das bekommen haben, was wir zu wollen geglaubt hatten. Das wahre »Sich-gut-Fühlen« wird nur erreicht, wenn wir uns mit Liebe füllen.

Ich habe entdeckt, daß es bestimmte Wege zur Liebe und zu den Glücksgefühlen gibt, die wir brauchen, um lieben zu können. Zunächst einmal müssen wir lernen, in jedem Augenblick, der da kommt, gegenwärtig zu sein. Statt in

der Vergangenheit zu leben oder sich wegen der Zukunft zu sorgen, müssen wir uns bemühen, uns auf das Hier und Jetzt zu konzentrieren, denn Glück und Liebe befinden sich beide im gegenwärtigen Augenblick.
Zweitens: Machen Sie Liebe und Glück zu Prioritäten in Ihrem Leben. Das Bemühen um Liebe und Glück scheint oft eher halbherzig zu erfolgen. Wir stecken ungeheuer viel Zeit, Energie und Geld in unsere Ausbildung, unsere berufliche Karriere, in das Einkaufen von Möbeln, Kleidern und Fahrzeugen. Aber wir wenden nicht annähernd so viele Anstrengungen auf das Errichten einer Grundlage für Liebe, Glück und Seelenfrieden. Der Beschluß, Ihre Energie ganz und gar darauf zu konzentrieren, dauerhaft und aktiv Liebe und Glück zu empfinden, kann Ihr Leben wahrhaft verändern.
Drittens: Machen Sie sich bewußt, wann Sie verächtlich über andere Menschen denken. Versuchen Sie, sich davon zu lösen, denn dadurch bauen Sie Mauern zu Ihren Mitmenschen auf. Intoleranz schafft Feindseligkeit, während Toleranz es Ihnen möglich macht, anderen offen und liebevoll zu begegnen. Wenn Sie Liebe zeigen, werden die anderen mit Liebe reagieren.
Als nächstes kommt die Dankbarkeit – eine wunderbare Hinleitung zu Liebe und Glück. Wir verhalten uns oft wie gehetzte Kunden, die in einen Laden rennen, um sich einen Schweizer Käse zu besorgen, nur um dann zu Hause über die Löcher zu stöhnen und zu jammern. Wir sehen nicht mehr die Fülle, sondern nur noch das, was fehlt. Schauen Sie in Ihrem täglichen Leben nach dem Reichtum und der Fülle, statt nur die Löcher zu sehen. Mit dieser Einstellung kommen Sie der Öffnung Ihres Herzens, Ihres Verstands und Ihres Geistes und dem Ein-

tritt glücklicher, liebevoller Gefühle ein ganzes Stück näher.
Und schließlich: Streben Sie in Gedanken und Taten nach Authentizität. Entfremdung von uns selbst und von anderen wird ganz besonders dadurch verursacht, daß wir uns nicht so geben, wie wir wirklich sind. Oft gibt es dafür einen verständlichen Grund – wir wollen nicht zeigen, wer wir sind, weil wir Angst vor Zurückweisung haben. Aber das Ergebnis ist eine unglaubliche innere Dissonanz zwischen den Masken und Rollen, die wir schaffen, und unseren wirklichen Gefühlen. Indem wir die Masken abstreifen, die Rollen aufgeben und unsere wahren Gefühle offenbaren, können wir eine wirkliche Verbundenheit zwischen unserem inneren Selbst und anderen Menschen schaffen. Dies ist der Stoff für Brükkenbau, das Material für Bindungen. Dies ist ein Akt der Liebe.
Ich habe einen Ausdruck, den ich gern mit anderen teile: Wir haben uns angewöhnt, Bettler der Liebe zu sein. Wir halten den Menschen unsere Becher hin und bitten sie, uns zu lieben – »Bitte, bitte, schenk mir deine Liebe« –, weil wir überzeugt sind, daß wir uns besser fühlen, wenn man uns erhört. Fatalerweise ist dies eine vergebliche Anstrengung, denn wir können Liebe nur wirklich erfahren, wenn wir uns mit Liebe füllen und bereit sind, sie in die Becher anderer Menschen zu gießen. Um andere zu lieben, müssen wir zunächst selbst in unserem Innern die Erfahrung der Liebe gemacht haben. Im »Option Institute« lehren wir, daß derjenige, der am meisten liebt, gewinnt. Das ist Herz und Seele der Liebeserfahrung.
Vor vielen Jahren, als ich die Reise des ewig Suchenden nach Liebe und Glück antrat, war ich ständig auf der

Suche, hatte aber nicht sehr viel Zeit. Sobald ich beschlossen hatte, meine Philosophie von »Ich suche« in »Ich finde« zu ändern, wurde mir klar, daß ich nur »finden« könnte, wenn ich es mir zur Lebensaufgabe machte. Und nachdem ich das Trachten nach Liebe und Glück ins Zentrum meines Lebens gestellt hatte, »fand« ich beides tatsächlich. Indem ich dieser Aufgabe den Raum gab, die nötige Ausdauer, Beharrlichkeit und Ehrfurcht widmete, gelang es mir, meinen Traum Wirklichkeit werden zu lassen. Wenn Sie dies ebenfalls zu Ihrer aktiven, zentralen Lebensaufgabe machen, können auch Sie die Liebe und das Glück in sich lebendig werden lassen – und verbringen Ihr Leben nicht suchend, sondern findend.

# 2. TEIL
# Herz und Seele

»Es ist gut, eine besondere Religion zu haben.
Doch man kann auch ohne Glauben überleben,
wenn man über Liebe, Mitgefühl und Toleranz verfügt.
Der beste Beweis für die Gottesliebe eines Menschen
ist, wenn er seinen Mitmenschen gegenüber
wahre Liebe zeigt.«

*Der Dalai Lama*

# Lieben und geliebt werden

*von Rabbi Harold Kushner*

»Keiner von uns hat die Macht, andere dazu zu zwingen, daß sie uns lieben. Doch wir alle haben die Macht, Liebe zu schenken, unsere Mitmenschen zu lieben. Und wenn wir dies tun, wandeln wir uns selbst und die Welt, in der wir leben.«

Einige Wochen nach dem schrecklichen Bombenanschlag, bei dem so viele Menschen starben, war ich in Oklahoma City, um Familien zu besuchen, die dabei Verwandte verloren hatten. Ich fragte sie: »Was von all dem, was in den letzten zehn Wochen geschehen ist, hat Ihnen am meisten geholfen, mit der Bürde fertig zu werden?« Und die Antwort lautete jedesmal: die überwältigende Unterstützung und Anteilnahme von Freunden und Fremden, die Bestätigung, daß sie Mitgefühl verdienten, daß sie zu Recht Schmerz und Trauer empfanden. Das Verständnis ihrer Mitmenschen machte ihren Verlust erträglicher.

Meine Frau und ich haben die gleiche Erfahrung gemacht. Unser Sohn starb sehr jung. Als wir herausfanden, wie schwer krank er war, mußte ich mir zunächst klarmachen, daß dies kein Akt Gottes war. Wir kamen zu der Erkenntnis, daß Gott uns nicht strafte, sondern mit uns trauerte. Das Wissen, Gott auf unserer Seite zu haben, setzte außerordentlich viel Liebe frei und half uns,

mit den Problemen besser fertig zu werden. Auch half und bestärkte uns die Anteilnahme, die uns entgegengebracht wurde. Menschen, die ihre Unterstützung anboten, die wünschten, sie könnten uns eine größere Hilfe sein, machten das Leid ein wenig erträglicher.
Wir brauchen das Gefühl, verstanden und unterstützt zu werden. Viele Mitglieder meiner Gemeinde kommen zu mir zu Beratungsgesprächen. Ich habe gelernt, daß es ihnen dabei nicht in erster Linie um einen praktischen Rat geht – oft kennen sie die Antwort schon selbst –, sondern um Verständnis. Und durch mein Zuhören vermittle ich ihnen das Gefühl, sie seien es wert, daß man sich Gedanken um sie macht, und ihre Probleme seien es wert, ernst genommen zu werden. Diese Botschaft ist es vor allem, die sie als heilend empfinden.
Ich sehe oft, wie sich dieses Bedürfnis, einfach verständnisvoll geliebt zu werden, bei Ehepaaren darstellt: Die Frau erzählt dem Mann von ihren Problemen. Nach einer Minute unterbricht er sie und sagt ihr, was sie dagegen tun könne, denn er ist naturgemäß darauf eingestellt, Problemlösungen zu finden. Doch sie ist sehr unglücklich, weil sie seinen Rat eigentlich gar nicht will. Sie möchte vielmehr, daß er ihr fünfzehn Minuten lang seine ungeteilte Aufmerksamkeit schenkt. Sie möchte die Bestätigung, daß ihm ihre Probleme genauso wichtig sind wie ihr selbst. Und wenn er nur einfach Ruhe gäbe und fünfzehn Minuten lang zuhörte, würde er ihr damit zu verstehen geben, daß ihm ihr Wohl am Herzen liegt, und dadurch viel eher helfen.
Es *ist* möglich: Die Menschen können einander verständnisvoll lieben. Um mich herum sehe ich viele, deren Leben weniger erfüllt ist, als es sein könnte, und zwar

nur, weil sie zu egozentrisch sind, weil sie nur sich selbst sehen. Ich glaube, in unserer Gesellschaft wird zuviel Wert darauf gelegt, jemanden zu finden, der einen liebt; es scheint wichtiger zu sein, geliebt zu werden, als selbst ein liebevoller Mensch zu sein. Dabei ist es weitaus einfacher, ein liebevoller Mensch zu sein und Liebe zu schenken! Diese Fähigkeit unterliegt Ihrer eigenen Kontrolle. Keiner von uns kann andere dazu zwingen, uns zu lieben. Doch wir alle haben die Macht, Liebe zu schenken, unsere Mitmenschen zu lieben. Und wenn wir dies tun, wandeln wir uns selbst und die Welt, in der wir leben.

Diese Einstellung bringe ich auch in meiner eigenen Ehe zur Anwendung. Die Grundlage ehelicher Liebe ist, wie ich gelernt habe, nicht Romantik, sondern Vergebung – die Fehler eines Menschen zu akzeptieren und zu erkennen, daß jeder von uns seine Marotten hat, die unsere Lebenspartner verrückt machen würden, wenn wir uns nicht liebten. Wenn ich schlechter Laune bin, kann ich nur hoffen, daß meine Frau bereit ist, es einfach als schlechte Laune durchgehen zu lassen, und darin nicht mein wahres Ich sieht.

Vor einigen Jahren las ich einen wunderbaren Zeitungsartikel. Eine Frau beobachtet auf dem Spielplatz, wie zwei Kinder sich streiten. Eins von ihnen sagt: »Ich hasse dich. Ich werde nie wieder mit dir spielen.« Zwei oder drei Minuten lang spielen sie getrennt; dann kommen sie wieder zurück und spielen miteinander weiter. Die Beobachterin sagt zu einer Frau, die neben ihr sitzt: »Wie schaffen Kinder das? So böse aufeinander zu sein und im nächsten Augenblick wieder miteinander zu spielen?« Und die Frau neben ihr sagt: »Oh, das ist ganz einfach: Ihnen ist Glück und Frohsinn wichtiger als Rechthaberei.«

Diesen Rat gebe ich vielen Ehepaaren: Stellt Glück und Frohsinn über Rechthaberei. Beharrt, auch wenn ihr recht habt, nicht auf euerm Recht. Opfert euren »Sieg« einer glücklichen Ehe. In einer glücklichen Ehe gibt es keine Sieger oder Verlierer, nur zwei Menschen, die versprochen haben, miteinander auszukommen – so aufreibend das auch manchmal sein mag.

Sich so zu verhalten lohnt sich auf jeden Fall, denn es gibt eine Befriedigung, die sich nur in der Ehe findet, in der man sich zu einem Teil einer größeren Einheit macht. Schon in der Bibel steht: »Darum wird ein Mann Vater und Mutter verlassen und an seinem Weibe hangen, und sie werden sein *ein* Fleisch.« Sie werden ein Gefühl der Ganzheit spüren, wenn Sie nicht nur jemanden finden, mit dem Sie schlafen und zusammenleben, sondern wenn Sie sich wirklich verbinden mit diesem Menschen und seine Freude wie auch seine Schmerzen fühlen. Es ist wie eine Ausweitung Ihres Selbst. Die Leere in Ihrem Leben füllt sich in einer Weise, die Sie nirgendwo anders erfahren können.

Wenn Sie es richtig machen, schafft das Gefühl, daß da etwas Größeres ist als Sie – sei es nun die Erfahrung der Spiritualität oder eines Kindes –, auch ein Gefühl des Glücks und der Liebe. Ich glaube, wir alle brauchen eine Kraft, die uns aus unserem Narzißmus und unserer übermäßigen Beschäftigung mit uns selbst herauszieht. Ein Kind kann dies erreichen. Ich habe miterlebt, wie ein Kind die Menschen verändert, allein durch das Wissen, daß dieses andere Leben auf sie angewiesen ist. Auch Religiosität vermag dies. Es öffnet das Herz und sät in Ihnen das Gefühl, daß es Wichtigeres geben sollte als Ihr eigenes Wohlbefinden oder Ihre eigene Zufriedenheit. Ich glaube, wir Menschen wurden dazu geschaffen, so zu denken, und wenn wir eigensüchtig und narzißtisch handeln, tun wir das entgegen unserer eigentlichen Wesensart. Wir Menschen wurden nicht dazu geschaffen, eigensüchtig zu sein.

Wir wurden dazu geschaffen, zu lieben und von Zeit zu Zeit glücklich zu sein. Menschen, die ständig glücklich wären, würden wahrscheinlich gar nicht merken, was um sie herum vor sich geht. In der Welt ist soviel Schmerz und Leid, und nur wenn wir die Augen davor verschlössen, könnten wir ununterbrochen »glücklich« sein. Doch wir haben die Macht, immer liebevoll zu sein. Und von Zeit zu Zeit gibt es Augenblicke des Glücks, die all das rechtfertigen, was zuvor geschah.

Das widerspricht vielen Botschaften, die wir um uns herum empfangen: daß wir glücklich sein werden, wenn wir nur endlich dieses eine erreicht haben – ein besseres Auto, eine bessere Wohngegend, ein besseres Paar Sportschuhe oder was auch immer. Mit dieser Einstellung kommen wir natürlich nicht weiter. Sie verunsichert uns nur noch zusätzlich. Die Werbung beispielsweise ist darauf aufgebaut, uns zu verunsichern, so daß wir, um uns wieder besser zu fühlen, das kaufen, was sie uns anpreist. Und wer verunsichert ist, dem fällt es schwer zu glauben, er sei es wert, geliebt zu werden, zu glauben, daß seine Mitmenschen ihn akzeptieren würden, wenn sie ihn wirklich kennten, und letztendlich andere Menschen zu akzeptieren.

Jemand hat einmal geschrieben: »Glück ist immer ein Nebenprodukt. Man wird nicht glücklich, indem man dem Glück hinterherjagt. Man wird glücklich, indem man ein guter Mensch ist.« Die glücklichsten Menschen, die ich kenne, denken nicht einmal darüber nach, ob sie glücklich sind. Sie denken nur daran, wie sie gute Nachbarn, gute Menschen sein können. Und während sie ihre guten Taten tun, schleicht sich das Glück quasi durch die Hintertür ein.

Diese Einstellung läßt sich auch gut bei Beziehungen einsetzen. Mir machen Beziehungen Sorge, bei denen einer oder beide ihre Partnerschaft ständig unter die Lupe nehmen, um sich zu vergewissern, ob sie glücklich sind. Ich vermute, eine solche Begutachtung führt zu Fragen wie der folgenden: »Wäre ich in einer Beziehung mit einem anderen glücklicher?« Statt sich zu fragen: »Bin ich glücklich?«, sollten sie lieber überlegen: »Kann ich etwas tun, um diese Beziehung besser zu machen? Was kann ich noch in sie einbringen?« Wenn sie das täten, würden sie sich eines Tages umdrehen und feststellen, daß das Glück schon längst da ist...

Anderen Menschen Liebe zu schenken und eine Beziehung zu schaffen, in der sie uns lieben, ist ein auf Gegenseitigkeit beruhender Prozeß. Wir beginnen, indem wir uns selbst liebevoll begegnen, indem wir uns als liebesfähig, als großzügig sehen. Nur wer völlig verkümmert ist, kann emotional nichts von sich weitergeben, aus Angst, daß dann nichts mehr von ihm übrig wäre. Sich selbst zu lieben hat nichts mit Narzißmus oder Selbstverherrlichung zu tun. Es bedeutet, unsere Unvollkommenheit zu akzeptieren und zu erkennen, daß niemand von uns erwartet, vollkommen zu sein. Selbstliebe heißt erkennen, daß nicht jeder Fehler einen bleibenden Flecken auf unserer Selbstachtung hinterläßt. So müssen Sie sich lieben. Sorge bereiten mir die Menschen, deren höchstes Ziel im Leben darin besteht, genügend Liebe zu erhalten,

denn ich glaube, sie werden immer nur nehmen und nie geben.
Dabei ist es sehr wichtig, sich an einen Moralkodex zu halten. Wir handeln gegen unsere Natur, wenn wir unehrlich, hinterhältig oder selbstsüchtig sind. Wenn wir entgegen unserer eigentlichen Wesensart handeln, beschneiden wir unsere Fähigkeit, Liebe zu schenken und zu empfangen, und unsere Fähigkeit, Glück zu empfinden. So untergräbt zum Beispiel Ehebruch eine Beziehung, weil mit ihr Unehrlichkeit einhergeht.
Ich kann es nicht verstehen, wie die Menschen etwas tun können, was ihnen letzten Endes nur Schmerz zufügen wird. Diese Selbstzerstörung kann darin bestehen, wie sie essen und trinken oder wie sie ihre Familien behandeln. Wahrscheinlich ist es so, daß sie daran zweifeln, genügend Liebe zu erhalten, und deshalb ziehen sie los und nehmen sie sich, genauso wie diejenigen, die nicht genügend Geld zu haben glauben, meinen, andere Menschen berauben zu müssen. Wer Angst hat, nicht genügend Liebe zu erhalten, wird versuchen, sich diese Liebe auf unethische Weise zu holen. Das beschränkt sich nicht nur auf eheliche Treue. Wer zum Beispiel versucht, auf unredliche Weise Liebe zu erhalten, könnte vorgeben, ein anderer Mensch zu sein. Er trägt eine Maske, wenn er seine eigene Persönlichkeit, Bedürfnisse und Wünsche unterdrückt. Er hofft, von Menschen geliebt zu werden, die ihn nicht lieben würden, wenn sie sein wahres Ich kennten.
Ich glaube nicht, daß Menschen, die sich so verhalten, merken, wie widersprüchlich ihre Handlungsweise ist. Wie können sie erwarten, wahre, tiefe Liebe zu empfangen, wenn sie dabei unehrlich vorgehen? Wenn sie ihre wahre Natur verbergen? So kommen sie nie zum Ziel,

denn sie werden irgendwann durchschaut werden. Und ironischerweise bleiben sie hungrig.

Ich glaube, letztendlich lieben wir die Menschen, die uns helfen, ein besserer Mensch zu sein, indem sie uns akzeptieren. Wir lieben diejenigen, in deren Augen ein Bild von uns widergespiegelt wird, das wir gerne sehen. Wir lieben diejenigen, die kreative und emotionale Energien freisetzen, die anderenfalls brachlägen. Und wir lieben diejenigen, die uns helfen, Liebe zu zeigen.

Einige Religionen verbreiten, wie manche Menschen, die Art von Botschaft, die unsere eigene Liebesfähigkeit freisetzt. Wenn die Botschaft der Religion lautet: »Gott liebt dich trotz deiner Fehler«, öffnet sich ihr Herz, um Liebe zu geben und zu empfangen. Wenn uns jedoch gesagt wird: »Du hast gesündigt, du hast die Erwartungen nicht erfüllt, du bist ein Versager, Gott ist enttäuscht von dir«, dann verkrampfen wir uns. Dann werden wir zu emotionalen Geizhälsen, die unfähig sind, Liebe zu schenken. Wenn die Botschaft jedoch lautet: »Gott kennt dich bis ins Innerste und liebt dich dennoch«, dann können wir lieben und vergeben – uns selbst und den anderen unvollkommenen Menschen in unserem Leben.

Viele religiöse Führer sind anderer Meinung, aber ich glaube, daß Gott uns tatsächlich nach seinem Ebenbild geschaffen hat – einem Vorbild der Liebe und Vergebung, dem wir nacheifern können. Dies ist sehr wichtig. Danach versuche ich mein Leben zu gestalten.

Ich habe erkannt, daß ich Liebe genauso sehr brauche wie Essen und Schlaf und Bewegung. Ich weiß, daß meine Seele verkümmern würde, wenn es keine Liebe in meinem Leben gäbe, wenn ich nicht Liebe schenkte und empfinge. Was mir dabei besonders hilft, was mein Herz mit Freude erfüllt, sind die jüdischen Gebete, in denen es darum geht, für all die Dinge um uns herum zu danken, die wir andernfalls als selbstverständlich hinnähmen. Wenn Juden am Morgen aufwachen, wenden sie sich als allerersten mit einem Dankgebet an Gott, dafür, daß sie noch am Leben sind und wach, dafür, daß ihr Körper funktioniert, ihre Arme, ihre Beine, ihre Augen, ihr Verstand, dafür, daß sie etwas anzuziehen und etwas zu essen haben und Dinge, auf die sie sich freuen können. Wenn Ihr Herz mit Dankbarkeit erfüllt ist, wenn Sie hinausgehen können, von Glück erfüllt, weil Ihnen die Welt offensteht, von Glück erfüllt darüber, daß es dort draußen Menschen gibt, die versuchen, Ihre Welt zu bereichern, dann fällt es Ihnen weitaus leichter zu lieben – sich selbst und Ihre Mitmenschen.

# Herzarbeit – Schwerstarbeit

*von Marianne Williamson*

»Darum geht es hier: ob unsere Gedanken vom Geist der Liebe bestimmt werden. Und wenn es zutrifft, dann sind wir gütiger, toleranter. Wir segnen, statt zu verdammen. Wir unterstützen, statt zu spotten. Wir vergeben, statt anzugreifen. Wir lieben, statt uns zu fürchten.«

Die Menschen brauchen nicht daran erinnert zu werden, wie wichtig die Liebe ist. Was sie suchen, ist das Was und Wie des Liebens. Unsere Kultur wird beherrscht von einer erschreckend lieblosen Mentalität, und dies zu erkennen ist unbedingte Voraussetzung dafür, daß wir als Nation Heilung finden. Ohne diese bewußte Erkenntnis können wir nicht verstehen, wie schwer es – innerlich und äußerlich – ist, sich erfolgreich dem Einfluß liebesleerer kultureller Stimuli zu widersetzen.

Die großen Lehren aller Zeiten treffen auf die Erfahrung unserer heutigen Kultur genauso zu wie auf jede andere Kultur jeder anderen Epoche. Das Herz lebt in einem ewigen Reich. Zu diesem Reich finden wir nur Zugang, wenn wir an den Mißklängen der Welt vorbei tief in unserem Herzen nach der Stille suchen, die in jedem von uns wohnt.

Wenn wir morgens aufwachen und uns direkt in die Hektik der Welt stürzen – die Zeitung überfliegen, die

aktuellsten Nachrichten ansehen oder hören –, dann wird dem Verstand jede Gelegenheit genommen, sich der Hysterie der Welt zu entziehen. Doch wenn wir meditieren und beten, ehe wir die Zeitung lesen oder zumindest ehe wir uns in unsere weltlichen Aktivitäten stürzen, dann bleiben Hoffnung und Zuversicht unerschüttert.
Ich glaube, wir befinden uns auf der Erde, um der Welt Heilung zu bringen, aber das wird uns wohl kaum gelingen, wenn unsere eigenen Wunden zu tief sitzen. Wir alle sind Erben der Angst, die unsere Kultur erfaßt hat. Wenn wir uns nicht Gott zuwenden, werden wir Teil der Hysterie. Eine Mäßigung des Verhaltens oder das bloße Unterdrücken der Panik genügt nicht, um uns oder die Verhältnisse um uns herum zu verwandeln. Nur die Liebe vermag dies.
Woran es der Welt am meisten gebricht, ist ernsthaftes spirituelles Bemühen. Blaise Pascal hat einmal geschrieben: »Alle Probleme der Menschheit sind auf die Unfähigkeit des Menschen zurückzuführen, ruhig in einem Zimmer zu sitzen, allein.«
Im *Kurs in Wundern* heißt es, daß fünf Minuten in Gesellschaft des Heiligen Geistes am Morgen genügten, um sicherzustellen, daß er den ganzen Tag über unsere Gedanken bestimme. Darum geht es hier: ob unsere Gedanken vom Geist der Liebe bestimmt werden. Und wenn es zutrifft, dann sind wir gütiger, toleranter. Wir segnen, statt zu verdammen. Wir unterstützen, statt zu spotten. Wir vergeben, statt anzugreifen. Wir lieben, statt uns zu fürchten.
Wir alle sind Erben der Dunkelheit dieser Welt wie auch Erben der Geschenke Gottes. Seine Gaben den falschen Geschenken der Welt vorzuziehen geschieht jeden

Augenblick, wird jeden Augenblick entschieden. Aber wir leben in einer Welt, in der der Stimulus der Angst so laut, so heimtückisch ist und so ununterbrochen auf uns eindringt, daß Widerstand zu leisten tatsächlich Schwerstarbeit bedeutet.
Es ist ähnlich wie beim Muskeltraining. Wenn Sie einen neuen Körper wollen, müssen Sie etwas dafür tun; auch wenn Sie Ihr Denken verändern wollen, müssen Sie es sich erarbeiten. Spirituelle Arbeit erfordert große Anstrengungen, um unser Herz weich zu machen, unsere Ängste zu beruhigen, unsere Seele zu erneuern. Sie beginnt in uns und kann unsere letzten Kräfte fordern.
Die schwierigste spirituelle Herausforderung der letzten Jahre ist die Beziehung zu meiner Tochter. Ich hätte nie gedacht, daß Kindererziehung so schwer sein kann. Ich meine nicht körperlich, sondern emotional. All meine Probleme mit Nähe und Intimität treten in meiner Beziehung zu ihr überdeutlich hervor.
Ich mußte hart daran arbeiten, jemand zu werden, der ihr eine Stunde lang vorlesen kann, ohne aufzuspringen, wenn das Telefon klingelt. Ich mußte hart an mir arbeiten, um sie zur Schule zu bringen und abzuholen, ich selbst, regelmäßig, und nicht stets den Beruf an die erste Stelle zu setzen. Dies klingt vielleicht nicht besonders großartig, aber für mich bedeutete es eine enorme Umstellung. Der Beruf, besonders in seiner den Blutdruck hebenden Form, ist zu einer amerikanischen Sucht geworden – und er ist tödlich. Er läßt einen nicht zur Ruhe kommen. Eine Frau, die ständig unter Druck steht, kann keine gute Mutter sein, und deshalb habe ich hart an mir gearbeitet, um wieder mehr innere Ruhe zu finden. Inzwischen ist es etwas besser, aber ich habe

gemerkt, wieviel Anstrengung es erfordert, um meinen Vorstellungen von einer Mutter zu entsprechen. In meinem Inneren weiß ich, daß ich Bücher schreiben und vor einem großen Publikum Vorträge halten kann, und das ist großartig, aber eine gute Mutter zu sein ist weitaus wichtiger als jede andere Arbeit.
Wie sagte doch Gandhi: »Wir selbst müssen der Wandel sein.«

# Die Quelle des Herzens

*von Jack Kornfield*

»Die Fragen am Ende unseres Lebens werden sehr schlicht sein: ›Habe ich richtig geliebt? Habe ich meine Mitmenschen, die Gemeinschaft, in der ich lebe, die Erde aus meinem Innersten heraus geliebt?‹«

Wenn Sie lieben wollen, dann nehmen Sie sich die Zeit, Ihrem Herzen zu lauschen. In den meisten alten und weisen Kulturen ist es eine gängige Praxis, daß die Menschen mit ihrem Herzen sprechen. Es gibt in jeder spirituellen Tradition Rituale, Geschichten und meditative Fertigkeiten, die die Stimme des Herzens zum Erklingen bringen. Diese Übung ist unabdingbar für ein Leben in Weisheit, denn unser Herz ist die Quelle unserer Verbindung und Nähe mit jeglichem Leben. Und Leben *ist* Liebe. Diese mysteriöse Eigenschaft der Liebe existiert überall, sie ist ebenso wirklich wie die Schwerkraft.

Doch wie oft vergessen wir die Liebe! Liebe beginnt mit der Erkenntnis, daß nicht das, was wir haben oder was wir tun, uns tiefste Erfüllung bringt, sondern der Zustand unseres Herzens. Der indische Mystiker und Dichter Kabir schrieb: »Suchst du mich? Ich sitze neben dir. Meine Schulter berührt die deine.« Damit spricht er von unserem Sehnen nach dem Allgeliebten.

Unser Herz ist sehr nah, und dennoch versinken wir in einen bemerkenswerten Taumel angesichts der Komplexität und Geschäftigkeit unserer modernen Welt und vergessen, was wirklich zählt. Wir glauben, Zeit zu haben, aber niemand kann mit Sicherheit sagen, wieviel Zeit er wirklich noch hat. In seinen Lehrreden an Carlos Castaneda verwendet Don Juan, um uns an diese Werte zu erinnern, den Tod als Ratgeber:

> »Der Tod ist unser ewiger Gefährte. Er ist stets zu unserer Linken, nur einen Schritt entfernt. Er hat ständig ein Auge auf uns, bis zu dem Tag, da er uns auf die Schulter klopft. Wenn du also ungeduldig wirst mit deinem Leben, dann wende dich zu deiner Linken und bitte deinen Tod um Rat. Alle Kleinlichkeit wird von dir abfallen, wenn dein Tod dir mit einer Geste begegnet oder wenn du einen Blick auf ihn erhaschst oder wenn du ganz einfach das Gefühl hast, dein Gefährte ist da und hat ein Auge auf dich.«

Wenn Sie einmal das Privileg haben, am Bett eines Menschen zu sitzen, der einen bewußten Tod stirbt, werden die Fragen am Ende seines Lebens sehr schlicht sein: »Habe ich richtig geliebt? Habe ich meine Mitmenschen, die Gemeinschaft, in der ich lebe, die Erde aus meinem Innersten heraus geliebt?« Und vielleicht: »Habe ich voll gelebt? Habe ich mich dem Leben angeboten?«
Bei allen Menschen findet sich im Herzen eine wissende Stimme, ein Lied, das uns daran erinnern kann, wonach wir am meisten streben, was wir seit unserer Kindheit wissen. In Ostafrika gibt es einen Stamm, der dieses Lied sogar schon vor der Geburt erkennt. Hier gilt nicht, wie in anderen Stammeskulturen, der Tag der körperlichen Geburt oder der Tag der Zeugung als Geburtstag eines Kindes. Bei diesem Stamm gilt der Tag als Geburtstag, an dem das Kind zum ersten Mal als Gedanke im Kopf seiner

Mutter auftaucht. Die Mutter zieht sich, ihrer Absicht bewußt, mit einem bestimmten Mann ein Kind zu zeugen, zurück, um allein unter einem Baumriesen zu sitzen. Dort sitzt sie und lauscht tief in sich hinein, bis sie das Lied des Kindes hört, von dem sie hofft, daß es geboren werde. Sobald sie dieses Lied gehört hat, kehrt sie in ihr Dorf zurück und bringt es dem Vater bei, damit sie es, während sie sich lieben, gemeinsam singen und das Kind einladen können, damit es zu ihnen komme. Nach der Empfängnis singt sie das Lied dem Kind in ihrem Bauch vor. Dann lehrt sie es die alten Frauen und Hebammen im Dorf, damit das Kind während der Wehen und in dem wunderbaren Augenblick der Geburt mit diesem Lied begrüßt werden kann. Nach der Geburt lernen alle Dorfbewohner das Lied ihres neuen Mitglieds und singen es dem Kind vor, wenn es hinfällt oder sich weh getan hat. Das Lied wird gesungen in Zeiten des Triumphs oder der Rituale und Initiationen. Wenn das Kind erwachsen ist, wird das Lied zu einem Teil seiner Hochzeitszeremonie; und am Ende des Lebens versammeln sich seine Lieben um das Sterbebett und singen es ein letztes Mal.
Eine solche Geschichte weckt in uns das Verlangen, wir könnten ähnliches hören, unser Leben und unser Lied werde von diesem Ort des Respektes aus bestimmt und geleitet. Doch wir haben uns ablenken und von der kommerziellen Welt in Bann ziehen lassen. Unser Leben ist komplex und unsere Zeit materialistisch, ehrgeizig, fremdbestimmt. Nur zu viele von uns haben das Zuhören verlernt. Es ist schwer, in der Geschäftigkeit des Lebens mit unserem Herzen in Verbindung zu bleiben.
Anne Wilson Schaef schreibt folgendes über die süchtige Gesellschaft:

»Am besten kommen in unserer modernen Gesellschaft diejenigen zurecht, die weder tot sind noch lebendig, sondern abgestumpft, Zombies. Wer tot ist, kann der Gesellschaft nichts mehr von seiner Arbeitskraft geben, und wer springlebendig ist, muß ständig nein sagen zu vielen Prozessen der Gesellschaft – Rassismus, Umweltverschmutzung, nukleare Bedrohung, Wettrüsten, verschmutztes Wasser und krebsauslösende Lebensmittel. Es liegt daher im Interesse der modernen Konsumgesellschaft, für die Dinge zu werben, die unsere Empfindungen abstumpfen und uns nur an unseren nächsten Termin denken lassen, die uns leicht betäuben, zum Zombie machen. So betrachtet verhält unsere moderne Konsumgesellschaft sich wie ein Süchtiger.«

Kein Wunder, daß es uns schwerfällt, mit unserem Herzen in Verbindung zu bleiben! Wenn wir dennoch mit ihm sprechen, müssen wir möglichst ehrliche Fragen stellen. Wie denken wir über die Art, wie wir unser Leben führen? Fördert sie Behagen, Kreativität, Ganzheit, Respekt? Oder haben die Verantwortungen unseres Erwachsenenlebens aus unserem Körper und Geist ein Gefängnis gemacht?

Für viele von uns begann unser Verlust der Unschuld und Verbundenheit vor Jahren in der Kindheit, als wir sie begruben, um in der Schule, Familie, Religion und Kultur überleben zu können. Und so besteht ein Teil der Kunst des aus dem Herzen gelebten Lebens darin, diese kindliche Fähigkeit, auf unser Herz zu hören, zurückzuerobern. Der große amerikanische Maler James McNeill Whistler ging in den fünfziger Jahren des 19. Jahrhunderts auf die Militärakademie West Point. Beim Unterricht in technischem Zeichnen bat der Ausbilder die Studenten, eine

Brücke darzustellen. Whistler zeichnete eine wunderschöne Steinbogenbrücke mit zwei kleinen Jungen, die von oben aus angelten. Der Leutnant sagte höchst verärgert: »Dies ist eine militärische Übung. Lassen Sie die Kinder gefälligst von der Brücke verschwinden.« Also machte Whistler eine neue Zeichnung, auf der die Jungen vom Ufer aus angelten. Der Leutnant wurde noch zorniger und sagte: »Ich habe Ihnen befohlen, sie aus dem Bild verschwinden zu lassen.« In der letzten Fassung malte Whistler die Steinbrücke mit dem Fluß und fügte am Ufer zwei kleine Grabsteine mit Kindernamen hinzu! Dies ist ein Symbol für die Art und Weise, in der viele von uns ihr Herz und letztendlich die Verbindung zu sich selbst verloren haben. Whistler brauchte viele Jahre des Malens, bis er den Geist des Kindes in sich wieder erweckt hatte. Genau wie dieser Künstler müssen die meisten von uns ihren eigenen Weg finden, um die verschütteten Tränen der Trauer wieder auszugraben und durch sie eine alte Quelle der Verspieltheit und Freude wiederzuentdecken.

Die großen Traditionen von Meditation und Gebet, vom kontemplativen Leben, bieten uns Wege, tief ins Innere zu lauschen und diese verlorene Verbindung wiederaufzubauen. Eine der Fähigkeiten, die sie uns lehren können, um mit unserem Herzen in Verbindung zu bleiben, ist, Stille herzustellen. Wir müssen uns für eine Weile dem »Tun« entziehen und einfach »sein«. Wir brauchen einen Sabbat, einen regelmäßigen Feiertag, eine regelmäßige Zeitspanne des Innehaltens und erneuten Verbindens mit dem Geist, der alles durchdringt. Selbst ein Übermaß an guten Taten kann für uns problematisch werden. Wie sagte doch Thomas Merton: »Wer zuläßt, von einer Vielzahl widersprüchlicher Anliegen vereinnahmt zu werden, wer sich zu vielen Forderungen beugt, wer sich für zu viele gute Projekte engagiert, wer allem und jedem helfen möchte – auch der beugt sich der Gewalt unserer Zeit.«

Was wir also beim Leben aus dem Herzen suchen, ist ein Lebensrhythmus, in dem Raum ist für eine Erneuerung in der Natur: Raum zum ziellosen Spazierengehen, Raum zum Stillsitzen, Raum, um den Lauten des Lebens um uns herum zu lauschen, Raum, um auf unseren Körper zu hören, Raum, um auf unser Herz zu hören. Die Meditation kann uns diese Kunst lehren, indem wir einfach unserem Atem folgen, ein und aus, bis wir den Lebensrhythmus spüren, der unseren Körper ständig durchströmt. Dann können wir den Geschichten lauschen, die unsere Gedanken erzählen, dem Sehnen unseres Herzens und den Dingen, die wir am höchsten achten. Meditation fördert heilige Aufmerksamkeit. Sie ist ein Gebet, das nicht um das bittet, was wir uns wünschen, sondern das uns öffnet, damit wir hören: »Nicht mein Wille, sondern dein Wille geschehe«: ein Gebet, das mit ganzem Wesen zuhört.

Diese Art von Respekt des Selbst – in der Stille, in der Natur, im Gebet – läßt sich auch auf die Herzen anderer ausweiten. Wenn wir einander zuhören, können wir dem Gesprächspartner mit einem vorgefaßten Programm begegnen, aber auch mit Offenheit. Wir versuchen meist, unsere Meinung kundzutun, verteidigen uns und wollen erreichen, was wir uns vorgenommen haben, oder wir schützen uns. Doch all dies entspringt dem »Körper der Angst«, wie es in der spirituellen Welt genannt wird. Statt dessen sollten wir mit Aufmerksamkeit und Respekt zuhören, um herauszufinden, wie das Herz dieses anderen denkt.

Diese Liebe, diese Verbindung des Herzens, diese Vertrautheit, ist nicht fern. Mutter Teresa sagte einmal: »Wir können auf dieser Erde keine großen Dinge vollbringen. Wir können nur mit großer Liebe kleine Dinge tun.« Und das ist gar nicht so kompliziert. Wenn wir zur Ruhe gekommen sind, liegt der Pfad deutlich vor uns. Er besteht aus den Augenblicken und Tagen, an denen wir für uns und unsere Kinder da sind, wenn wir unseren Kollegen zuhören und sorgsam mit unserer Umwelt umgehen. Sobald wir mit unserem Herzen anwesend sind, bringen wir uns selbst und allen anderen in jeglicher Situation Respekt entgegen.
Sogar in unserer modernen, von der Technologie dominierten Welt ist eine Erneuerung dieses Respekts möglich. Ein Beispiel ist das neue amerikanische Modell von Krankenhäusern, genannt »Plaintree Hospitals«, die ganz auf die Patienten ausgerichtet sind. Klassische Musik spielt sanft im Hintergrund. Die Patienten tragen ihre eigenen Bademäntel und Schlafanzüge, sie haben geblümte Bettbezüge und werden ermutigt, morgens so lange zu schlafen, wie sie möchten. Freunde und Familienangehörige dürfen die Patienten besuchen, wann es ihnen am liebsten ist. Sie werden darin bestärkt, bei der Verköstigung und Pflege der Patienten zu helfen. Dies ist eine wunderbare Idee. Und das trifft auch auf die Wege des Herzens zu. Was uns am wichtigsten ist, was wir am dringendsten tun müssen, erschließt sich direkt unserem Zugriff – wenn wir uns die Zeit nehmen, um zuzuhören.
Manchmal packt uns jedoch die Angst. Wir können nicht glauben, daß das Herz dazu fähig ist, inmitten all dieser Einflüsse offenzubleiben. Einer meiner Freunde, ein Geschäftsmann, begann mit dem Meditieren. Er bekam

plötzlich so starke Schmerzen in der Brust, daß er dachte, er hätte einen Herzanfall. Wir arbeiteten zusammen, und er atmete, die Hand auf sein Herz gelegt, sanft in die Schmerzen hinein. Als er die Hektik spürte, die sein Leben so lange bestimmt hatte, traten ihm Tränen in die Augen, Tränen über das, was er in seiner Familie und seiner Umgebung ungetan gelassen hatte. Die Schmerzen in seinem Herzen ließen nach. Und ihm wurde klar, daß er ganz anders leben könnte als bisher.

Oft stellt sich, wenn wir auf unser Herz hören, zunächst Trauer ein. Die unerledigten Angelegenheiten, vor denen wir davongelaufen sind, der Kummer, den wir nicht empfunden haben, die Verluste, an denen wir unsere Trauer messen, die Tränen der Welt treten hervor. Auch ihnen können wir uns öffnen, ihnen respektvoll zuhören, wir können unser Herz sich in all seiner Größe entfalten lassen. Eine Bekannte hat mir einmal erzählt, wie sie jeden Morgen auf dem Weg zur Arbeit an einem Obdachlosen vorbeikam; monatelang warf sie Münzen in seinen Becher, und nach einer Weile grüßten sie sich mit einem Nicken. Dann wurde ihr eines Tages bewußt, daß sie ihm noch nie in die Augen geblickt hatte. Sie war davon überzeugt, daß er, wenn sie es einmal täte, eine Woche später in ihrem Wohnzimmer säße. Ihr wurde klar, sie hatte sich verschlossen.

Wir alle haben wie diese Frau Angst, den Kummer und die Schönheit der Welt nicht ertragen zu können. Und es stimmt, auch das Herz hat seine Stunde, so wie eine Blume sich dem Sonnenlicht öffnet und des Nachts verschließt. Wir müssen diese Rhythmen respektieren. Doch wir können uns nicht für längere Zeit verschließen. Unsere wahre Natur besteht darin, ein offenes Herz zu haben, so wie es die wahre Natur einer Blume ist, sich im Sonnenlicht zu öffnen. Dies wird manchmal unsere Buddhanatur oder unsere göttliche Natur genannt. Aber wie wir es auch nennen: Wir dürfen nie vergessen, daß jedes Herz die immense Fähigkeit besitzt, die ganze Welt zu halten. Wir sind aufs innigste mit allen Dingen verbunden, und ob wir das nun wahrhaben wollen oder nicht, empfindet unser Herz doch alle Wahrheit im Leben. Mahatma Gandhi drückte es so aus: »Ich glaube an die grundsätzliche Einheit alles Lebendigen. Daher glaube ich: Wenn ein einzelner Mensch spirituell wächst, dann macht die ganze Welt einen Schritt vorwärts, und wenn ein einziger Mensch fällt, dann fällt die ganze Welt mit ihm.«

Dies ist nicht nur eine Philosophie. Meine Frau und ich reisten vor einigen Jahren durch Indien; wir besuchten den auf einem Berg gelegenen Tempel einer großen Weisen, Vimala Thakar. Meine Frau hatte sehr schmerzliche Visionen vom Tod ihres Bruders, die ich einfach für einen Teil ihres Meditationsprozesses hielt. Doch traurigerweise erhielten wir eine Woche später ein Telegramm, in dem stand: »Dein Bruder ist gestorben, Selbstmord.« Er war genauso gestorben, wie meine Frau es in ihrer Vision gesehen hatte – und wir entnahmen dem Telegramm, daß sie die Vision in ebender Nacht hatte, in der ihr Bruder starb. Hier waren wir, auf der anderen Seite der Erde, und doch wußte meine Frau genau, was mit ihrem Bruder geschehen war, und sogar, wie es geschehen war. Wir haben alle ähnliche Geschichten gehört. Denn in Wirklichkeit sind wir tatsächlich alle untereinander verbunden.

Die Arbeit unseres Herzens, Zeit zu finden zum Zuhören,

gemäß unseren Werten zu leben, zu lieben, das ist also unser Geschenk an die Welt. Mit Hilfe unseres inneren Muts erwachen wir und finden Zugang zur größten Fähigkeit menschlichen Lebens, der einen, wahren Freiheit des Menschen: inmitten aller, wie auch immer gearteter Umstände zu lieben. Der Psychiater Viktor Frankl, der den Holocaust überlebte, schreibt:

> »Wir, die wir in den Konzentrationslagern gelebt haben, können uns an jene erinnern, die durch die Hütten gingen, andere trösteten, ihren letzten Bissen Brot verschenkten. Auch wenn es nur wenige waren, sind sie doch Beweis genug, daß einem Menschen alles genommen werden kann, nur eines nicht, das letzte Stück Freiheit – unter jedweden Umständen seine Geisteshaltung zu wählen.«

Die Macht des Herzens ist unermeßlich und kann große Veränderungen bewirken. Jeder von uns hat seine eigenen Geschenke, die dem Blühen seines Herzens entspringen. Vielleicht einen Garten anzulegen, eine nach ethischen Gesichtspunkten geführte Firma zu leiten, Lehrerin oder Heilerin zu sein, Künstler, Vater oder Mutter. Für manche ist die Reise zur Großzügigkeit des Herzens lang und beschwerlich; aber selbst Menschen, die als Kinder mißbraucht wurden, können trotz dieser schwierigen Umstände wunderbare Erwachsene werden. Ich habe es in meiner Arbeit wieder und wieder miterlebt. Immer erinnern sich diese verletzten Erwachsenen an einen Menschen – einen Lehrer, die Großmutter, eine Freundin –, der sie, inmitten von grobem Mißbrauch und tiefen Qualen, sah oder berührte oder liebte. Und auf dieser Liebe bauen sie ihre Heilung auf.

Die Stärke des Herzens besteht in seiner Fähigkeit, all das

zu pflegen, was im menschlichen Leben von Schönheit ist. Das erfordert große Barmherzigkeit und Vergebung – kein Verurteilen, sondern die Sanftheit, die weint ob der Trauer eines anderen, als wäre es ihre eigene, und die bereit ist, ohne Zögern zu vergeben. Mit Vergeben meine ich nicht, das zu dulden, was uns oder anderen Menschen Leid zufügt. Vergebung bedeutet, daß wir keinen Menschen aus unserem Herzen ausschließen werden. Daß wir gewillt sind, die Schmerzen der Vergangenheit zu vergessen, um einen neuen Anfang im Namen der Liebe zu beginnen. Es gibt eine Geschichte von zwei ehemaligen Kriegsgefangenen, die sich viele Jahre später wiedertreffen. Der eine fragt den anderen: »Hast du den Männern vergeben, die dich gefangengehalten haben?« Und der andere sagt: »Nein, niemals!« Woraufhin der erste erwidert: »Nun, dann halten sie dich immer noch gefangen, nicht wahr?«

Die Arbeit des Herzens ist also einfach Barmherzigkeit gegen uns und gegen andere. Sie ist ein natürlicher Teil von uns wie unser Atem. Sie macht unser Wesen aus. Thomas Merton schreibt:

> Dann war es, als sähe ich plötzlich die heimliche Schönheit ihrer Herzen, die Tiefe ihrer Herzen, wo weder Sünde noch Wissen den Kern ihrer Wirklichkeit, die Person erreichen, die jeder von ihnen in Gottes Augen ist. Wenn sie sich nur sehen könnten, wie sie wirklich sind. Wenn sie nur die anderen auf diese Weise sehen könnten, dann gäbe es keinen Grund mehr für Krieg oder Haß, keinen Grund mehr für Grausamkeit oder Habgier. Das größte Problem wäre wohl, daß wir auf die Knie fallen und uns gegenseitig anbeten würden.

Dies ist die Arbeit des Herzens. Sie beruht auf dem Willen, zuzuhören, sich Zeit zu nehmen, um den eigenen Atem zu spüren, zu fühlen, wie das Herz im Körper schlägt, das Ziehen der Wolken zu verfolgen und den Wechsel der Jahreszeiten. Fragen Sie Ihr Herz: »Was ist mir, falls mein Leben nur ein wenig länger wäre, am wichtigsten, welche Werte zählen, wie möchte ich leben?« Wenn wir auf unser Herz hören und es in unseren Taten, über unsere Zunge sprechen lassen, werden wir entdecken, daß die Liebe selbst unser Universum verändert. Sie ist ansteckend – sie wird vom einen auf den anderen übertragen. Und die Macht der Herzenswärme, die Macht derer, die aus dem Herzen leben, läßt die Macht von Armeen und Technologien verblassen. Denn es ist die Kraft des Herzens, die uns durchdringt, die alles Leben bringt, die alles Leben schafft. Es ist nie zu spät, von dieser Quelle zu schöpfen. Nehmen Sie sich also die Zeit, um zu lauschen, die Zeit, diesen Brunnen für Ihr eigenes Leben zu erschließen.

# Wahre Liebe

*von Betty Eadie*

> »Je mehr Sie die Liebe, die Wunder und die Schönheit um sich herum wahrnehmen, desto mehr Liebe tritt in Ihr Leben. Je mehr Sie lieben, desto größer wird Ihre Fähigkeit zu lieben. Und so setzt es sich fort. Wenn Sie die Welt und die Menschen in ihr lieben, dann wird diese Liebe auch wieder zu Ihnen zurückkehren.«

Sein Leben mit Liebe zu füllen – Liebe zu geben und Liebe zu empfangen – ist eine der schwierigsten Aufgaben. Das galt zumindest für mich, denn meine Welt war nicht immer von Liebe geprägt. Auch sind nicht alle Menschen liebevoll oder liebenswert. Schlimmer noch, viele von uns wuchsen in Familien auf, in denen genau das Gegenteil gelehrt wurde – lieblos zu sein.

Ich mußte nicht nur lernen, Liebe zu schenken, sondern auch, Liebe zu empfangen. Es ist oft leichter, sich liebevoll zu verhalten, als die Liebe anderer anzuerkennen oder Vertrauen in die Liebe anderer zu haben.

Ich lernte, mein Leben mit Liebe zu füllen, indem ich zunächst lernte, mich selbst zu lieben. Ich stellte fest, daß es, wenn ich mich anderen gegenüber nicht liebevoll verhielt, ausnahmslos daran lag, daß in mir etwas nicht stimmte. Damals schien es, als seien die meisten Menschen in meinem Leben entsetzliche Nervensägen. Zum Glück entdeckte ich, worauf dies zurückzuführen war –

nämlich darauf, daß mir etwas fehlte: Selbstachtung und Selbstliebe – und gewöhnlich gar nichts mit »den anderen« zu tun hatte. Ich mußte mich zunächst selbst lieben, ehe ich meine Mitmenschen aus vollem Herzen lieben konnte.

Es ist leicht, bei anderen Fehler zu entdecken, aber weitaus schwieriger, sich die eigenen Unzulänglichkeiten ehrlich einzugestehen. Oft streiten wir sie ab; wir wollen sie nicht in aller Deutlichkeit sehen. Nachdem ich mir meine eigenen Fehler betrachtet hatte – von denen ich einige ändern konnte, andere jedoch einfach akzeptieren mußte –, konnte ich sie allmählich als einen Teil von mir betrachten, an dem ich noch arbeiten mußte. Statt darauf zu insistieren, daß ich vollkommen sei und die Schuld bei den anderen läge, konnte ich endlich anfangen, mich selbst zu lieben und zu akzeptieren. Und nachdem ich das gelernt hatte, war ich in der Lage, meine Mitmenschen zu lieben und zu bejahen. Ich konnte sogar damit beginnen, die weniger vollkommenen Aspekte anderer Menschen zu lieben.

Natürlich hatte meine Nah-Todeserfahrung einen nachhaltigen Einfluß auf meine Lebenseinstellung, sie füllte mich mit dem Wunsch, ein liebevollerer Mensch zu werden. (Vielleicht wäre ich auch sonst liebevoller geworden. Die Zeit und das Alter sind da sehr förderlich!) Heute beschäftige ich mich nicht mehr soviel mit den vielen Gründen, warum ich liebevoller werden wollte, sondern versuche statt dessen, mich darauf zu konzentrieren, in welcher Weise ich mich jeden Tag als liebevoller Mensch erweisen kann. Oft genügt für einen Anfang schon der bloße Wunsch zu Veränderung.

Ich praktiziere Liebe zum Beispiel, indem ich mir vorstel-

le, wie ich mich in einer Situation fühlte, wenn ich in den Schuhen des anderen steckte. Welche Reaktion würde ich mir von dem anderen wünschen? Dann versuche ich, danach zu handeln. Und es funktioniert tatsächlich. Wenn wir wirklich versuchen, unsere Mitmenschen so zu behandeln, wie wir gerne behandelt würden, werden wir viel freundlicher, mitfühlender und toleranter. Niemand möchte verletzt werden oder unfreundlich oder respektlos behandelt werden. Und obwohl viele von uns gelernt haben, andere so zu behandeln, wie wir gerne behandelt würden, bestehen wir gewöhnlich darauf, daß die anderen zunächst *uns* diese Höflichkeit bezeigen, ehe wir es tun. Diesen Prozeß müssen wir umkehren. Wenn *wir* Liebe und Freundlichkeit zeigten, könnten wir, auch wenn es uns nicht immer gedankt wird, in einer weitaus liebevolleren Welt leben.
Es ist wichtig, die kleinen Dinge im Leben zu lieben und zu achten, all die Schönheit, die Gott geschaffen hat. Ich weiß, das klingt schrecklich simplifiziert, aber ich versuche, alles, was ich im Lauf meines Tages so sehe, zu würdigen: einen Vogel, einen Baum, eine Blume, ein ungewöhnliches Ereignis. Mein Ziel ist es, das zu lieben, was ich sehe, und Gott dafür zu danken, daß er es mir zeigt. Wenn ich das tue, scheint sich das Universum zu öffnen und mich mit Liebe zu umfangen. Angesichts dieser Liebe kann ich gar nicht anders, als mich selbst immer mehr zu öffnen, um noch mehr zu empfangen. Ein wunderbarer Kreislauf der Ausweitung beginnt. Je mehr Sie die Liebe, die Wunder und die Schönheit um sich herum wahrnehmen, desto mehr Liebe tritt in Ihr Leben. Je mehr Sie lieben, desto größer wird Ihre Fähigkeit zu lieben. Und so setzt es sich fort. Wenn Sie die Welt und die Men-

schen in ihr lieben, dann wird diese Liebe auch wieder zu Ihnen zurückkehren.

Wer sich bemüht, liebevoller zu sein – ohne eine Gegengabe zu erwarten –, der wird feststellen, daß sein Leben von Liebe überfließen wird. Wir müssen überhaupt nichts dafür tun, es geschieht einfach. Menschen, die liebevoll und großzügig sind, ziehen gleichgesinnte Seelen an, denn es ist leicht, jene zu lieben, die ihrerseits liebevoll sind. Sie laden liebevolle Menschen und Akte der Nächstenliebe in Ihr Leben ein, wenn Sie selbst mehr Liebe zeigen. Dann beginnt bei Ihnen ein riesiger Kreislauf der Liebe.

Wenn Sie sich liebevoll verhalten, setzen Sie eine wichtige Kettenreaktion in Gang. Und selbst bei den seltenen Gelegenheiten, wenn Ihre Liebe für jemanden nicht erwidert wird, empfiehlt es sich, einfach weiterhin liebevoll zu sein. Damit will ich nicht sagen, daß Sie sich ausnutzen lassen sollen, sondern daß Sie ein Vorbild an Liebe und liebevollem Verhalten werden. Sie können diesem Menschen vielleicht helfen, eine andere Ebene zu erreichen, auf der er irgendwann einmal mehr Freundlichkeit zeigt.

Oft glauben wir, die großen Dinge seien das, was wirklich zählt, aber das stimmt nicht immer. Unterschätzen Sie nie die Bedeutung liebevollen Handelns. Ein winziger Akt der Freundlichkeit kann bei einem anderen einen bleibenden Eindruck hinterlassen – und Sie erfahren vielleicht nie etwas davon. Sie können sich doch sicher an etwas erinnern, was irgend jemand einmal gesagt oder getan hat und sich tief in Ihr Gedächtnis eingegraben hat. Dieser Jemand hat aus seiner Sicht vielleicht nur etwas Einfaches gesagt, was Sie hingegen nie wieder ver-

gessen. Ich erinnere mich, wie ich einmal im Krankenhaus lag, als ich ungefähr zwölf Jahre alt war. Eine Krankenschwester kam herein, und als ich die Augen öffnete, sagte sie zu einer anderen Schwester: »Was für eine Liebe und Güte aus den Augen dieses kleinen Mädchens strahlt.« Diese Bemerkung habe ich nie vergessen. Sie hat mir geholfen, mich als freundlichen, liebevollen Menschen zu sehen. Ich betrachte die Bemerkung dieser Krankenschwester als eine Bestätigung der Liebe. Noch heute teile ich meine Liebe gern über meine Augen mit. (Die Augen sind ja die »Fenster zur Seele«.) Diese wunderbare Krankenschwester erinnert sich bestimmt nicht an ihre freundlichen Worte und könnte sich nicht vorstellen, welche Auswirkungen ihre Freundlichkeit auf mein Leben hatte. In gewissem Sinn hat sie also indirekt jedem geholfen, dem ich geholfen habe.
Die weisesten Worte zur Liebe stehen in der Bibel: Und wie ihr wollt, daß euch die Leute tun sollen, also tut ihnen gleich auch ihr. Dies ist ein guter Rat – innezuhalten und nachzudenken, ehe wir unfreundlich oder grob reagieren. Versetzen Sie sich in die Lage des anderen, stellen Sie sich vor, wie Sie empfinden und wie Sie gern behandelt würden. Das wahre Liebesgeschenk besteht darin, ungefragt und aus freien Stücken etwas für einen anderen zu tun – einzig aus dem Wunsch heraus, Liebe zu schenken. Bei diesen Gelegenheiten sind Sie und die Person, die Sie lieben, wahrhaft gesegnet.

# Genug Liebe für alle

*von Dr. Stephen Covey*

> »Jeder einzelne kann in der Welt etwas ausrichten, indem er in seinem kleinen Einflußbereich ein Vorbild ist. So wie ein Stein, der in einen Teich geworfen wird, kleine Wellen verursacht, die sich nach außen hin fortpflanzen, bis sie allmählich auslaufen, so beeinflussen unsere Handlungen die Ökologie der gesamten Menschheit.«

Für mich ist die Liebe das Höchste im Leben. Nichts darf Ihnen wichtiger sein, als in sich die Liebe zu wecken. Mit Hilfe der Energie Gottes erhalten Sie die Kraft, diese Art der Liebe zu finden oder auszudrücken. Dann ist das Wort »Liebe« kein Substantiv mehr; es wird zu einem Verb, einem Tätigkeitswort, einer gern dargebrachten Opfergabe.

Ein Ehepaar kam zu mir, um über die Unzufriedenheit in seiner Ehe zu sprechen. Der Mann sagte: »Was soll ich nur tun? Es gibt keine Gefühle mehr in unserer Ehe.« Ich antwortete: »Nun, *lieben Sie sie einfach.*« Er erwiderte: »Aber Stephen, das Problem ist, da sind einfach keine Gefühle mehr. Wirklich nicht, weder bei mir noch bei ihr; uns liegt nur noch etwas aneinander, weil wir Kinder haben.« Ich sagte: »Wie kommen Sie darauf, daß Liebe ein Gefühl ist? Liebe ist ein Verb; Liebe ist etwas, was man tut. Nehmen Sie zum Beispiel eine Mutter, die in das Tal der Schatten des Todes geht, um ein Kind zur Welt zu bringen. Ihre Liebe für dieses Kind ging nicht von dem Kind aus, sie ging von ihr aus, weil sie ihm Opfer brachte. Liebe als Gefühl ist das Ergebnis, die Frucht der Liebe als Verb. Die Vorstellung von Liebe nur als Gefühl stammt aus Hollywood. Sie ist egoistisch und unreif und nicht heilig und göttlich.«

Dies war ein aufregender neuer Gedanke für den Ehemann. Wenn Liebe tatsächlich ein Verb ist, wenn Vergebung, wenn Freundlichkeit Verben sind, dann kann man etwas tun. Doch wenn Liebe nur ein Gefühl ist, dann fühlen wir uns fast hilflos, weil wir glauben, daß Gefühle sich unserer Kontrolle entziehen. Letztendlich sind Ihre Gefühle eine Funktion Ihrer Handlungen. Da Sie Kontrolle über Ihre Handlungen haben, haben Sie also auch Kontrolle über Ihre Gefühle. Wenn Sie sich das bewußtmachen, finden Sie die Reife, um zu lieben – ob Sie wiedergeliebt werden oder nicht.

Der Schlüssel zur Liebe besteht darin, eine Quelle unbedingter Liebe zu haben, aus der Sie ununterbrochen schöpfen können. Für mich ist Gottes Liebe für seine Kinder eine Art starker, bedingungsloser, »väterlicher« Liebe. »Brüderliche« Liebe, die eher an Bedingungen geknüpft ist, ist etwas Wunderbares; aber wenn es darauf ankommt, zersplittert brüderliche Zuneigung oft in »Mimositäten«. In diesen Situationen brauchen die Menschen die göttliche väterliche Liebe.

Wenn Sie Gott an erster Stelle lieben, haben Sie mehr Liebe für Ihren Ehepartner. Wenn Sie Gott an erster Stelle lieben, haben Sie mehr Liebe für Ihre Kinder. Sie sollten stets Gott zuerst lieben und nicht die Menschen. Dann haben Sie die Kraft, den Menschen starke und bedingungslose väterliche Liebe entgegenzubringen. Es kann sogar sein, daß Sie manchmal Strenge und Unbeugsamkeit zeigen müssen, wie es zuweilen auch ein Vater bei seinen Kindern tun muß. Wenn Sie Gott lieben, lassen Sie das Persönliche hinter sich; und dennoch tun Sie dabei etwas sowohl für Ihr Herz, Ihre Seele als auch für Ihre Mitmenschen.

Es bedarf spiritueller Anstrengungen, um diese Quelle grenzenloser Liebe anzuzapfen; doch sobald sie sprudelt, bringt sie reiche Nahrung. Vernachlässige ich diese Quelle der Nahrung für wenige Tage oder manchmal auch nur für wenige Stunden – wenn mich der Streß des Lebens niederdrückt –, verschwindet meine Fähigkeit, bedingungslos zu lieben.

Genauso, wie Sie eine Zweierbeziehung zu Gott haben, müssen Sie auch mit den wichtigsten Menschen in Ihrem eigenen Leben eine Zweierbeziehung eingehen und sie lehren, zu den wichtigsten Menschen in ihrem Leben eine ebensolche Beziehung aufzubauen, so daß das Wasser dieser Liebe weiterströmt. Sie sollten sich mit allen Menschen, die in Ihrem Leben eine wichtige Rolle spielen, regelmäßig treffen und ein persönliches Gespräch führen. Ich versuche das wenigstens einmal im Monat mit meinen verheirateten Kindern, einmal wöchentlich mit den unverheirateten und täglich mit meiner Frau und meinen noch im Haus wohnenden Kindern.

Ich glaube, der Knackpunkt jeder Familie ist die Art und Weise, wie die Eltern das Kind behandeln, das am schwierigsten ist. Wenn Sie diesem Kind unbedingte Liebe entgegenbringen können, dann wissen die anderen Kinder, daß die ihnen entgegengebrachte Liebe auch bedingungslos ist. Wenn Sie jedoch für das Kind, das Ihre Geduld auf die Probe stellt, das Ihre Gefühle vielleicht sogar zurückweist, keine unbedingte Liebe empfinden können, dann werden all die anderen Kinder, sobald Sie ihren Wert nicht bestätigen, sofort die Liebe in Frage stellen, die Sie ihnen entgegenbringen. Sie werden sich fragen: Wird auch mir, wenn ich dir mal auf die Nerven gehe, diese Zuneigung entzogen?

Ich weiß noch, wie ich einmal mit meinem kleinen Sohn unterwegs war und mich unfreundlich und kritisch über jemanden äußerte. Überrascht drehte sich mein Sohn zu mir um und fragte: »Liebst du mich, Dad?« Damit wollte er sagen: »Muß ich befürchten, daß du mir genau wie dieser Person hier deine Liebe entziehst, wenn ich mal etwas falsch mache?« Ich versicherte ihm, daß ich ihn bedingungslos liebte, und gab zu, mich nicht richtig verhalten zu haben. Ich sagte ihm, nur Gott sei vollkommen und auch ich müsse an meinem Geist und meinem Herzen arbeiten.

Eine reiche Quelle für die Fähigkeit zur reinen Liebe nutzt man, wenn man anonym hilft, wobei niemand, nicht einmal der Empfänger, den Urheber kennt. Falls der Empfänger diesen doch kennt, sollte es keinen Versuch geben, daraus einen Vorteil zu ziehen oder eine Gegengabe zu erwarten. Sie sollten nicht einmal Ihrem eigenen Herzen sagen, daß Sie es wissen. Sofern Sie auf diese Weise anonym helfen, findet die Belohnung in Ihrer Seele statt. Wenn Ihre Hilfe gesehen wird, können Sie die Ehre und den Ruhm Gott zuweisen, denn er gab Ihnen das Talent und die Mittel dafür.

Indem Sie bedingungslos handeln, lernen Sie, weder Anerkennung noch Kritik persönlich zu nehmen. Um Ihr Selbstwertgefühl, Ihr Gefühl persönlicher Sicherheit aufrechtzuerhalten, müssen Sie unberührt bleiben vom Verhalten Ihrer Mitmenschen. Ihr Verhalten muß auf Ihrer Integrität ruhen und auf tief verwurzelten Prinzipien und Werten, die letztendlich von Gott ausgehen.

Liebe am Arbeitsplatz ist der Zement, der alle Verbindungen reibungslos fließen läßt. Ohne sie ist der Arbeitsplatz eine Maschine ohne Schmiermittel. Liebe am Arbeitsplatz zeigt sich auf vielerlei Art: in Einfühlungsvermögen, Respekt, Höflichkeit, Freundlichkeit, darin, daß Sie Versprechen einhalten und niemals schlecht über jemanden hinter seinem Rücken reden. Wenn Sie etwas zu kritisieren haben, dann gehen Sie zu demjenigen hin und wenden Sie sich mit einem »Ich«-Satz und nicht mit einem »Du«-Satz an ihn. Sagen Sie: »Meines Erachtens« oder »Ich habe das Gefühl«, eine abgemilderte Form des Feedbacks. Es ist wichtig, so viel Anteil zu nehmen, daß man allen ein Feedback gibt: Kunden, Zulieferern und allen Mitarbeitern in der Firma.

Manche Menschen empfinden das Wort »Liebe« im beruflichen Umfeld als zu süßlich; dann reden wir eben von »Nächstenliebe«. Aufrichtigkeit, Opferbereitschaft, Dienst am Nächsten, Respekt, Würde, Fairneß und Geduld sind alles Formen der Liebe und Nächstenliebe. Welche Wörter Sie auch verwenden, es geht darum, gute zwischenmenschliche Beziehungen aufzubauen. Beziehungen im Verkauf, Beziehungen in der Managementberatung – sie alle haben mit Liebe zu tun.

Die Liebe ist unbestreitbar die treibende Kraft hinter allem. Ohne sie gehen die Menschen in die Defensive, um nicht verletzt zu werden. Die meisten wissen nicht, wie sie sich den bedingungslosen Vorrat von Liebe erschließen sollten, und daher werden sie, wenn sie ihre an Bedingungen geknüpften Quellen versiegen sehen,

zynisch und zeigen unterschiedliche Reaktionen, die die Psychologen beispielsweise Projektion, Rationalisierung, Intellektualisierung oder Verdrängung nennen. Wenn die Menschen den Harnisch Gottes anlegen, von dem Paulus sprach, ist der Geist und das Wort mit ihnen, und sie brauchen sich nicht mit Sarkasmus oder Zynismus zu verteidigen.
Selbstkontrolle und Selbstachtung sind nötig, damit Sie sich vergessen. Dann wird es Ihnen gelingen, wahrhaftig außerhalb Ihrer selbst mit Liebe zu leben. Anderenfalls werden Sie narzißtisch und sehen die Welt wie mit enganliegenden Scheuklappen. Sie leben die Liebe nach Ihren eigenen Vorstellungen, ohne jedoch Ihre Mitmenschen mit einzubeziehen. Sie nehmen Einzahlungen auf Ihr emotionales Bankkonto vor, aber diese Einzahlungen spiegeln nicht die tatsächliche Realität oder die Bedürfnisse jener Menschen wider. Was Sie als Einzahlungen betrachten, könnten in Wirklichkeit ganz niedrige Einlagen oder möglicherweise sogar Auszahlungen sein.
Wir beeinflussen die Welt auch, indem wir beten. Gebete erschließen die Energie Gottes, lassen die himmlischen Kräfte der anderen Seite auf dieser unserer Seite ihre Kraft entfalten. Wenn jemand in tiefem Glauben für einen anderen betet, obwohl zwischen ihnen gar keine zeitliche oder räumliche Verbindung besteht (dieser Mensch befindet sich vielleicht auf einem anderen Kontinent, oder er sitzt im Gefängnis), rührt die Energie Gottes – ich weiß nicht, wie – an diesen Menschen, indem sie ihn beschützt oder ihm ein Gefühl von Frieden und Wohlbehagen gibt. Ich glaube fest, das Beste, was wir für andere Menschen tun können, ist, ihnen unsere Liebe und Gebete zu schenken. Auch wenn sie nie davon erfahren.

Jeder einzelne kann in der Welt etwas ausrichten, indem er in seinem kleinen Einflußbereich ein Vorbild ist. So wie ein Stein, der in einen Teich geworfen wird, kleine Wellen verursacht, die sich nach außen hin fortpflanzen, bis sie allmählich auslaufen, so beeinflussen unsere Handlungen die Ökologie der gesamten Menschheit. Der englische Dichter Robert Browning sagte einmal: »Durch den Tod eines jeden Menschen, einerlei, wo er sei, wird mir etwas geraubt.« Jeder von uns ist Teil des anderen, wir sind alle miteinander verknüpft; dies ist eine Art göttlicher architektonischer Ökologie, die uns alle umfaßt und die unzerstörbar ist.

# 3. TEIL
# Geben und Empfangen

»Die Liebe heilt die
Menschen – diejenigen, die sie geben,
und jene, die sie empfangen.«

*Dr. Karl Menninger (1893–1990)*

# Das Geburtsrecht unseres Herzens

*von Dr. Benjamin Shield*

> »Sie ist die Essenz, die unseren Körper und unsere Seele atmen läßt. Sie ist der Atem Gottes. Sie erfüllt jeden von uns mit Leben und Lebenszweck. Sie schenkt uns die Gnade des Gebens und Empfangens im Gleichklang mit dem Ein- und Ausatmen unseres Körpers.«

Die Liebe ist da – immer. Und dennoch fällt es uns oft schwer, die in uns wohnende, uns ständig zugängliche Quelle der Liebe zu erschließen. Sie muß nicht erst von uns erschaffen werden, wir *sind* die Liebe. Sie ist unsere Essenz – die fundamentale Energie, die uns nährt. Sie ist unser Geburtsrecht.

Vom Beginn unserer Erschaffung an werden wir auf eine Reise geschickt, um unser Geburtsrecht zurückzuerobern. Wenn wir auf Hindernisse stoßen, fahren wir mit unserer Reise fort – nicht indem wir etwas *außerhalb* von uns überwältigen, sondern indem wir *in* uns etwas freisetzen. Wir öffnen unser Herz, riskieren es, verletzt zu werden, lösen uns von schmerzlichen Erfahrungen der Vergangenheit, die unsere Liebesfähigkeit blockieren, und erlauben anderen, uns zu lieben.

Wir könnten sagen, die Liebe ist wie die Sonne. Wolken mögen sie verdecken und vorübergehend ihre Wärme zurückhalten. Aber die Sonne hört, wie unsere Essenz, nicht auf zu scheinen. Unser Leben mag zwischen Freude und Enttäuschung hin und her schwanken, doch die Liebe in uns läßt nie nach. Wir können diese Liebe ignorieren, behindern und sogar verleugnen – doch wir können sie nicht zerstören. Wir können die Liebe vergessen, aber die Liebe vergißt uns nicht.

Die Liebe stellt das starke Fundament unseres Lebens dar. Und häufig sind es die unspektakulären liebevollen Momente, die dieses Fundament weiter stärken. Ich muß oft an eine Geschichte denken, die ich vor einiger Zeit hörte. Eine Radioreporterin erzählte von ihren Ferien in einer wunderschönen mexikanischen Stadt am Meer. Einmal sah sie ein älteres Paar Hand in Hand am Strand spazierengehen. Es war offensichtlich, daß sie sich liebten, und die Reporterin hatte das Gefühl, sie seien schon ewig verheiratet.

Später traf sie das Paar beim Abendessen wieder. Ihre Neugier ließ ihr keine Ruhe, und daher stellte sie sich ihnen vor, entschuldigte sich für ihre Neugier und fragte sie nach dem Geheimnis für ihre wunderbare Beziehung. Die Antwort überraschte sie.

Die Frau mußte lachen. »Unser Geheimnis ist, daß mein Mann ein wenig schwerhörig ist! Wissen Sie, wir haben während der Wirtschaftskrise geheiratet. Wir mußten beide zwei oder manchmal sogar drei Jobs machen, um durchzukommen. Eines Tages kam ich so erschöpft nach Hause, daß ich zu meinem Mann sagte: ›Ich bin so müde, daß mir die *Zähne* weh tun!‹ Und er nahm meine Hand, führte mich zu einem Stuhl, zog mir die Schuhe aus und massierte liebevoll meine *Zehen!*«

Sie fuhr fort: »Ich nehme an, Sie haben die Verwechslung verstanden! Doch von dem Tag an wurde dies unser kleines Ritual. Am Ende eines jeden Tages massierte mein

Mann mir die Füße. Mit dieser einfachen Geste zeigte er mir täglich, wie sehr er mich liebt, und ich meinerseits werde daran erinnert, wie sehr ich ihn liebe. Und was auch sonst in unserem Leben oder in der Welt so passiert – wir werden immer daran erinnert, wie leicht es ist, einander zu lieben.«

Es kommt zuweilen vor, daß ich Angst davor habe, Liebe zu riskieren, verletzlich zu werden, indem ich mein Herz einem anderen Menschen sanft öffne. Die Wunden schmerzhafter Erfahrungen haben Ängste und Hindernisse hinterlassen, die mich in meiner Liebesfähigkeit beschneiden. Einer der anstrengendsten Prozesse im Leben ist es, diese Ängste zu identifizieren und zu entfernen. Wenn ich mich außerstande fühle oder davor fürchte zu lieben, versuche ich daran zu denken, daß die Liebe und nicht die Angst das Fundament ist, auf dem unsere Welt errichtet wurde.

Ein Großteil meiner inneren Arbeit besteht darin, Ängste – meiner inneren Vergangenheit, Gegenwart und Zukunft – freizulassen, die sich zwischen mich und die Liebe stellen. Es ist ein lebenslanger Prozeß, bei dem ich mir bewußtmache, daß meine Ängste nur Masken alten Schmerzes sind und keine Vorahnungen einer Zukunft. Bei diesem Prozeß des Loslassens versuche ich, mich auf die Dinge in meinem Leben zu konzentrieren, die von der Erfahrung der Liebe durchdrungen sind. Ich versuche, mich auf das zu konzentrieren, was mir hilft, meine Ich-Grenzen zerfließen zu lassen, meine Selbstüberhebung zu verlieren und meine täglichen Sorgen freizusetzen.

Wir müssen uns dazu nicht in ein Kloster zurückziehen. Durch die einzigartigen täglichen Augenblicke, die jeder von uns erlebt, können unsere Verbindungen zur Liebe

ständig aufrechterhalten werden. Wenn ich meiner Hündin Annie beim Spielen mit ihren Artgenossen zusehe, empfinde ich ihre unverhohlene Freude mit. Wenn Musik wie Beethovens »Mondscheinsonate« mich umflutet und mich mit ihrer Schönheit erfüllt, werden die harten Kanten des Tages entschärft. Einfache Dinge – im Wald spazierengehen, einem Fremden die Tür aufhalten oder sich daran zu erinnern, tief und bewußt zu atmen – helfen mir, einige meiner Eingrenzungen aufzugeben, mich auszudehnen, weiträumiger zu werden und mich sanft auf den Kern meines Seins, das Herz der Liebe, zuzubewegen. Durch dieses andauernde Verbinden mit meinem Innersten kann ich mich vollständiger mit meinen Mitmenschen vereinen. Dann erweitert sich mein Blickfeld, schärfen sich meine Sinne, und ich werde durchlässiger für die Liebe in mir und für die Liebe, die mir meine Mitmenschen entgegenbringen.
Liebe ist mehr als nur ein Gedanke oder Gefühl. Liebe ist Verhalten. Liebe bedeutet beispielsweise, Zeit mit unseren Kindern zu verbringen, die sich tapfer bemühen, lesen zu lernen. Liebe bedeutet, Freunden den Raum und die Gelegenheit zu geben, ihr Leben, ihre Träume und manchmal auch ihre Tränen mit uns zu teilen. Liebe bedeutet, sich wirklich zu bemühen, die Situation mit den Augen des anderen zu sehen. Wir erneuern uns, indem wir unsere Liebe verschenken – in unseren Beziehungen, unserem Beruf, unserer Gemeinde und vor allem an uns selbst.
Genauso wichtig ist es, die Liebe *herein*zulassen. Wir schaden uns selbst und unseren Mitmenschen, wenn wir nicht über die Ereignisse unseres Tages sprechen wollen, wenn wir ein Kompliment ignorieren oder unseren Lebenspartnern nicht erlauben, uns in den Arm zu neh-

men und zu trösten. Wir lassen nicht nur unser eigenes Herz verkümmern, sondern nehmen gleichzeitig dem Herz unserer Partner die Freude des Gebens.

Manchmal findet sich Liebe nicht im »Tun«. Oft verbirgt sie sich in den ruhigen Momenten, wenn unsere Gedanken ganz auf uns oder auf andere gerichtet sind, in dem Raum, den wir in unserem Leben schaffen, damit die Liebe hereinkommen kann.

Wie töricht es ist, der Liebe nachzujagen, zeigt die Geschichte des Zenschülers, der nach Erleuchtung sucht. Er war so übereifrig, daß er den lieben langen Tag meditierte und betete und kaum einmal innehielt, um zu essen oder zu schlafen. Sein Zenlehrer beobachtete sorgenvoll, wie der Schüler von Tag zu Tag schwächer und erschöpfter wurde. Schließlich setzte er sich neben ihn und brachte seine Beunruhigung zum Ausdruck.

»Warum ißt du nicht und gönnst deinem Körper und deiner Seele die Ruhe, die sie verdienen?« fragte er.

»Weil ich die Erleuchtung suche und jeden Augenblick nutzen möchte.«

Der Lehrer legte seinem Schüler die Hand auf die Schulter und erwiderte: »Warum preschst du davon, der Erleuchtung hinterher? Vielleicht trägt dich dein Eilen *weg* von dem, was du erstrebst. Es könnte doch sein, daß sich die Erleuchtung in Wirklichkeit hinter dir befindet und du nur stillzustehen brauchst, damit sie dich einholen kann!«

Diese Geschichte zeigt, daß wir wählen können, ob wir uns verurteilen oder ob wir uns lieben. Wenn wir über uns zu Gericht sitzen, lassen wir uns von den Mißerfolgen und Schmerzen der Vergangenheit hinwegtragen oder in die idealistischen Phantasien der Zukunft befördern. Wir eilen vor und zurück auf der verzweifelten Suche nach der Liebe, die doch schon geduldig in unserem Herzen darauf wartet, von uns entdeckt zu werden. In den Momenten, da wir bewußt Verurteilung, Selbstkritik und Selbstzweifel transzendieren, schaffen wir für uns und für unsere Mitmenschen ein Umfeld des Mitgefühls und der Liebe.

Die Wirkung wahren Mitgefühls reicht weit über unser eigenes Leben hinaus. Es kann unsere Welt in unvorstellbarer Weise verwandeln. Rollo May hat Mitgefühl einmal als das Anreißen einer einzigen Violinsaite in einer Musikalienhandlung beschrieben, woraufhin an sämtlichen Violinen im Laden dieselbe Saite mitzuschwingen beginnt.

Es ist die Bereitschaft, zu empfangen und empfangen zu werden, die unseren gemeinsamen Momenten die größte Erfüllung bringt und sie Bestand haben läßt. Durch unsere Bereitschaft, am Wachsen eines anderen teilzuhaben und ihm beizuwohnen, werden wir zum Hüter seiner Seele, zum Führer seiner Reise. Dann können wir einander zum Licht führen sowie zu den dunklen Orten – dem Abgrund alter Schmerzen, Wunden der Kindheit und alten Ängsten, die beleuchtet und verstanden werden müssen, wenn wir wachsen wollen.

Rainer Maria Rilke hat einmal sinngemäß geschrieben: Daß ein Mensch den anderen liebt, das ist vielleicht die schwierigste unserer Aufgaben, die höchste, die letzte Prüfung, die Arbeit, für die alle andere Arbeit nur eine Vorbereitung ist. Ich finde immer wieder bestätigt, daß der Grad, in dem ich zu diesem Dienst an der Liebe fähig bin, in direktem Verhältnis zu dem Grad der Wichtigkeit steht, die ich ihm zumesse – und daß der Ausdruck der

Liebe das Höchste ist, was wir hier auf dieser Erde leisten können.
Die Liebe ist da – immer. Sie lebt, wenn wir leben. Sie ist die Essenz, die unseren Körper und unsere Seele atmen läßt. Sie ist der Arm Gottes. Sie erfüllt jeden von uns mit Leben und Lebenszweck. Sie schenkt uns die Gnade des Gebens und Empfangens im Gleichklang mit dem Ein- und Ausatmen unseres Körpers. Letzten Endes wird unser Leben daran gemessen werden, wieviel Liebe wir gegeben und empfangen haben – an der Summe jener selbstlosen, liebevollen Augenblicke, die sich vereinigen zum Begriff eines Lebens, dessen Mark und Wesen der Ausdruck unseres Geburtsrechts ist.

# Der Rauch, der mein Herz umgibt

*von Dr. Joan Borysenko*

> »Die Menschen möchten sich helfen, befürchten aber, egoistisch zu sein. Wirklich egoistisch sind wir jedoch, wenn wir uns nicht selbst helfen, denn dann wird es uns nie gelingen, uns in liebevoller Weise mit einem größeren Netzwerk zu verbinden, geschweige denn mit einem anderen Menschen.«

Es ist ein heiliges Gesetz. Und das beste dabei ist: Wie du gibst, so wirst du empfangen.

Kürzlich war ich auf der Brautparty einer Freundin. Sie war Mitte Vierzig und heiratete zum ersten Mal. Optimistisch, wie wir in bezug auf Heiraten nun einmal sind, hofften wir, daß es ihr einziges Mal sein würde. Es befanden sich ungefähr zwölf Frauen dort, und wir wurden gebeten, über den unserer Meinung nach kritischsten Aspekt einer liebevollen Beziehung zu sprechen.

Fasziniert hörte ich zu, was die anderen zu sagen hatten – mal ernsthaft, mal witzig oder auch ausgemacht deftig –, und fragte mich gleichzeitig, wie mein Kommentar wohl aussehen würde, wenn ich an der Reihe war. Ich versuchte, folgendes auszudrücken: *Einer der wichtigsten Aspekte bei einer liebevollen Beziehung ist Dankbarkeit für die Geschenke, die der andere uns bereitet.* Diese Dankbarkeit muß anerkannt und ausgesprochen werden. Es ist ungeheuer wichtig, anderen Menschen immer wieder für die liebevollen Dinge zu danken, die sie tun.

Wir sollten nichts als Selbstverständlichkeit betrachten – das Leben nicht und auch andere Menschen nicht –, vielmehr müssen wir erkennen, daß uns jedesmal, wenn uns jemand mit einem Akt der Nächstenliebe begegnet, ein Geschenk gemacht wird.
Sie müssen sich immer wieder klarmachen, daß die Liebe selbst ein Geschenk ist. Um sie zu erhalten, müssen Sie etwas tun, zum Beispiel sagen: »Danke.« Es ist so einfach. Aber nur weil ein Geschenk einfach ist, heißt das noch lange nicht, daß es auch wertlos ist.
Ein weiterer Aspekt des Gebens und Empfangens von Liebe ist die Bedeutung von Ehrlichkeit und Kommunikation. Denn oft ist das, was wir für Liebe halten, gar keine Liebe. Analog kann man sagen, daß vermeintliche Geduld in Wirklichkeit häufig nur bis zum äußersten strapazierte Ungeduld ist. Vielfach wird es als liebevoll verstanden, wenn man etwas entgegennimmt, das geringer ist, als man es sich gewünscht hätte, man dies dem Gebenden jedoch nicht sagt. Dann lagern wir diese Augenblicke in unserem Gedächtnis ab, Groll staut sich auf und entlädt sich schließlich irgendwann um so heftiger. Dieser unausgesprochene Schutt blockiert die Wege des Gebens und des Empfangens.
Die Bahnen offen und frei zu halten erfordert die Bereitschaft, über schwierige Themen zu reden. Und das fällt vielen Menschen schwer. Es ist nicht leicht, etwas auszusprechen, von dem man glaubt, daß es der andere nicht gerne hören wird. Wie kann dies liebevoll sein? Doch in Wirklichkeit ist es liebevoll. Und je mehr Sie den Abstand zwischen der Erkenntnis, daß etwas ausgesprochen werden muß, und dem tatsächlichen Aussprechen verringern, desto besser wird es Ihnen gehen. Ehrliche Kommu-

nikation ist eine Fertigkeit, und sie steht in direkter Beziehung zu Ihrer Fähigkeit, wahrhaftig Liebe zu geben und zu empfangen.

Diese Idee geht manchmal in der Spiritualität verloren. Wenn die Menschen sich mit Spiritualität, Liebe, dem Gefühl des gegenseitigen Verbundenseins und der Nächstenliebe beschäftigen, der Fähigkeit, Liebe zu geben und zu empfangen, wird alles ein wenig verschwommen und klingt so wundervoll: »Ich liebe dich, und du liebst mich, und ist das nicht einfach toll ...?«

In dieser Welt gibt es wundervolle spirituelle Prinzipien, aber man vergißt nur zu leicht die elementaren psychologischen Prozesse, die ein wichtiger Teil davon sind. Vergessen Sie nicht: Gott lebt im Detail.

Die Details, die wir alle – aber in mancher Hinsicht, so glaube ich, vor allem Frauen – lernen müssen, sind: selbstbewußt zu sein, ehrlich und in der Lage, mit unserem Gefühlsleben in der für uns besten Weise umzugehen. Dann wird es auch bei anderen funktionieren. Frauen haben die Neigung, sehr mütterlich zu sein, sehr mitfühlend und gut darin, Liebe zu schenken. Sie sind weniger gut, was das Empfangen von Liebe angeht. Doch wenn sie ihre eigenen Bedürfnisse zurückstellen, erhalten sie nicht das, was sie brauchen, und allmählich wächst in ihnen der Groll darüber, daß immer sie die Gebenden sind. Dann geraten sie in eine Klemme, die viele Namen trägt, unter anderem Co-Abhängigkeit.*

Resultat: Sie haben sich selbst verschenkt, und nun ist nichts mehr übrig. Aus ihrem Mitgefühl und dem Bestre-

* Unter Co-Abhängigkeit (engl. *co-dependency*) versteht man die Abhängigkeit der Angehörigen von Suchtkranken, die sich in Verhaltensstörungen äußern kann.

ben heraus, allen zu helfen, verlieren sie sich selbst oder geraten auf das Gleis der Manipulation. Doch am Ende stellen sie fest, daß nichts mehr übrig ist, was sie geben könnten, kein Seelenfrieden, und all das Wohlwollen ist in Zorn umgeschlagen.

Ich werde in Workshops oft gefragt: »Wie kommt es, daß ich mir vornehmen kann, ein Leben des Mitgefühls und der Vergebung zu führen, und am Ende doch nur verbittert, ausgebrannt und co-abhängig bin?«

Oft lehren wir in Workshops eine Art der Meditation, die in der tibetanisch-buddhistischen Tradition *Tonglen* genannt wird, was soviel heißt wie Meditation des Gebens und Empfangens. Es ist eine sehr anschauliche Visualisierungsübung. Man wendet sie zunächst auf sich selbst an, denn wenn man – die Buddhisten wissen dies – nicht zuerst sich selbst etwas gibt, hat man nichts, was man anderen geben könnte.

Dann machen Sie die Visualisierung für Ihnen nahestehende Menschen. Dann für Menschen, mit denen Sie vielleicht nicht so gut auskommen. Und allmählich ziehen Sie immer weitere Kreise. Wenn Sie die wahre tibetanisch-buddhistische Methode ausübten, würden Sie es für alle Lebewesen auf allen sieben Schöpfungsebenen durchführen.

Zunächst stellen Sie sich Ihren eigenen Schmerz als Rauch vor, der Ihr Herz umgibt. Sie atmen diesen Rauch in das Licht in Ihrem Herzen ein, und dann, wenn er sich auflöst, atmen Sie Ihr Herzlicht wieder zu sich selbst aus. Und genauso tun Sie es für andere – atmen deren Schmerzen ein und atmen Ihre Glücksgefühle, die Ganzheit Ihres wahren Wesens, zurück. Zunächst stellt sich bei dieser Übung oft Erleichterung ein – weil die Menschen

von sich aus wissen, daß sie anderen nur etwas geben können, wenn sie zuerst sich selbst etwas gegeben haben. Das Wundervolle bei dem tibetanischen Bild ist jedoch, daß wir, wenn wir mitfühlend den Schmerz anderer Menschen übernehmen, ihn nicht bei uns ablagern. Er verbrennt, löst sich auf in unserem Herzen und läßt eine zusätzliche Energie in Form von Licht zurück; er erhellt uns, auch wenn wir ihn wieder ausatmen.
Die Meditationsübung verdeutlicht ein grundlegendes psychologisches Prinzip – daß Sie unbedingt erst für sich selbst etwas tun müssen. Anderenfalls kommen Sie in die fatale Lage, daß Sie die Schmerzen und Probleme anderer auf sich nehmen und dann vergeblich auf eine Gegengabe warten. Also laufen Sie mit heraushängendem Herzen herum wie ein emotionaler Bettler. Und die Empfänger Ihrer Wohltätigkeit fühlen sich klein und hilflos und nehmen Ihnen das wahrscheinlich übel.
Es ist ein schwieriges Problem, diesen Prozeß zu entwirren, den Unterschied zu entdecken zwischen wahrem Geben und Empfangen von Liebe und dem Verwahren des psychischen Schmerzes anderer Menschen oder dem Versuch, ihr Leben ins reine zu bringen. Sie können ihnen dadurch ihr Selbstwertgefühl rauben und sich selbst verletzen, weil Sie geben, ohne genug für sich selbst übrigzulassen.
Es gibt ein wunderbares Gedicht von Mary Oliver, »Die Reise«, das mit der Zeile endet, daß Sie der einzige Mensch sind, den Sie wirklich retten können. Wie wahr! Die Menschen möchten sich helfen, befürchten aber, egoistisch zu sein. Wirklich egoistisch sind Sie jedoch, wenn Sie sich nicht selbst helfen, denn dann wird es Ihnen nie gelingen, sich in liebevoller Weise mit einem größeren

Netzwerk zu verbinden, geschweige denn mit einem anderen Menschen.
Ich wünschte, es gäbe eine andere Bezeichnung als »Co-Abhängigkeit«, denn die Menschen verbinden dieses Wort häufig nur mit Sucht. Ich glaube, Co-Abhängigkeit umfaßt ein weitaus größeres Prinzip. Sie merken, daß mit der persönlichen Gleichung in einer Beziehung etwas nicht stimmt, wenn Sie spüren, daß Ihnen nicht genügend Liebe entgegengebracht wird. Wieder ist es eine sehr einfache Angelegenheit, ein »Was-stimmt-bei-diesem-Bild-nicht?«-Szenario. Doch Sie müssen das Bild auf zwei Arten betrachten – einmal direkt sich selbst sehen und dann auch die Situation.
Es ist wie der Gedanke des Sich-drein-Ergebens bei dem Gebet, in dem Sie um die Gelassenheit bitten, sich in die Dinge zu schicken, die sich nicht ändern lassen, um den Mut, die Dinge zu ändern, die sich ändern lassen, und um die Weisheit, zwischen den beiden unterscheiden zu können. Wenn Sie sich Ihr Leben betrachten und sagen: »Irgend etwas stimmt nicht; mich kotzt alles an, und ich kriege nicht die Liebe, die ich brauche«, wäre es lächerlich hinzuzufügen: »Mensch, wenn alles spirituell stimmen würde, könnte ich mich jetzt einfach in die Situation ergeben und mich gut fühlen und alle Menschen lieben.« Es könnte genau das Falsche sein, sich in die Situation zu ergeben. Vielleicht sollten Sie Ihren Freund oder Ihre Freundin bitten, sich jemand anderen zu suchen, vielleicht sollten Sie aus Ihrer Ehe aussteigen oder Ihre Kinder konsequenter behandeln. Sie können sich nicht an dem Feedback der psychologischen Welt, in der wir leben, vorbeischleichen und hoffen, in das bedeutendere Reich der Spiritualität aufzusteigen. Ich fürchte, es ist ein

wenig zu simpel zu sagen: »Wenn ich nur richtig Liebe gebe und empfange, wird sich schon alles andere richten.« Das ist die alte spirituelle Umgehungsnummer.
Es ist nicht leicht zu lernen, um das zu bitten, was man braucht. Es ist nicht leicht, ein Kind, eine Freundin oder einen Ehepartner um das zu bitten, was man braucht. Genauso schwer fällt es den Menschen, den Großen Geist, das große Mysterium um das zu bitten, was sie brauchen. Doch Sie müssen es lernen. Ich kenne keinen einfachen Weg, es zu lernen, aber wir lernen durch Üben. Sprechen Sie Ihre Bitten aus. Der Große Geist kann keine Gedanken lesen, und Ihr Ehepartner schon gar nicht.
Ich war immer sehr dafür, sich mit hochgekrempelten Ärmeln zum Wesentlichen vorzuarbeiten – die Grundprinzipien zu lernen, mit denen wir uns herumschlagen müssen. Selbst von den dunklen Seiten können wir etwas lernen. Zorn ist ein großartiger Lehrer des Gebens und Empfangens von Liebe, weil er reines Feedback ist. Er ist ein hallender Gong, der verkündet: »Etwas stimmt hier überhaupt nicht.« Die Botschaft mag schmerzlich sein, aber sie ist auch einfach und klar.
Die frohe Botschaft ist ebenfalls einfach und klar: dankbar sein, anderen Menschen Mut machen, sagen: »Durch das, was du getan hast, ist mein Leben besser geworden« und dadurch andere dazu anregen, noch mehr dergleichen zu tun, liebevoller zu sein – bis Sie schließlich, wie wir hoffen, von lauter Menschen umgeben sind, deren bloße Anwesenheit Ihnen schon Auftrieb gibt.
Es ist ein heiliges Gesetz. Und das beste dabei ist: Was wir geben, werden wir auch empfangen. Der Ausdruck der Dankbarkeit ist ein einfaches Geschenk. Doch die Wirkung ist ungeheuer: Sie schafft mehr Liebe in der Welt.

# Gott heißt Liebe

*von Hugh und Gayle Prather*

»Liebe heilt tatsächlich, aber geliebt zu werden tut dies nicht. Geliebt zu werden öffnet nur die Tür zu Heilung, zu Glück und Erfüllung, zur Befriedigung unserer Bedürfnisse. Um jedoch durch diese Tür zu schreiten, müssen wir lieben.«

Unsere Generation ist die erste, die ihren Eltern die Schuld gibt. Und jetzt sind wir wieder die ersten, indem wir unseren Kindern die Schuld geben. Langer Rede kurzer Sinn – ein letztes Selbsthilfebuch muß geschrieben werden: *Ich bin ein Opfer – du bist keins.*

Wenn wir unsere Aufmerksamkeit also der Liebe zuwenden, glauben wir hartnäckig, daß nur die Liebe, die uns entgegengebracht wird, einen Wert hat. In all unseren Beziehungen – mit dem Lebenspartner, mit den Eltern und so weiter – interessieren uns nur die Menschen, die voll und ganz hinter *uns* stehen, die *uns* Kurzweil verschaffen, die *unseren* Bedürfnissen nachkommen. Wir haben das Gebet des Franz von Assisi in sein Gegenteil verkehrt. Die Doktrin unserer heutigen Zeit lautet: »Möge ich weniger danach trachten zu trösten, als getröstet zu werden. Zu verstehen, als verstanden zu werden. Zu lieben, als geliebt zu werden. Denn im Erhalten empfange ich.«

Schon ein flüchtiger Blick auf die zerstörten Familien, im

Stich gelassenen Kinder und verratenen Freundschaften sollte genügen, um deutlich zu machen, daß diese Methode nicht funktioniert. Wie viele Beweise dafür, daß sich manche Wahrheiten nie ändern, brauchen wir noch? Vielleicht geschehen Geben und Empfangen im Reich des Ewigen gleichzeitig. Aber in der irdischen Welt kommt Geben an erster Stelle. Diese elementare Wahrheit ist das Herz jeder großen Religion und mystischen Lehre, die in den letzten Jahrtausenden die Erde erreicht hat. Liebe erlebt man, indem man liebt. So einfach ist das.

Uns beiden wäre es unmöglich, anders als in frommen Begriffen über Liebe zu reden. Wenn wir es nicht täten, müßten wir das meiste von dem auslassen, was wir in den vergangenen achtzehn Jahren der Familienberatung und vor allem in den einunddreißig Jahren unserer Ehe gelernt haben. Die wichtigste Lektion war die außerordentliche Kraft der Liebe, jene zu ändern, die sie ausüben.

Hier ist ein Beispiel. Nach fast fünfzehn Jahren Ehe, in denen Gayle voll und ganz hinter Hugh stand, dieser jedoch dem alten Familienmuster der Untreue folgte, kam Hugh endlich zur Besinnung. Ihm wurde klar, daß er in Gayle jemanden hatte, der ihn aufrichtig liebte. Ja, Gayle war vielleicht der einzige Mensch in Hughs Leben, der ihn jemals unbedingt liebte. Aber obwohl jemand fünfzehn Jahre lang zu ihm gehalten und den guten Kern in ihm deutlicher gesehen hatte als er selbst, war Hugh im Grunde von dieser Liebe unberührt geblieben.

Wie konnte das sein? Heilt Liebe nicht?

Liebe heilt tatsächlich, aber geliebt zu werden tut dies nicht. Geliebt zu werden öffnet nur die Tür zu Heilung, zu Glück und Erfüllung, zur Befriedigung unserer Bedürfnisse. Um jedoch durch diese Tür zu schreiten, müssen wir lieben. Wenn geliebt zu werden heilen könnte, wären alle Kreaturen dieser Welt inzwischen vollkommen, denn Gott hat sie alle geliebt und wird sie ewig lieben.

Während der vielen Jahre, in denen Gayle treu zu Hugh hielt, wuchs sie spirituell, sie war im Grunde glücklich, und sie konnte sich von einem Großteil ihrer Kindheitstraumata befreien. Hugh hingegen, der in dieser Zeit wenig mehr tat, als seinen Vergnügungen nachzugehen, wuchs weder spirituell, noch konnte er sich von den Wirkungen seiner Kindheit befreien, und nicht nur war er unglücklich, sondern er dachte von Zeit zu Zeit sogar an Selbstmord. Erst als Hugh sich voll und ganz Gayle zuwandte und, jawohl – so co-abhängig (siehe Seite 101) das auch klingen mag –, Gayles Glück an erste Stelle setzte, wurde Hugh endlich von seinem destruktiven Verhaltensmuster geheilt.

Bitte beachten Sie, daß sich dies viele Jahre nach den Flitterwochen zutrug. Gayle war nicht mehr die Jüngste. Sie hatte nie Geld. Sie war »lediglich« ein Mensch. Doch etwas Komisches passiert, wenn wir jemanden – irgend jemanden – lieben. Wir handeln ein wenig wie Gott. Und wenn wir ein wenig wie Gott handeln, dann empfinden wir ein wenig wie Gott.

Nach fünfzehn Jahren Ehe beschlossen wir also gemeinsam, uns nie zu verlassen, nicht einmal damit zu drohen – egal, wie sehr wir uns geärgert hatten. Und wir planten jeden Tag ein wenig Zeit ein, um an verschiedenen Aspekten unserer Beziehung zu arbeiten. Diese Arbeitszusammenkünfte waren uns heilig, und wir versuchten nie, eine ausfallen zu lassen oder zu unterbrechen. Wir halten es für keinen Zufall, daß wir beide, nur einige Wochen nachdem wir diesen Beschluß gefaßt hatten,

Gottes Gegenwart zu spüren begannen und wenige Monate später unser erstes Kind geboren wurde.

Viele Menschen haben Angst davor, »zu sehr zu lieben«: Sie glauben zum Beispiel, daß ein Lebenspartner gleichbedeutend sei mit unzähligen Opfern – keine freien Abende oder Wochenenden mehr, kein Kommen und Gehen mehr, wie man will; Schluß damit, Geld nur für sich selbst auszugeben ... Doch wenn sie dann ihre Träume aufgegeben und sich damit abgefunden haben, einen Partner fürs Leben zu haben, entdecken sie, daß ihre Ängste erst beginnen. Denn jetzt kommt die Kindererziehung. Sie glauben, ein Fehler in der Ernährung ihres Kindes könnte eine tödliche Erkrankung zur Folge haben. Ein Fehler in den disziplinarischen Maßnahmen, und ihr Kind entwickelt sich zu einem Psychopathen. Ein Fehler in der Schulwahl könnte die gesamte Karriere gefährden. Dann, wenn ihre Kinder heranwachsen, befürchten die Menschen, ihre Söhne würden verweichlicht und ihre Töchter »Heimchen am Herd«, wenn sie sie nicht schnell genug aus dem Nest stoßen.

Die meisten kleinen Kinder lieben ihre Eltern nicht nur, sondern wissen auch in der Tiefe ihres Wesens, daß ihre Eltern sie lieben. Bei der Arbeit mit Familien, in denen es Mißhandlungen gegeben hat, sind wir immer wieder überwältigt von der Stärke der kindlichen Wahrnehmung des spirituellen Bandes zwischen ihnen und ihren Eltern. Selbst wenn sie grausam mißhandelt wurden, weigern sich die Kleinen zu glauben, daß ihre Eltern sie nicht lieben. Das Ausmaß und die Dauer von Mißbrauch, die nötig sind, um diese Kinder vom Gegenteil zu überzeugen, haben uns immer wieder verblüfft und mit Ehrfurcht erfüllt.

Angesichts der Vielzahl von Erwachsenen, die mit ihren Eltern, von denen sie im Stich gelassen wurden, wieder in Verbindung treten möchten und oft jahrelang nach ihnen suchen, vermuten wir, daß das spirituelle Wissen um die Verbindung zwischen zwei Menschen niemals völlig verlorengeht. Es ist interessant, wie oft die Erwachsenen, die sich auf diese Suche begeben, durchaus zufrieden damit sind, wie sie von ihren Adoptiv- oder Pflegeeltern behandelt wurden. Eine liebevolle Erziehung scheint in den Menschen den Wunsch, weitere Liebesbindungen ausfindig zu machen, sogar noch stärker werden zu lassen. Diese erwachsenen Kinder haben oft gar keine Kindheitserinnerungen an die verlorenen Eltern, doch wie der Mann, der kürzlich in unserem Lokalblatt zitiert wurde, sagen sie: »Für mich wird meine Adoptivmutter immer meine richtige Mutter sein, aber ich möchte trotzdem meine leibliche Mutter finden.« Die unantastbare Verbindung zwischen Geist und Geist, zwischen Seele und Seele, zwischen Gott und den Kindern Gottes ist eine sanfte Erinnerung, die still in jedem Herzen ruht. So wir es wollen, können wir sie erwecken und Liebe erfahren.
Die im folgenden beschriebene Einstellung findet sich heute kaum noch in Krankenhäusern, aber als wir in den siebziger Jahren unsere Selbsthilfegruppe für Eltern gründeten, die über den Verlust eines Kindes trauerten, riet das Krankenhauspersonal den Eltern, das sterbende Baby nicht »zu sehr ins Herz zu schließen«, da es nichts gebe, was man für das Kind noch tun könne, und je mehr sie es liebgewönnen, desto schmerzlicher sei der Verlust, wenn das Kind schließlich stürbe.
Einige Eltern zogen es jedoch vor, sich nicht an diesen Rat zu halten, und setzten statt dessen all ihre Kräfte dar-

ein, ihrem kleinen Kind soviel Liebe wie möglich zu zeigen. Sie berührten es, fütterten es, wenn das erlaubt war, beteten oder blieben einfach nur im Krankenhaus und saßen bei ihm. In unserer Trauerselbsthilfegruppe bemerkten wir einen deutlichen Unterschied zwischen den Eltern, die ihre Liebe zurückgehalten hatten, und denen, die es nicht getan hatten. Entgegen den Vorhersagen war das Gefühl des Verlustes weitaus stärker bei den Müttern oder Vätern, die auf Abstand geblieben waren, und ihre Trauer widersetzte sich besonders hartnäckig allen Heilversuchen. Die Eltern aber, die rückhaltlos geliebt hatten, heilten schnell und konnten gewöhnlich sofort ihrerseits anderen Eltern helfen. Sie waren es auch, die sehr viel häufiger die tröstende Gegenwart ihres Kindes im täglichen Leben spürten. Entweder wußten sie oder sie erkannten, daß das, was sie liebten, weitaus mehr war als nur der Körper des Kindes.
Bedeutet dies nun, daß wir, weil wir jemanden lieben, all das aufgeben müssen, was wir gern tun? Müssen wir unseren Mann, unsere Frau, unser Kind, unseren Vater, unsere Mutter oder unseren Chef zum Tyrannen machen, zu der grausamen Prinzessin, dem grausamen Prinzen unseres Königreiches? Enthält jede Laune oder Neigung unseres Partners oder unserer Kinder mehr Weisheit oder spirituelle Rechtfertigung als unsere eigenen Gedanken und Wünsche? Natürlich nicht. Doch es bedeutet sehr wohl, daß es oft so *scheinen* wird, als müßten wir unsere Pläne dem Wohl eines anderen opfern.
Unser Fehler dabei ist, zu glauben, wir wüßten, wie die Liebe *aussieht*. Liebe heißt nicht, auf allen vieren herumzukriechen und die Fußabdrücke eines Heiligen wegzuwischen. Es ist nicht notwendigerweise liebevoller, ja zu

sagen statt nein, demütig zu sein statt entschlossen und unsere Bedürfnisse zu vernachlässigen. Ja, Lieben ist gar kein Verhalten, Lieben ist eine Eigenschaft des Herzens und des Kopfes. Doch unsere Angst vor dieser Eigenschaft beschneidet unsere Chancen auf Glück und inneres Wachsen. Ja, sie verhindert, daß wir Gott erfahren.
Mit der Zeit erkennen wir, daß unsere Liebe uns mit Geschenken überrascht, wo wir Opfer erwarteten; uns neue Interessen vermittelt, wo wir Langeweile erwarteten; einen Tag der Erfüllung bringt, wo wir eine Sackgasse erwarteten. Indem wir diese scheinbar endlosen Opfer bringen, empfangen wir eine Wirklichkeit, die weitaus dauerhafter ist als die unserer früheren lieblosen Lebensweise.
Gott ist der Fluß des Lichts, in dem wir alle baden. Dieses Strahlen durchflutet den Kern jedes Lebewesens. Nichts in den gegensätzlichen, getrennten Bildern der Welt spiegelt Gottes Einheit wider, und doch umgeben uns die unsichtbaren Wasser der Liebe in allen Lebenslagen – einerlei, wie belanglos oder schändlich oder tragisch sie auch sein mögen.
Der unkomplizierte Grund dafür, daß die Erfahrung Gottes unserem Entschluß folgen muß, das Glück eines anderen Menschen ebenso wichtig zu machen wie unser eigenes, besteht in der Einheit Gottes. Gott ist, was den Geist schafft und erhält und verbindet. Gott ist Herz und Verstand aller. Obwohl Gott in der Welt unerkannt ist, können jene, die ihre Einheit, ihren Einklang mit nur einem einzigen Lebewesen sehen, nicht umhin, Gott zu sehen.

# Von innen heraus lieben

*von Dr. Patricia Love*

»Ich glaube, daß wir die Menschen, besonders unsere Partner, in unser Leben einladen, damit sie unsere Lehrer sind. Die Ironie ist allerdings, daß wir, nachdem wir sie eingeladen haben, unsere Lehrer zu sein, nur äußerst widerwillig das Klassenzimmer betreten!«

Mein Leben mit Liebe zu füllen beginnt damit, meine Gedanken in den Griff zu bekommen. Mit den Jahren habe ich gelernt, daß ich nicht nur einen sehr aktiven Verstand habe, sondern auch einen sehr eigenwilligen. Wenn ich nicht aufpasse, schweifen meine Gedanken dahin ab, wo Energie ist, und zwar manchmal in die negativen Bereiche. Jahrelang trieb ich mich mit negativer Energie an, kritisierte mich ständig, wenn ich etwas falsch machte. Es ist ein andauernder Prozeß des Entdeckens, daß ich entscheiden kann, wie ich mich und mein Leben sehe, was ich empfinde und fühle. Je mehr ich mich für das Positive entscheide, desto großzügiger fließt die Liebe in mein Leben.

Heute weiß ich, daß Selbstliebe bedeutet, sich selbst zu achten, die Liebe in einer Weise in unser Leben zu bringen, die für uns einzigartig und wirklich ist. Ich habe gelernt, daß ich zunächst mich selbst lieben muß. Dies ist zu einer bewußten und zuweilen sehr schwierigen Aufgabe geworden. Jeden Tag muß ich mich aufs neue dar-

auf konzentrieren, ganz bewußt den Fehlern meiner Vergangenheit entgegenzuwirken, indem ich mich daran erinnere, daß ich liebenswert bin und geliebt werde.
Das Ergebnis der Pflege dieser inneren Fülle ist Liebe; ich fülle mich auf, und dann füllen sich die mir nahestehenden Menschen auf. Ich bin da für sie, unberührt und frisch. Durch diese Lebensweise konnte ich zum Leitungsrohr, zu einem Kanal werden, durch den die Liebe zu anderen und zurück zu mir fließen kann. Jeder kann dies mit seinem Leben tun. Vertrauen Sie nur dem Prozeß, bleiben Sie dabei, und vergessen Sie nicht, daß es nicht immer »fein säuberlich und geordnet« abläuft.
Ich glaube, daß wir die Menschen, besonders unsere Partner, in unser Leben einladen, damit sie unsere Lehrer sind. Die Ironie ist allerdings, daß wir, nachdem wir sie eingeladen haben, unsere Lehrer zu sein, nur äußerst widerwillig das Klassenzimmer betreten! Wenn wir aber unserer Wahl und dem Fortschritt unserer Erziehung trauen, können wir viel lernen, indem wir dem Pfad folgen, den unsere Partner uns eröffnet haben. Unsere Partner befinden sich in der einmaligen Lage, uns eine Einladung zu uns selbst zu geben, uns zu unseren Schwachpunkten führen zu können.
Sexuelle Intimität ist ein Weg, auf dem sie uns etwas beibringen können. Dies ist ein einzigartiger Beitrag, den sie leisten und während unserer ganzen gemeinsam verbrachten Zeit leisten können. Doch nachdem die anfängliche körperliche Leidenschaft nachgelassen hat, vergessen wir manchmal, daß wir etwas Tiefergehendes schaffen können, entstehen lassen können. Wie oft lassen wir uns diese wunderbare, von Vertrauen und Liebe und gemeinsam entdeckter Weisheit erfüllte Lernmöglichkeit

entgehen, weil wir nicht wissen, wie wir unsere Bedürfnisse und Wünsche mitteilen sollen. Ohne die Möglichkeit, uns zu verständigen, versinken wir in Mißverständnissen und enttäuschten Erwartungen. Wir müssen unseren Partnern zuhören, wirklich zuhören, damit Nähe und Vertrautheit entstehen können. Dann werden wir den tiefen Frieden finden, der mit einem Wachsen von Liebe und Vertrauen und Verbundenheit einhergeht. Das Engagement, die Loyalität, die Liebe, die wir teilen, kann einen einzigartigen Brunnen der Liebe schaffen, aus dem wir in allen Lebensbereichen schöpfen können.
Die Lektionen, die unsere Partner uns lehren, kommen auch aus augenscheinlichen Konfliktbereichen. Mir fällt in meiner Praxis immer wieder auf, daß die Partner oft ihre eigenen Antworten haben hinsichtlich der Beziehung, sich selbst und den anderen. Sie brauchen nur einen Geburtshelfer für die Lösungen, eine sichere Umgebung, in der sie sich die Lektionen anhören können. Wenn wir dem, was unsere Lebensgefährten uns zu sagen versuchen, wirklich zuhören – das heißt nicht nur den Stil oder den Tonfall oder die einzelnen Wörter hören –, kann es ironischerweise geschehen, daß wir unsere eigene Wahrheit vernehmen. Es ist eine schwierige, demütigende Aufgabe, diese Botschaft wahrzunehmen, aber wenn wir es zulassen, wenn wir die Mauern um uns herum weit genug abbauen, um sie zu hören, dann erreichen wir eine neue, sich ständig vertiefende Nähe und Vertrautheit.
Unabdingbar für Nähe und Vertrautheit ist Kommunikation. Wir müssen uns den wahren Botschaften, die unsere Partner uns schicken, öffnen, nicht nur denjenigen über uns selbst, sondern auch über die Bedürfnisse und

Wünsche unseres Gegenübers. Wenn wir die wahren Botschaften empfangen und selbstlos, den Bedürfnissen unserer Lebensgefährten Vorrang gebend, auf sie reagieren können, werden wir tiefe und dauerhafte Partnerliebe finden. Geschieht dies auf dem Gebiet sexueller Bedürfnisse und Praktiken, ist die Erfüllung um so größer. Doch es darf nicht auf das Schlafzimmer beschränkt bleiben. Die Partner müssen regelmäßig in Verbindung treten, ungehemmt ihre Gedanken, Gefühle, Träume und Wünsche teilen. Wir müssen immer noch besprechen, wer wann welche Rechnung bezahlt, aber wir sollten nicht vergessen, uns im Vorbeigehen einen kleinen Kuß zu geben, uns kurz zu umarmen! Genauso wie wir offener, weniger kritisch zuhören, müssen wir auch vorsichtiger bei der Wahl unserer Worte sein. Ich habe nur zu oft miterlebt, wie Paare in der Hitze des Gefechts vergessen, ihre Worte abzuwägen. Die Funken fliegen, und die Botschaft, der Inhalt der Aussage, wird gar nicht mehr wahrgenommen. Sorgfältiges Kommunizieren zu lernen ist Schwerarbeit. Es könnte die schwerste Arbeit sein, die wir je machen. Aber keine Beziehung funktioniert, ohne daß man etwas dafür tut. Es gibt keinen perfekten Partner, keine perfekten Beziehungen. Es gibt jedoch solche, in denen die Bedürfnisse der Partner befriedigt werden, in denen an dem Band zwischen ihnen gearbeitet wird und daher die Lehren möglich sind, die uns weiter wachsen lassen.

Ein weiteres Merkmal einer tiefergehenden Beziehung ist die Bereitschaft der Partner, manchmal den anderen im Rampenlicht stehen zu lassen. Nicht nur auf unsere eigenen Bedürfnisse zu achten, sondern auch auf die unserer Partner, unsere Wünsche hinter die ihren zu stellen ist ein

wesentliches Element einer liebevollen, dauerhaften Bindung. Ein aufrichtiges, aus der Liebe geborenes Opfer ist ein schönes und notwendiges Geschenk. Wir könnten zum Beispiel, obwohl wir uns nicht danach fühlen, beschließen, miteinander zu schlafen, weil unsere Partner uns brauchen. Genauso könnten unsere Partner manchmal beschließen, unser Bedürfnis nach Alleinsein zu respektieren, obwohl sie sich gerade nach Nähe sehnen.
Natürlich folgen wir unseren Partnern, auch wenn wir sie als Lehrer in unser Leben aufnehmen, nicht blindlings. Das wäre genauso destruktiv, wie ihre Rolle in unserer Entwicklung als Menschen zu ignorieren. Wir müssen lernen, unserer inneren Weisheit zu vertrauen. Jahrelang ignorierte ich meine Intuition, meinen »Bauch« und meinen Scharfsinn. Dies war eine schreckliche, schmerzhafte Unterlassung, die ich zu berichtigen versuche. Wir alle müssen unbedingt unserem eigenen Verstand, unserem eigenen Körper, unseren eigenen Gefühlen, Emotionen, Sinnen vertrauen. Dann findet eine wunderbare Verschmelzung des Inneren und des Äußeren statt. Dann sind wir empfänglich für unsere Partner und das, was sie uns beizubringen haben.
Manche Menschen weisen die Lektionen, die ihre Partner und die ihnen nahestehenden Menschen anbieten, ständig zurück. Sie haben das Gefühl, von anderen enttäuscht zu werden. Manchmal kann das tatsächlich passieren, aber ebenso häufig wird die Lücke durch unser mangelndes Vertrauen in uns selbst verursacht. Wenn wir ständig sagen: »Ich vertraue diesen Menschen, und sie enttäuschen mich immer wieder«, dann könnte es sein, daß wir in Wirklichkeit uns selbst enttäuschen. Wenn wir mit uns selbst nicht harmonieren, nicht auf unser inneres

Flüstern lauschen, das uns sagt, was sicher und wahr ist, können die richtigen Botschaften nicht durchdringen. Und wir haben das Gefühl, daß unser Vertrauen enttäuscht wurde.
Wenn wir uns selbst die Vorteile unserer inneren Weisheit vorenthalten, versagen wir uns Selbstliebe und Selbstsorge, und wir sind weniger effektiv, unser Leben ist weniger erfüllt – denn was wir in uns selbst nicht entdecken wollen, das können wir auch in anderen nicht sehen. Doch wenn wir auf unsere tiefsten Botschaften hören, können wir um uns herum einen Raum der Liebe schaffen und in Liebe leben, einer Liebe, von der nicht nur wir selbst zehren, sondern die ganze Welt.

# Der Spiegel der Liebe

*von Dr. Harville Hendrix*

»Einer meiner Lieblingssprüche lautet: Nicht Liebe macht eine Ehe, sondern eine bewußt geführte Ehe schafft Liebe. Das gleiche gilt für alle Beziehungen. Liebe entsteht mitten im Konflikt. Und auf diese Weise ist es uns gelungen, den Traum der Liebe und Romantik lebendig zu halten.«

Meine Frau Helen und ich kennen uns seit achtzehn Jahren und sind seit dreizehn verheiratet. Vor kurzem wurden wir gebeten, einen Vortrag zu halten zu dem Thema »Den Traum am Leben erhalten«. Man bat uns, über unsere Beziehung zu reden und über das, was wir taten, damit unsere Liebe weiter wachsen und gedeihen konnte. Zunächst waren Helen und ich etwas verunsichert – auf keinen Fall wollten wir uns als Vorbilder hinstellen, aber wir wollten uns auch nicht als zu fehlerhaft darstellen. Schließlich beschlossen wir, die Wahrheit zu sagen – daß unsere jetzige Beziehung das Resultat dreizehnjähriger Anstrengungen ist, dreizehn Jahre, die für uns genauso schwierig waren, wie es für jeden anderen auch ist.
Eine unserer größten Schwierigkeiten im Laufe der Jahre war die Unfähigkeit, romantische Augenblicke andauern zu lassen. Es schien, als wären wir nicht in der Lage, einen romantischen Augenblick – sei es nun, daß wir einander Gedichte vorlasen, ins Kino gingen oder ein

gutes Restaurant besuchten – festzuhalten. Diesen einen Abend lang hielt er vielleicht an, aber unweigerlich zerstörten wir ihn einige Tage später, wenn nicht sogar noch am gleichen Abend. Dann waren die Spannungen zwischen uns wieder da. So kam es, daß wir irgendwann erst gar nicht mehr versuchten, romantisch zu sein. Warum sich anstrengen für etwas, was nicht funktionierte?

Als uns allmählich klar wurde, was da eigentlich vor sich ging, begannen wir, unsere Beziehung kritisch unter die Lupe zu nehmen. Wir stellten fest, daß unsere romantischen Augenblicke immer dann sabotiert wurden, wenn wir anfingen, eine Eigenschaft oder Verhaltensweise des anderen auseinanderzunehmen. Wir hatten zum Beispiel unterschiedliche Meinungen über einen Film und zeigten kein Interesse an den Ideen des anderen. Wir kritisierten einander. Und dann machten wir eine interessante Entdeckung: Wir besaßen beide ebendie Eigenschaften, die wir am anderen kritisierten. Und weil wir einen bestimmten unangenehmen Wesenszug bei uns nicht akzeptieren wollten, übertrugen wir ihn auf unser Gegenüber. Wir erkannten, daß die Ablehnung eines Wesenszugs oder einer Verhaltensweise beim Partner in Wirklichkeit eine Form der Selbstablehnung war. Wir kamen zu dem Schluß, daß unbewußter Selbsthaß die Ursache unseres Konflikts war – und wahrscheinlich die treibende Kraft hinter den Machtkämpfen vieler (wenn nicht gar aller) Paare.

Dieser unbewußte Selbsthaß verhindert nicht nur das Schenken von Liebe, sondern auch das Empfangen. Wenn Sie sich oder auch nur Teile von sich hassen, können Sie gar nicht das Gefühl haben, es wert zu sein, daß man Sie liebt. Uns wurde schließlich klar: Um unsere

Selbstliebe zu erhöhen, mußten wir lernen, bei dem anderen gerade die Eigenschaften zu lieben, die uns bei uns selbst mißfielen. Und wir mußten damit aufhören, einander zu kritisieren, denn je mehr wir beim anderen eine mißliebige Eigenschaft kritisierten, desto mehr vergrößerten wir unseren unbewußten Selbsthaß. Wir vermuteten, daß die tieferen Nischen unseres Gehirns nicht zwischen innen und außen unterscheiden können und daher die Anerkennung und Liebe, die wir einander zollen, als Selbstliebe interpretieren. Gleichermaßen wird unsere Kritik am anderen als Selbstablehnung verstanden. Das alles ließ uns zu dem Schluß kommen, daß Selbstliebe das paradoxe Ergebnis der Liebe für einen anderen ist, *vor allem* des Teils unseres Partners, den wir bei uns selbst ablehnen.

Daher erarbeiteten wir ein System zum Entwickeln einer, wie wir es nennen, bewußten Ehe. In einer solchen Beziehung werden Konflikte, an denen ein Paar gewöhnlich zugrunde geht, in einen unbewußten Versuch umfunktioniert, Probleme zu lösen und auf einer tieferen Ebene zusammenzukommen. Kritik, die nötigende Sprache des Konflikts, drängt in die Defensive und schafft Distanz statt Nähe. Die Menschen müssen in Zweierbeziehungen lernen, mit ihrem Unbewußten, das versucht, die Grundverbindung des Paares aufrechtzuerhalten und seine ursprüngliche Einheit wiederherzustellen, zusammenzuarbeiten. Zu diesem Zweck haben wir eine besondere Form der Kommunikation entwickelt, die unserer Meinung nach unerläßlich ist für jede Beziehung, besonders eine Liebesbeziehung. Dieser Prozeß wird intentionaler Dialog genannt und stützt sich auf den jüdischen Philosophen und Theologen Martin Buber.

Der Prozeß besteht aus drei Schritten. Der erste ist die, wie wir es nennen, direkte Spiegelung. Er soll dem Zuhörer helfen, dem anderen ohne jegliche Interpretation oder Gefühlsreaktion zuzuhören. Der Zuhörer spiegelt lediglich die Worte des Sprechers wider. Dies geschieht ohne jegliche emotionale Interpretation dessen, was die Wörter bedeuten. Der Zuhörer wiederholt lediglich mit anderen Worten, was der Sprecher gerade gesagt hat, *ohne Kommentar.*

Der zweite Schritt besteht aus der, wie ich es nenne, Bestätigung. Wenn der Zuhörer der anderen Person zugehört hat, ohne eine eigene Interpretation hinzuzufügen, muß er versuchen, das Ganze vom Standpunkt seines Gegenübers aus zu sehen. Das könnte so geschehen: »Du hast recht mit dem, was du sagst, denn...« Ein anderes Beispiel: »Da ich mich nun einmal verspätet habe, kann ich verstehen, daß du glaubst, mir wäre das Ganze egal gewesen oder ich nähme meine Pflichten nicht ernst.« Diese Aussage zwingt den Zuhörer, zu erkennen, daß die Logik hinter den Gedanken des anderen genausoviel Wert und Wahrheit enthält wie die Logik seiner eigenen Gedanken. Es ist ein selbsttranszendierender Vorgang, bei dem Gleichberechtigung wirklich gelebt wird!

Der dritte Teil des Dialogprozesses ist das Einfühlen, das heißt, es geht darum, die Gefühle des Partners wirklich zu verstehen. Wenn Sie sie widerspiegeln, ihn bestätigen und das Ganze mit seinen Augen sehen können, dann haben Sie Einfühlungsvermögen entwickelt. Ein Beispiel für Einfühlen: »Wenn ich bedenke, was du gerade durchmachst, kann ich mir vorstellen, daß du verletzt oder aufgeregt oder ärgerlich bist.« Erstaunlicherweise werden Sie, wenn Sie Ihr Einfühlungsvermögen weiter ausbauen, allmählich beginnen, die tatsächlichen Gefühle und die innere Welt des anderen Menschen nachzuempfinden. Durch Einfühlung teilen Sie das Zentrum und die Erfahrung Ihrer essentiellen Verbundenheit, ohne Ihre einzigartige Individualität zu verlieren. Wir nennen dies die Befreiung des Partners aus dem Gefängnis unserer Vorstellungen.

Helen und ich verstehen, mit der Hilfe Bubers, diesen Prozeß als die Entdeckung des »Du-Seins« der anderen Person, ohne daß das eigene »Ich-Sein« aufgegeben wird. Ich kann dich nicht richtig lieben, ehe ich nicht meine rechthaberische Position aufgegeben habe, ehe ich nicht die Logik hinter deinen Gedanken sehe und ehe ich nicht deine Gefühle als deine erlebe, abgetrennt von meinen. Erst wenn ich dein »Du-Sein« wirklich sehe und empfinde, kann ich zu lieben beginnen. Bis dahin ist das, was ich Liebe nenne, tatsächlich nur das, was ich in dir zu sehen glaube. Ich liebe in Wirklichkeit nur meine eigene Vorstellung, und daher liebe ich in Wirklichkeit nur mich selbst. Wahre Liebe heißt, meine Bedürfnisse und Erwartungen hintanstellend, dein Anderssein zu empfinden und zu achten. Und ich kann diese Liebe aufrechterhalten, auch wenn meine Erfahrung des anderen mich nicht immer befriedigt oder meinen Bedürfnissen nachkommt.

Wir haben diesen Prozeß auch erfolgreich bei unseren Kindern angewandt. Erst kürzlich schimpfte ich mit Hunter, der zehn ist. Statt sich zu verteidigen, begann er, meine Gedanken und Gefühle widerzuspiegeln, was die Lage sehr schnell entspannte. Ein andermal ärgerte ich mich während einer Autofahrt laut über meine Frau, weil sie etwas getan hatte, was mir mißfiel. Meine Tochter Leah lehnte sich nach vorn und flüsterte Helen ins Ohr: »Spie-

gel ihn, Mom.« Damit war der Szene ein Ende gemacht: Doch das beste ist, daß die tiefe emotionale Verbundenheit zwischen Helen und mir inzwischen von unseren Kindern empfunden wird.
Helen und ich verwenden intentionalen Dialog auch bei unseren erwachsenen Kindern. Immer wenn sie bei uns etwas stört, laden wir sie zum Dialog ein. Manchmal sind die Gespräche sehr lang, aber sie enden immer mit Verbundenheit statt mit Verstimmung, Distanz und Entfremdung. Der Dialogprozeß führt zu einem solchen Maß der Verbundenheit, daß die Energie frei fließen kann.
Sie können diesen Prozeß nicht nur bei Konfliktsituationen, sondern auch auf positive Erfahrungen anwenden; er verbessert die Kommunikation und vertieft die Verbindung zwischen Ihnen und dem anderen Menschen. Die Spiegelung des Positiven intensiviert die Erfahrung – was wiederum das Verhalten verstärkt, das die gute Erfahrung überhaupt erst herbeigeführt hat.
In meiner Arbeit und meinem Leben habe ich miterlebt, wie das Gefühl, nicht geliebt zu werden, mehr mit dem eigenen unbewußten Selbsthaß, der Selbstablehnung, zu tun hat als mit einem wirklichen Fehlen von Liebe. Diese unbewußten Gefühle können es uns unmöglich machen, eine konträre Information – nämlich, daß wir doch geliebt werden – in uns aufzunehmen. Die Frage lautet also: Wie kommen Sie an Ihren unbewußten Selbsthaß heran, und wie können Sie gegen ihn vorgehen?
Sie können damit anfangen, sich bewußtzumachen, was Ihnen an Ihrem Partner oder Ihren Kindern oder den Menschen allgemein nicht gefällt. Was nervt Sie wirklich? Mich stört zum Beispiel, wenn meine Frau zügellos Süßigkeiten in sich hineinstopft oder, wie ich finde, zu

lange am Telefon hängt. Andererseits bin ich zügellos oder ziehe mich von meinen Mitmenschen zurück, wenn ich zuviel Zeit am Computer verbringe. Haben Sie herausgefunden, was Sie ehrlich an anderen Menschen stört, haben Sie auch Ihren Selbsthaß, den Sie auf jemanden anders projiziert haben, gefunden.

Wie kommen Sie nun von dieser Projizierung los? Ich persönlich habe festgestellt, daß ich daraus lernen kann, wenn ich mir die Funktion eines Verhaltens in Helens Leben (sagen wir, lange zu telefonieren) betrachte und überlege, welche Bedeutung sie für mein Leben hat. Dann versuche ich herauszufinden, ob es bei mir eine Verhaltensweise gibt, die der ihren gleicht (zu lang am Computer sitzen). Wenn ich Helens Verhalten als für sie nützlich uminterpretiere, sehe, wie wichtig es für sie ist, und es respektiere – sogar unterstütze und liebe –, dann kann ich, wie ich es nenne, parallele Selbstliebe erfahren. Indem ich sie liebe, liebe ich auch mich selbst. Ich habe den unbewußten Selbsthaß umgangen. Jedesmal, wenn ich jemandem vorurteilsfrei begegne, ihm Verständnis und Einfühlungsvermögen entgegenbringe, tue ich dasselbe für mich. Und dadurch erfahre ich die Liebe, die ich gebe.

Indem wir durch die Liebe füreinander unsere Selbstliebe vergrößert haben, brauchen wir keine romantischen Situationen oder Augenblicke mehr zu planen, um unsere Liebe auszudrücken. Wir haben einen Ort der Sicherheit geschaffen, an dem wir uns ständig romantisch fühlen. Wenn wir wieder einmal bis über beide Ohren in Arbeit stecken, nehmen wir uns einfach die Zeit für einen intentionalen Dialog, um wieder zueinanderzufinden. Und es bedarf durchaus keines Konfliktes, damit wir auf diese

Weise kommunizieren. Ich bin der Überzeugung, daß Liebe geboren und aufrechterhalten wird in einer sicheren Umgebung, in der wir den anderen als »Du« sehen. Einer meiner Lieblingssprüche lautet: Nicht Liebe macht eine Ehe, sondern eine bewußt geführte Ehe schafft Liebe. Das gleiche gilt für alle Beziehungen. Liebe entsteht mitten im Konflikt. Und auf diese Weise ist es uns gelungen, den Traum der Liebe und Romantik lebendig zu halten.

# 4. TEIL
# Liebe ist ein Verb

»Die Liebe, die wir verschenken,
ist die einzige Liebe, die wir behalten.«

*Elbert Hubbard (1859–1915)*

# Nach Liebe lauschen

*von James und Salle Merrill Redfield*

> »Wenn wir uns um Liebe bemühen, wenn wir darauf vertrauen, daß der tiefergründige, mystische Teil von uns unter diesen negativen Gefühlen versteckt liegt und nur darauf wartet, an die Oberfläche zu kommen, dann wird das Loslassen einfacher. Es ist fast, als müßten wir uns selbst ausweichen, um in diesen mystischen Zustand der Liebe, diesen natürlichsten aller Seinszustände, zurückzukehren.«

Wer es vermag, Liebe in sein Leben zu bringen, der führt ein erfülltes Leben. Liebe ist die Kraft, die Energie, die in jedem von uns Kreativität und Frieden anregt. Und indem wir unser Innerstes ausrichten und Liebe in unser Sein bringen, nehmen wir am historischen Prozeß, an zielgerichteter Evolution teil.

In der Geschichte geht es einzig darum, mehr und mehr Liebe in die physische Dimension zu ziehen. Immer wieder in der Entwicklung der menschlichen Zivilisation sehen wir entscheidende Momente, in denen mehr Liebe, Verständnis und Verbundenheit – und folglich mehr Frieden – in unsere Welt gebracht wurden. Dies geschieht, indem jeder von uns mehr und mehr Liebe in sein tägliches Bewußtsein einbringt, nicht nur, wenn er gerade daran denkt oder falls jemand das Thema anschneidet, sondern ständig und überall. Je mehr Menschen liebevoll handeln, desto mehr Liebe wird in die Welt gebracht. Wir glauben, Liebe ist der wahre Sinn und Zweck menschlichen Daseins.

Unsere Gelegenheiten zum Heilen der Erde sind sogar noch gewachsen. Die Technologie hat die Welt, die Gemeinschaft für die Menschheit verkleinert. Wir sind uns näher gekommen als je zuvor. Es ist schwieriger geworden, den Schmerz zu leugnen, der anderswo existiert. Die Pein der vom Krieg gebeutelten Teile der Welt ist in Wirklichkeit auch unser Schmerz, er ist uns allen gemeinsam. Die Handlungen eines jeden einzelnen sind von höchster Bedeutung, weil wir alle Teil dieser größeren Matrize, eines globalen Netzes sind. Durch unsere Akte der Liebe entsteht eine Energie, von der wir alle zehren können. Selbst das kleinste Stückchen Liebe unsererseits vermag ein wichtiges Fundament zu schaffen, auf dem zukünftige Generationen aufbauen können.

In unserem eigenen Leben können wir auf zweierlei Art Liebe einbringen: indem wir uns aktiv um sie bemühen und indem wir ihr den Weg ebnen. Dies ist ein täglicher Prozeß. Wenn wir beide morgens aufwachen, versuchen wir auszudrücken, wieviel Liebe wir empfinden. Falls wir Türen knallen und »stinkwütend sind«, bedeutet dies, daß in uns etwas gärt, was geklärt werden muß. Sind wir jetzt ehrlich und befassen uns mit unseren Gefühlen, wird es zu einem einfachen »Loslassen«, einem Ebnen des Weges, so daß die Liebe zurückkehren kann.

Wie können wir »loslassen« und den Weg ebnen? Indem wir vollkommen ehrlich sind, indem wir uns unseren – wie auch immer gearteten – Gefühlen stellen, egal, wie wenig liebevoll sie sein mögen. Erst nachdem wir uns unserer Gefühle vollkommen bewußt geworden sind, können wir sie verarbeiten und loslassen. Wenn wir negative Gefühle anerkennen, statt sie zu verleugnen, können sie vergehen und dadurch der Liebe den Weg in unser Leben freimachen. Wir beide transzendieren unsere Negativität, indem wir unbedingt vermeiden, uns mit ihr zu identifizieren. Wir alle tragen in uns nicht nur liebevolle, sondern auch lieblose Gefühle, aber der lieblose Teil von uns ist nicht das »wahre Selbst«. Der wahre, das heißt höhere Teil des Selbst bemüht sich ohne Unterlaß um den Zustand, von dem die Mystiker reden, den Zustand, in dem wir alle mit universeller Liebe und friedvoller Euphorie erfüllt sind.

Der Schlüssel zu diesem Geisteszustand liegt darin, loszulassen und alles zu akzeptieren, was im Augenblick in unserer Situation geschieht. Das soll nicht heißen, daß wir nicht danach streben können oder dürfen, an einem anderen Ort zu sein oder unser Leben zu verbessern. Jedermanns Leben befindet sich in ständigem Fluß, und wir sollten alle an der Vorwärtsbewegung teilnehmen. Gleichzeitig sollten wir jedoch das Jetzt akzeptieren.

Der größte Teil unserer Frustration, unseres Zorns, unserer »Nichtliebe« im Leben rührt daher, daß wir uns das Leben anders wünschen. Wir müssen diese Gefühle erkennen und akzeptieren – und sie dann loslassen. (Es ist simpel – aber nicht einfach!) Wenn wir uns mit unseren negativen nichtliebenden Gefühlen identifizieren und ständig an sie denken und an ihnen festhalten, wenn wir glauben, daß sie alles sind, was wir haben, dann ist es ungeheuer schwierig, sich von ihnen zu trennen. Doch sobald wir uns um Liebe bemühen, darauf vertrauen, daß der tiefergründige, mystische Teil von uns unter diesen negativen Gefühlen versteckt liegt und nur darauf wartet, an die Oberfläche zu kommen, dann wird das Loslassen einfacher. Es ist fast, als müßten wir uns selbst aus dem Weg treten, um in diesen mystischen Zustand der Liebe, diesen natürlichsten aller Seinszustände, zurückzukehren. Das ganze Leben besteht darin, zunächst zu bemerken und zu akzeptieren, was sich unseren liebevollen Gefühlen in den Weg stellt, und dann das Negative ziehen zu lassen, damit die Liebe zurückkehren kann. Dies ist ein Prozeß, der Tag für Tag, Augenblick für Augenblick stattfindet. Wenn wir das nötige Vertrauen in ihn haben, wird immer mehr Liebe unser Leben erfüllen. Genauso wie andere uns helfen, können auch wir andere bei diesem Prozeß unterstützen und auf diese Weise Liebe in unser Leben bringen. Zuhören – wirkliches Zuhören – ist entscheidend, wenn wir unser Leben und die Welt mit Liebe erfüllen wollen. Es ist wichtig, unseren Mitmenschen aufmerksam und einfühlsam zuzuhören, in einen Dialog mit ihnen zu treten, auf das Gesagte einzugehen. Je mehr wir auf diese Weise zuhören, desto mehr Liebe, Respekt und Mitgefühl empfinden wir füreinander. Manchmal stehen wir unter solch einem Zeitdruck, daß wir nicht fragen, wie die andere Person sich gerade fühlen mag – ist sie verletzt, verwirrt, verärgert, oder braucht sie Liebe? Wenn wir uns die Zeit nehmen und zuhören, erfahren wir die Wahrheit des Augenblicks. Und dies ist der Schlüssel zu einem besseren Verständnis anderer Menschen und unserer selbst.

Versuchen Sie es mit dieser wirkungsvollen Übung: Finden Sie jemanden, dem Sie wirklich zuhören können und der Ihnen zuhört, und bitten Sie ihn oder sie, sich einfach ruhig neben Sie zu setzen und das zu wiederholen, was Sie sagen. Dieser einfache Akt der Widerspiegelung, bei dem Sie Ihre eigenen Worte hören, gibt Ihnen vielleicht mehr als alles andere das Gefühl, wirklich gehört und verstanden zu werden. (Anschließend könnten Sie dem anderen die Gelegenheit geben, seine Worte durch Sie widerspiegeln zu lassen.)

Gutes Zuhören ist besonders hilfreich beim Umgang mit dem Zorn eines anderen Menschen. Wenn wir wütend aufeinander sind, uns aber die Zeit nehmen, dem zuzuhören, was in unserem Konfliktpartner vorgeht, können wir fast ausnahmslos sagen: »So habe ich mich auch schon gefühlt.« Diese Erkenntnis macht es uns möglich, in fast jeder Situation Mitgefühl und Verständnis zu entwickeln. Wir können uns sagen: »Sie ist nicht so schrecklich und bösartig, wie es oberflächlich scheint, sondern eine Frau, die Liebe braucht.« Indem wir in dieser liebevollen, zuhörenden Geistesverfassung verweilen – und uns von der negativen fernhalten –, können wir mit klaren Gedanken die Probleme lösen, statt uns an ihnen festzubeißen und sie noch zu verschlimmern. Auf einer persönlichen Ebene erhält diese Art des Zuhörens das Band und die Verbundenheit zwischen uns beiden. Es ist zuweilen nicht leicht, vor allem, wenn wir unterschiedlicher Meinung sind, aber gerade dann brauchen wir es am meisten.

Gleichermaßen kann eine Interaktion bestimmt werden durch das, was in uns selbst vorgeht. Das erkennen wir an dem Emporkommen intoleranter, nicht liebevoller Gedanken. Wenn wir uns von diesen negativen Gedanken und Gefühlen zu lösen vermögen, können wir damit aufhören, dem anderen die Schuld zu geben, und unsere liebevollen Gefühle wiedererwecken, die uns wiederum erlauben, diesen Menschen wahrhaft zu lieben. Und nachdem wir uns selbst geändert haben, haben wir die

Macht, die Situation zu verändern. Wenn wir darauf warten, daß der andere sich zuerst ändert, verpassen wir die Gelegenheit, zu wachsen und unsere eigene Liebe auszuweiten. (Und wir programmieren gezielt unsere eigene Enttäuschung vor! Jeder von uns befindet sich auf seiner eigenen Reise, ist allein für seine Kursänderungen verantwortlich; wir können nur uns selbst ändern, nicht die anderen.) Vergessen Sie nicht: Die Liebe kommt aus unserem Innern. Sie ist nichts, auf das wir warten, um es von anderen zu erhalten. Je mehr Liebe wir im Innern haben, desto mehr können wir anderen geben. Also besteht in gewissem Sinn die wichtigste innere Arbeit darin zu lernen, uns selbst aus vollem Herzen zu lieben. Dann können wir unser Teil dazu beitragen, die Welt mit Liebe zu füllen.

Auch schreckliche Situationen können dazu genutzt werden, mehr über unsere nicht liebevolle Seite zu lernen. Wenn wir uns den Haß auf der ganzen Welt betrachten, erkennen wir, daß wir alle von Vorurteilen, Zorn und Mißtrauen belastet sind und uns davon lösen müssen. Wir können auf globaler Ebene etwas verändern, indem wir an uns selbst als Individuen arbeiten. Der Zorn in uns kann durch Liebe ersetzt werden. Indem wir für die allgegenwärtige Liebe erwachen, können wir uns vorstellen, wie diese Liebe sich in andere Teile der Welt ausbreitet.

Ein Weg, unser Leben mit Liebe zu füllen, besteht darin, dem Leben seinen Lauf zu lassen, es nicht kontrollieren zu wollen. Und schon ergibt sich etwas – jemand ruft an, wir haben an diesem Tag eine tolle Idee, wir treffen zufällig jemanden, den wir seit Jahren nicht gesehen haben. Sobald wir losgelassen haben, schaltet sich unser höheres Selbst ein, und das Leben nimmt ungehindert seinen Lauf. Die Tage werden produktiver, kreativer, angenehmer und füllen sich mit wundervollen, mysteriösen Ereignissen.

Wenn wir den Prozeß weiterführen, finden wir das, mit dem wir unseren größten Beitrag machen können. Das sieht bei jedem anders aus. Manche von uns organisieren vielleicht Gebetswachen für die Kriegsgebiete auf unserer Erde. Andere ziehen Kinder auf, verändern ihren Beruf oder lächeln ihre Kunden an. Niemandes Beitrag ist wichtiger als der eines anderen. Wir machen alle einfach nur das, was unser höheres Selbst uns eingibt. Und wir liefern den bestmöglichen Beitrag zur spirituellen Evolution der Welt.

Die Liebe, die wir uns alle wünschen, ist da. Sie fängt bei uns an, ist jedoch auch überall sonst zu finden. »Suchet, so werdet ihr finden.« Seien Sie nicht bereit, ein gewöhnliches Leben zu führen, und folgen Sie nicht einfach dem Vorbild früherer Generationen. Wir haben die Kraft, vergangene Formen der Negativität zu transzendieren und zu durchbrechen, indem wir die Realität und das, was wir für machbar halten, neu definieren. Wenn wir Liebe suchen, so werden wir sie finden. Zunächst müssen wir vielleicht »so tun, als ob«; soll heißen, am Anfang eines Lebens voller Liebe steht die Absicht, es zu erreichen, sowie das Wissen, daß es möglich ist. Und wenn wir uns an diese Vision halten, mit ihr arbeiten, werden die Erfahrungen, nach denen wir suchen, langsam in unser Leben treten. Haben Sie Geduld, lassen Sie los – und die Liebe wird eintreten.

# Wer liebt, der gewinnt

*von Samahria Lyte Kaufman*

»Liebe leidenschaftlich zu leben – und das Schlüsselwort hier ist ›leidenschaftlich‹ – schafft ein Umfeld der Freude. Die Leidenschaft entfacht die Liebe zu Flammen, die von allen, mit denen wir zu tun haben, gesehen und gefühlt werden.«

Wir können nur lieben, wenn wir glücklich sind. Ehe wir einen anderen Menschen wirklich lieben können, müssen wir lernen, uns selbst zu lieben und zu akzeptieren. Mir fiel dieser Prozeß sehr schwer, weil ich mich selbst überhaupt nicht liebte.

Mein erster Schritt bestand darin, aufzuhören, jene negativen Eigenschaften, die ich bei mir feststellte, zu verurteilen. Ich lernte langsam zu akzeptieren, wer und wie ich war, ohne diese ganzen Dinge ändern zu wollen. Wenn ich einen Aspekt meines Wesens erst einmal akzeptiert hatte, war es viel einfacher, ihn zu ändern. Mir wurde klar, daß ich in jedem Augenblick das mir Bestmögliche tat.

Ich kam zu dem Schluß, daß die Macht zur Schaffung meiner Zufriedenheit – und auch meiner Unzufriedenheit – in meinen Händen lag und nirgendwo sonst. Diese Macht konnte weder durch das beeinflußt werden, was andere sagten, noch durch Situationen, die sich in meinem Leben ergaben. Ich war kein Opfer, sondern eine Schöpferin.

Ich machte Zufriedenheit und Liebe zu meiner vorrangigen Priorität – noch bevor ich in der jeweiligen Situation das erhalten hatte, was ich wollte, oder wußte, ob das Leben sich so entwickeln würde, wie ich es für optimal erachtete. Ich hielt mir diese Priorität stets vor Augen, und dieser Ansporn half mir, mich selbst zu ändern. Mit jeder Veränderung wurde ich glücklicher; und je glücklicher ich wurde, desto liebevoller wurde ich.

Wie wirkungsvoll diese Veränderungen sein können, läßt sich an einem Beispiel zeigen, bei dem mein Sohn Raun eine wichtige Rolle spielte. Als er achtzehn Monate alt war, wurde bei ihm Autismus festgestellt. Der schleichende Übergang zum Autisten dauerte ungefähr sechs Monate; er verwandelte sich von einem Jungen, der jeden ansah, der lachte und das Zusammensein mit Menschen genoß, zu einem Kind, das keine Verbindung mehr zu seinen Mitmenschen hatte.

Wir suchten jeden auf, der sich mit der Behandlung von autistischen Kindern befaßte. Die am häufigsten angewandte Therapie bestand damals – wie auch heute noch – in Verhaltensmodifizierung. Wir sahen, daß das Verhalten dieser Kinder als schlecht und unpassend abqualifiziert wurde. So sahen wir Rauns Verhalten aber nicht. Wir waren zu dem Schluß gekommen, daß er sich in dieser Weise verhielt, weil er nicht anders konnte, weil er das irgendwie brauchte.

Auf diesem Gedanken aufbauend, begann ich, selbst mit ihm zu arbeiten, zwölf Stunden am Tag, sieben Tage in der Woche, dreieinhalb Jahre lang. Zu dieser Zeit war er nicht nur autistisch, sondern hatte einen IQ von weniger als 30 und war vollkommen stumm und teilnahmslos. Vor wenigen Monaten machte Raun, inzwischen zweiundzwanzig Jahre alt, einen Abschluß in biomedizinischer Ethik an der Brown University.

Jedesmal wenn ich über diese wunderbare Verwandlung nachdenke, wird mir klar, daß sie nur durch Liebe möglich war. Hätte ich nicht so dramatisch an meinem eigenen Herzen gearbeitet, um zu lernen, wie ich glücklich sein und mich selbst lieben konnte, wäre ich nicht in der Lage gewesen, ihn so zu lieben und, wichtiger noch, so zu akzeptieren, wie er war.

Ich habe ein tägliches Ritual, das mir hilft, der Welt mit mehr Liebe entgegenzutreten. Wenn ich mich auch nur im geringsten unwohl oder angestrengt fühle, tue ich folgendes. Zunächst versuche ich herauszufinden, was vor sich geht und wie ich dabei empfinde. Dann frage ich, ob ich aus diesem Unwohlsein irgend etwas zu gewinnen glaube. Diese Selbstbefragung hilft mir, alte Überzeugungen aufzudecken, die dem Ich, das ich jetzt bin, Steine in den Weg legen oder sogar schaden könnten. Wenn ich die Überzeugungen, die den Schmerz oder die Unzufriedenheit verursachen, entdeckt habe, habe ich die Wahl: an ihnen festzuhalten oder sie loszuwerden. Wenn ich mich von diesen alten Überzeugungen löse, wird mein Leben plötzlich viel effektiver. Als zweites kann ich mir klarmachen, daß ich mir einzig und allein wünsche, mich in diesem Augenblick gut und liebevoll zu fühlen – und dies zu meiner ersten Priorität machen. Dann forme ich diese Erkenntnis in den Entschluß um, mich liebevoll zu fühlen.

Ich glaube, wenn wir so stark wie möglich lieben, ohne uns zu sorgen, ob unsere Liebe in gleichem Maße erwidert wird, dann werden wir königlich belohnt. Wer also am meisten liebt, der gewinnt. Das paßt mir sehr gut, denn dadurch ergehe ich mich nicht in Selbstmitleid, wenn ich jemanden mehr liebe, als er oder sie mich liebt. Ich versuche, von einem Menschen immer das Beste anzunehmen, was nicht heißt, daß ich naiv bin. Es bedeutet zu wissen, daß jeder Mensch einen Grund hat für das, was er tut. Wir können den Menschen mit Wohlwollen begegnen und offen bleiben, um ihnen zuzuhören und sie zu verstehen.

Es ist wichtig, Liebe zu zeigen und auszudrücken, nicht nur mit Worten, sondern auch mit Taten, das zu geben, was für den anderen wichtig und sinnvoll ist. Die Menschen machen ihre Liebe oft nicht greifbar; sie tun nicht die Dinge, die dem anderen wichtig sind, und so nimmt dieser nicht wahr, daß er geliebt wird.

Wenn jemand etwas tut, was uns mißfällt, können wir dies als Gelegenheit sehen, stärker und liebevoller zu werden. Wenn ich mit jemandem zu tun habe, der zornig oder aggressiv ist, verstehe ich das nicht als Beleidigung oder Verletzung meiner Person, sondern sage mir: »Dies ist eine unglaubliche Chance für mich, es passiert in ebendiesem Moment, damit ich daraus lerne.« Ich kann mich fragen: »Wie soll ich darauf reagieren?« Ich kann ebenfalls zornig werden, mich verletzt fühlen, mich irgendwie herabgesetzt fühlen, oder ich kann noch mehr lieben und versuchen, was ich denke und fühle, vom Blickpunkt persönlicher Stärke und Macht aus auszudrücken. Auf diese Weise nutzen wir Gelegenheiten, in denen jemand mit uns unzufrieden ist, dazu, uns noch stärker und liebevoller zu fühlen. Dies hat mir enorm viel Kraft gegeben.

Liebe ist ein Entschluß, den wir jederzeit unter jeglichen Bedingungen fassen können, doch zuerst müssen wir

erkennen, daß sie ein Entschluß ist. Jeder möchte mehr lieben und mehr geliebt werden – jeder. Denken Sie immer daran, daß ein Öffnen Ihrer Bewußtheit, auch in einer wenig liebevollen Situation, alles abmildern kann. Allem, was ich tue, liegt das Bemühen zugrunde, eine glückliche, liebevolle Einstellung zu mir selbst und zu anderen zu schaffen. Dies ist mein größtes Ziel. Wenn wir unsere Einstellung zum Wichtigsten machen, können wir andere inspirieren und ihnen vorleben, was es heißt, eine Einstellung voller Liebe zu zeigen und mit anderen zu teilen. Wenn die Menschen diese Einstellung bei einem anderen Menschen erleben, möchten sie sie auch haben. Liebe leidenschaftlich zu leben – und das Schlüsselwort hier ist »leidenschaftlich« – schafft ein Umfeld der Freude. Die Leidenschaft entfacht die Liebe zu Flammen, die von allen, mit denen wir zu tun haben, gesehen und gefühlt werden.
Wenn wir liebevoller sind, gelingt es uns eher, in unserem Leben Wunder wahr werden zu lassen. Dazu gehört, zu lernen, im Hier und Jetzt zu leben. Dies ist sehr befreiend und bringt mir sofortiges Wohlbefinden. Ein weiteres wichtiges Element ist Dankbarkeit. Dankbarkeit ist ein mächtiges Instrument, um allem und jedem gegenüber Liebe zu empfinden. Die Energie der Liebe, die wir ausstrahlen, verändert alles um uns herum zum Besseren. Mensch für Mensch, Augenblick für Augenblick verändern wir mit unserer Liebe die Welt.

# Liebe auf Rezept

*von Dr. Andrew Weil*

»Ich bezweifle, daß ich mich für einen liebevolleren Umgang mit der Welt einsetzen könnte, wenn ich nicht selbst mit der liebenden Kraft in meinem Innern verbunden wäre. Und daher beginnt, wie in so vielen Bereichen meines Lebens, die Arbeit bei mir selbst.«

Ich wohne in einem besonders magischen und entlegenen Teil des Tucsontales, das an einen Nationalpark grenzt. Es ist ein wilder und imposanter Ort natürlicher Schönheit. Ich bestelle meinen Garten und versuche, das Land als einen schönen Ort um mich herum zu erhalten. Dies hilft mir, meine innere Ruhe zu finden. Und an diesem wunderbaren Ort empfange ich meine Patienten. Sie kommen zu mir nach Hause, und ich führe sie in ein Zimmer, in dem ich wohne.

Es liegt weitab von der Stadt, so daß die Anreise für manche schwierig ist. Patienten kommen mit großen Erwartungen. Doch ich empfange sie nicht wirklich als Arzt. Ich gehe mit meinen Patienten sehr persönlich um, ohne die Förmlichkeit, die die Menschen normalerweise mit Ärzten verbinden.

Ich will nicht auf dem alten Klischee »Arzt, heile dich selbst« herumreiten, aber ich bezweifle, daß ich mich für einen liebevolleren Umgang mit der Welt einsetzen könnte, wenn ich nicht selbst mit der liebenden Kraft in meinem Innern verbunden wäre. Und daher beginnt, wie in so vielen Bereichen meines Lebens, die Arbeit bei mir selbst.

Mein Morgen beginnt mit Meditation. Ich tue es als erstes, wenn ich aufstehe, damit ich für den Tag und alles, was sich ergeben könnte, gerüstet bin. Ich erinnere mich noch gut an die Zeit, ehe ich mit dem Meditieren anfing, eine Zeit, in der meine Stimmungen weitaus sprunghafter waren als heute.

Teil meiner Meditation ist die buddhistische Herzmeditation. Bei der Herzmeditation stellt man sich vor, das Herz fülle sich mit Liebe, und dann zieht man mit dieser Liebe immer größere Kreise. Zuerst öffnen wir unser Herz unserer unmittelbaren Umgebung und den Menschen in unserer Gemeinschaft. Dann schicken wir Liebe aus in die Region, in den Staat und schließlich die ganze Welt. Es ist eine visuelle und mentale Meditation. Wenn ich sie ausübe, gehe ich die gesamte Evolutionskette durch. Zunächst hege ich Pflanzen und projiziere Liebe auf sie. Dann denke ich an meine Haustiere. Ich empfinde große Liebe für meine Hunde und meinen Papagei und sende ihnen Liebe. Als nächstes denke ich an meine Kinder und Stiefkinder, und so geht es weiter.

Ich weiß, daß meine Erfahrung der Welt in hohem Maße dadurch bestimmt wird, wie ich sie wahrnehme. Mein Bewußtsein beeinflußt und begrenzt das, was ich sehe. Indem ich also an die Quelle der Liebe in mir rühre, kann ich die Liebe um mich herum sehen. Und dann kann ich in Einklang mit anderen treten.

Ich glaube, wenn wir uns verlieben, geschieht genau das: Wir projizieren, was wir selbst fühlen, auf einen anderen Menschen oder auf etwas da draußen. Ich glaube, wenn wir erkennen, daß dieser Impuls, sich zu verlieben, von einer inneren Quelle ausgeht, dann gibt es immer Wege, an sie zu rühren – und keinesfalls nur im romantischen Sinn.

Die wahre Definition von Heilen ist »Ganzmachen«. Zu selten wird Ärzten beigebracht, daß das Heilmittel nicht notwendigerweise die Form einer Pille haben muß, sondern einen nicht greifbaren Bestandteil hat, von dem wir wünschen, man könnte ihn in Kapseln pressen.

Die Liebe ist die Quelle des Wohlbefindens im Leben, und ihre Kraft ist so stark, daß sie über wunderbare Mächte des Heilens verfügt, im körperlichen, mentalen und im spirituellen Bereich. Wir müssen versuchen, diese Kraft zu hegen und sie so regelmäßig wie möglich zu spüren.

Es besteht für mich überhaupt kein Zweifel, daß unser mentaler und emotionaler Zustand eng verknüpft ist mit unserem Gesundheitszustand und unserer Widerstandsfähigkeit gegen Krankheiten. Ich habe es miterlebt. Bei einer ganzen Reihe meiner Patienten verschwanden chronische Symptome – einschließlich starker Rückenschmerzen und Autoimmunkrankheiten wie Lupus – restlos, nachdem sie sich zufällig verliebten. Verliebtsein setzt so viel positive Energie im Körper frei, daß es alle möglichen Leiden heilen kann.

Verschreibe ich also, sich zu verlieben? In gewisser Weise tue ich das – obwohl ich meine Patienten natürlich nicht mit einem entsprechenden Rezept in die Apotheke schikken kann. Oft spreche ich mit ihnen nicht einmal direkt über Liebe und Lieben. Doch es steht hinter allen meinen Ideen und Fragen an sie.

Alle Ärzte wollen das Beste für ihre Patienten. Dennoch wird Medizinern heutzutage viel zu wenig über Gefühlszustände und ihren Einfluß auf die Gesundheit beigebracht. Nichts über spirituelle Erfahrungen und ihren Einfluß auf die Gesundheit. Nur wenig über die Kunst der Medizin – einschließlich der Kunst des Zuhörens, der Kommunikation und Suggestion im Dienste des Heilens. Ich glaube, Ärzte sind in diesen Gebieten relativ schlecht ausgebildet, und es wäre gesünder für uns alle, wenn sich das änderte.

Ich sehe meine Patienten nicht nur als Körper, sondern auch als mentale und emotionale Wesen. Ich überlege mir immer, was ich ihnen vorschlagen könnte, damit sie eine bessere mentale Gesundheit erlangen. Die Vorschläge können ganz konkret sein, einfache, vernünftige Ideen, wie zum Beispiel den Patienten zu empfehlen, mehr Zeit in der freien Natur zu verbringen, Blumen zu kaufen und sich damit zu umgeben, sich mit Freunden zu treffen, in deren Gesellschaft sie sich wohl fühlen. Anderen könnte ich vorschlagen zu meditieren. Meine Anregungen sind sehr individuell, abgestimmt auf den einzelnen Patienten, darauf, wofür sie offen sind und wozu sie sich in der Lage fühlen.

Beziehungen sind die größte Herausforderung für uns Menschen. Wenn das eigene Leben zu leben schon schwierig ist, dann ist das Zusammenleben mit einem Partner noch viel schwieriger. Und doch können wir gerade dabei unseren Charakter verfeinern. Wir werden kopfüber in alle Bereiche unserer Unzulänglichkeit geworfen, sind gezwungen, uns all dem zu stellen, was wir noch lernen müssen. Und gerade wegen dieser Herausforderung werden Beziehungen zu einem Teil unserer spirituellen Arbeit.

Genauso wie die Liebe von innen fließt und immer größere Kreise zieht, bewegen Beziehungen sich in zyklischer Form. Das Wesen der Liebe zwischen Menschen hat etwas Zyklisches, das es uns möglich macht, uns zu zerstreiten, uns von der Liebe zu entfernen und dann wieder zu ihr zurückzukehren. Wir schaffen sie immer wieder neu. Meine Frau und ich experimentieren damit, wenn ich häufig unterwegs bin. Nach den Zeiten der Trennung wird die Heimkehr jedesmal besser. Ich glaube, dies gehört zu einer liebevollen Beziehung. Eine Partnerschaft unterliegt einem ständigen Wandel. Und mit der Zeit tritt ein Motiv besonders hervor: wieder zusammenzukommen und den anderen in einer Weise zu erleben, die im Laufe der Jahre immer liebevoller wird.

Aus Paaren werden mit der Zeit Familien, und die Herausforderung stellt sich erneut. Wenn wir ständig mit anderen zusammenleben und wir in die Kreise ihres Verhaltens (das zuweilen sehr auf die Nerven gehen kann) gezogen werden, wieder abgestoßen werden, müssen wir uns manchmal von den familiären Interaktionen zurückziehen, um unsere innere Ruhe wiederzufinden, ehe wir uns erneut »in den Kampf« stürzen. Meine Atemübungen sind zum Beispiel ein nützliches Hilfsmittel, um wieder zur Ruhe zu kommen. Bei uns zu Hause haben wir einige einfache zeremonielle Rituale, und wir mögen körperliche Nähe – wir umarmen uns oft. Diese Familientraditionen und Zeremonien sollen dabei helfen, uns zusammenzuschweißen.

Das tut auch Alleinsein, Zeit für uns selbst, die sehr wichtig ist und mit der der Zyklus von neuem beginnt. Es ist unbedingt notwendig, Zeit für sich allein zu finden. Anderenfalls könnte in den wirbelnden Anfordernissen des Alltags die wichtigste Lektion untergehen: daß all

diese inneren Reserven der Liebe leicht zugänglich sein müssen.
Alles, was wir brauchen, ist jederzeit verfügbar. Alle Lektionen sind da. All die Liebe, die wir brauchen, ist da. Wir brauchen nicht außerhalb von uns zu suchen; die Quelle ist in uns und immer gegenwärtig, stets da. Wenn wir uns dieser Tatsache öffnen können, sie erleben können, dann haben wir die Sprache des Heilens gemeistert.

# Aus dem Brunnen der Selbstliebe trinken

*von Louise L. Hay*

> »Wir können noch so viel Liebe schenken – wenn wir uns selbst keine zugestehen, kann uns niemand ausreichend lieben. Sofern wir eine Beziehung mit jemandem haben, der nicht zur Eigenliebe fähig ist, können wir ihm noch so viel Liebe geben – es wird, weil er sich selbst nicht liebt, nie genug sein.«

Die Liebe ist etwas ganz Natürliches; sie ist einfach da, falls wir sie nicht aus unserem Leben verdrängen. In uns allen existiert die Liebe, schon wenn wir geboren werden. Leider bauen wir im Lauf unseres Lebens immer mehr Barrieren vor ihr auf. Gelingt es uns jedoch, diese Hindernisse niederzureißen, füllt die Liebe ganz von selbst unser Sein.

Wenn wir unser Leben nicht mit Liebe füllen, sind wir unglücklich. Obwohl es einfacher nicht sein könnte, brauchte ich trotzdem lange, bis ich das gelernt hatte. Früher war ich erfüllt von Groll und Selbstmitleid und wußte eigentlich nicht, wie Liebe aussieht. Ich dachte, ich müßte hinausgehen, um sie zu finden. Erst als ich mich davon lösen konnte, Liebe von außen zu suchen, konnte ich verstehen, was wahre Liebe ist.

Ich mußte lernen, wie ich meine vor der Liebe errichteten Barrieren erkennen und wegschieben konnte. Die meisten von ihnen hatten, wie mir klar wurde, mit meinen Gedanken zu tun. Ich bin mir sehr bewußt, daß ich nur einen Gedanken auf einmal denken kann. Also weigere ich mich, negative, die Liebe ausschließende Gedanken zu verfolgen. Wenn sich diese anderen Gedanken mal wieder einschleichen wollen, sage ich zu mir: »Louise, du brauchst sie nicht in deinen Kopf zu lassen. Du kannst an etwas Schönes denken.« Manchmal wiederhole ich, um einen drohenden Fluß negativer Gedanken abzuwenden, einfache Worte wie zum Beispiel »Liebe«, »Freude«, »Frieden«, »Zufriedenheit«; und das reicht schon, um meinen Kreis negativen Denkens zu durchbrechen. Dann fließen automatisch und unbewußt die anderen, liebevollen Gedanken herein.

Es ist wichtig, mich immer wieder daran zu erinnern, daß ich die Wahl habe, glücklich zu sein. Besonders gern wähle ich dankbare Gedanken, denn je dankbarer ich für all die guten Dinge bin (und ich meine nicht Besitztümer, sondern die Freuden des Lebens), desto mehr stellen sich ein.

Viele Menschen wenden sich an mich, weil sie Hilfe bei – zum Teil sehr ernsten – Gesundheitsproblemen brauchen. Ich bringe ihnen nur bei, sich selbst zu lieben. Sie lernen, nach dem zu suchen, was ihre Liebe und Gesundheit behindert. Haben sie sich als nicht gut genug verurteilt? Wenn sie ihre Überzeugungen im Licht der Vernunft betrachten, wird ihnen oft klar, wie dumm diese Ansichten waren. Ich stelle die Menschen vor einen Spiegel und lasse sie in ihre Augen sehen und sagen: »Ich liebe dich.« Den meisten fällt dies schwer. Deshalb frage ich sofort: »Okay, was stimmt bei Ihnen nicht?« Es ist immer etwas ziemlich Albernes wie »Meine Hüften sind zu breit« oder

»Ich bin ein schlechter Mensch«. »Okay«, sage ich, »warum sind Sie ein schlechter Mensch? Was haben Sie getan?« Meistens ist es nichts, überhaupt nichts.
Woher kommen also diese Gedanken? Gewöhnlich sind es alte Kindheitsstimmen, die sie noch in sich tragen. Viele Menschen sind besser darin, Liebe zu geben, als sie anzunehmen, weil sie das Gefühl haben, es nicht wert zu sein. Es läuft auf das alte Stereotyp »Ich bin nicht gut genug« hinaus. Diese Selbsteinschätzung geht normalerweise auf ein schreckliches Kindheitsereignis zurück oder auf eine erbarmungslose Kette negativer Bemerkungen, die das Kind über einen langen Zeitraum zu hören bekam, damit es sich bestimmten gesellschaftlichen Regeln unterwerfe.
Wenn keine Kreativität verlangt ist, sondern Konformität mit den bestehenden gesellschaftlichen Strukturen, müssen die Menschen einen Teil ihres Selbst aufgeben. Die Eltern möchten, daß kleine Kinder sich nach ihren Regeln richten; dann kommen sie auf die Schule, und dort haben sie sich wiederum einer Reihe von Verhaltensnormen zu unterwerfen. Irgendwann kann dabei jegliche Individualität verlorengehen. Wenn wir das Ganze jedoch mit gesundem Menschenverstand betrachten und uns diese Vorgänge bewußtmachen, erkennen wir, daß eigentlich nichts zwischen uns und der Liebe steht. Damit ist uns ein Riesengewicht von den Schultern genommen. Ich glaube wirklich, daß wir auf diesen Planeten gekommen sind, um uns selbst zu lieben, egal, welche Hindernisse der oben genannten Art andere oder wir selbst uns in den Weg gelegt haben.
Eine weitere Möglichkeit, mehr Liebe in unser Leben zu bringen, ist die Bereitschaft zu vergeben. Das ist schwie-

rig, ich weiß. Doch Mangel an Versöhnlichkeit verschließt unser Herz, läßt uns verbittern und ständigen Groll hegen. Dies ist die perfekte Brutstätte für Selbstmitleid. Wenn so unser Innenleben aussieht, können wir nicht lieben. Wir müssen uns diese ganzen negativen Denkmuster bei klarem Licht besehen und lernen, uns von ihnen zu lösen.

Wenn wir uns von alten Denkmustern lösen, lernen wir zu vergeben und können uns selbst besser lieben. Und lieben wir uns so, wie wir sind, haben wir Selbstwertgefühl und Selbstachtung, erkennen die Menschen das und behandeln uns anders. Die Bahnen zu dieser universellen Energie zu öffnen erfüllt unser Leben mit Gutem, und Wunder werden sich ereignen. Das Gute ist da draußen und wartet nur darauf, in unser Leben zu kommen, wenn wir uns nur öffnen. Falls wir aber die Türen verschließen mit Bitterkeit, Groll, Zorn und Unversöhnlichkeit, wird unser Leben ohne Glück und Liebe sein.

Wir müssen nicht einmal aus unserem Selbst hinausgehen und nach dem Guten suchen. Wir müssen uns nur vom Unrat in unserem Innern lösen. Wenn jemand, der sich ungesund ernährt, beschließt, sich gesund zu ernähren, bessert sich seine Gesundheit mit der Zeit. Dieser Mensch hat im Grunde nichts getan, sucht keine Hilfe; er sorgt lediglich für das Wohl seines Körpers. Das Ungesunde verläßt sprichwörtlich seinen Körper und wird eliminiert. Dasselbe geschieht mit unserem Verstand; je mehr Unrat, Ungesundes wir eliminieren, desto mehr Platz ist für die Wahrheit.

Eine der Methoden, wie ich aktiv Liebe in mein Leben bringe, ist der Umgang mit meinen Haustieren. Ich kaufe sie nicht, ich rette sie. Jedes von ihnen ist in der einen oder anderen Weise mißhandelt worden. Doch ein Jahr der Liebe wirkt bei allen wahre Wunder. Welche unglaublichen Veränderungen doch möglich sind! Ich hatte eine Hündin, die sehr schwierig war. In den ersten drei Wochen, die sie bei mir war, sagte ich dreimal: »Ich bringe sie wieder zurück, sie wird mir einfach zuviel.« Doch heute, ein Jahr später, ist sie mein Lieblingstier. Menschen sind in dieser Hinsicht eigentlich nicht komplizierter als Tiere. Eliminieren Sie die Angst und die Mißhandlung, lassen Sie die Menschen wissen, daß sie geliebt und gebraucht werden, daß für ihr Wohl gesorgt wird, und schon tritt ihr wahres Ich hervor.

In einem Punkt unterscheiden Menschen sich jedoch von Tieren. Bei uns ist die Eigenliebe das wichtigste. Wir können noch so viel Liebe schenken – wenn wir uns selbst keine zugestehen, kann uns niemand ausreichend lieben. Sofern wir eine Beziehung mit jemandem haben, der nicht zur Eigenliebe fähig ist, können wir ihm noch so viel Liebe geben – es wird nie genug sein, weil er sich selbst nicht liebt und kein Vertrauen in unsere Liebe hat. Er kann unsere Liebe nicht hereinlassen, weil er keinen Raum geschaffen hat, in dem er das aufnehmen könnte, was wir ihm anbieten, ihm fehlt der Raum für die Liebe.

Wieder einmal ist die Lösung einfach: Wir müssen uns selbst lieben. Ich bin eine sehr einfache Frau mit sehr einfachen Vorstellungen vom Leben. Ich versuche immer herauszufinden, was den natürlichen Fluß der Liebe behindert, und löse mich von diesem Hindernis. Und dann können wir wirklich würdigen, wer wir sind, und erkennen, daß wir einzigartig und wundervoll sind und daß es auf der ganzen Welt niemanden gibt, der so ist wie wir oder jemals so war oder so sein wird wie wir.

Mir den Jahren habe ich meine Liebesrituale entwickelt. Ich wache morgens auf und kuschele mich noch eine kleine Weile ins Bett. Ich sage: »Ist das nicht herrlich und so gemütlich und so wunderbar, daß ich dieses große Bett habe, in dem ich schlafen kann, und die Hunde, die bei mir schlafen!« Dann bin ich im voraus dankbar für den ganzen Tag. Ich weiß immer, daß er wunderbar sein wird und ich unglaubliche Dinge erleben werde. Mit manchen kann ich rechnen, mit anderen nicht. Ich programmiere meinen Tag mit Dankbarkeit.

Auch abends ist das letzte, was ich tue, ein Ausdruck der Dankbarkeit. Direkt vorm Schlafengehen bestätige ich, wie wunderbar der Tag war. Manchmal mag es unangenehme Erlebnisse gegeben haben, aber für mich haben sie alle mit innerem Wachsen zu tun, und daher bin ich auch für sie dankbar.

Natürlich hat jeder seine Krisen. Wenn eine auftritt, tue ich immer folgendes. So schnell wie möglich sage ich zu mir: »Also gut, ich weiß, aus dieser Erfahrung kann nur Gutes kommen. Sie ist zu meinem Besten, dies ist eine wunderbare Erfahrung, alles ist gut, und ich bin sicher.« Während einer Krise wiederhole ich diese Sätze ständig, bis meine Gedanken an Klarheit gewinnen. Es ist verblüffend: nach mehrmaligem Aussprechen klären sich die Gedanken, und entweder findet sich sehr schnell eine Lösung, oder irgend etwas tritt ein, wodurch die Krise sich von selbst auflöst.

Des weiteren bitte ich jeden Tag um tieferes Verständnis, damit ich die Probleme des Lebens mit größerer Klarheit sehen kann. Ich glaube, die Menschen, die in der Welt den verheerendsten Schaden anrichten, wurden als Kinder mißhandelt – und jetzt fehlt ihnen das Verständnis dafür, wie das Leben funktioniert. Ich bin mir äußerst bewußt, daß meine Gedanken und Worte meine Zukunft gestalten. Daher achte ich sorgfältig darauf, was ich denke, was ich sage und wie ich mit anderen Menschen umgehe. Ich weiß, daß alles, was ich austeile, wieder auf mich zurückkommen wird. Das soll nicht heißen, daß ich nie zornig werde. Jeder wird einmal zornig. Doch mein Zorn hält sich nicht mehr so lange wie früher. Etwas, worüber ich mich früher drei Wochen lang ärgerte, ist jetzt in drei Minuten verflogen. Und folglich habe ich weitaus weniger Probleme in meinem Leben.

Ich habe auch gelernt, mir mehr Liebe zu schenken, indem ich weniger arbeite. Früher arbeitete ich zehn Stunden am Tag, und das sieben Tage die Woche. Damit ist es vorbei. In erster Linie versuche ich, in meinem Garten zu bleiben. Ich habe einen wunderbaren Gemüsegarten. Ich esse möglichst oft die Gaben der Natur, die hier wachsen. Ich habe Obstbäume und viele Blumen und einen Teich mit Fischen. Ich mache die Arbeit fast ganz allein, weil Gärtnern meine große Freude ist. Ich glaube, im Herzen bin ich eine Bäuerin.

Wenn wir uns in Details verlieren und von der Arbeitsbelastung im Alltag überfordert sind, kann die Liebe aus unserem Leben gedrängt werden. Ich glaube, das macht uns entsetzlich ungeduldig. Kürzlich nahm ich mir zwei Jahre frei, um meine Seele wiederherzustellen. Ich verbrachte diese Zeit auf meinen Knien im Garten. Ich hatte festgestellt, daß ich anderen zuviel gab, es war nie genug, egal, wieviel ich schon abgegeben hatte. Ich sagte mir: »Gut, ich werde entscheiden, wieviel ich gebe.« Ich wurde von Schuldgefühlen geplagt. Aber dann wurde mir klar, daß ich nicht allein für alles verantwortlich bin; es

gibt da draußen viele wunderbare Lehrer. Als Lehrerin weiß ich, daß meine Schüler viele unterschiedliche Lehrer brauchen und von vielen Menschen lernen müssen.
Wir müssen alle unseren eigenen Weg finden, die Bestandteile unseres Lebens in ein Gleichgewicht bringen. Doch wir alle brauchen Liebe. Mein Rat besteht darin, liebevoller und sich immer bewußt zu sein, daß alles, was wir tun, sagen und denken, auf uns zurückkommt. Wenn wir also uns selbst lieben und das Leben lieben und alle unsere Mitmenschen lieben, werden wir feststellen, daß unser eigenes Leben sich überreichlich mit Gutem anfüllen wird.

# Herzensrührungen

*von Victoria Moran*

> »Sie brauchen nicht zu überlegen, wie und warum eine Handlung liebevoll ist oder in welcher Situation Sie Liebe zeigen könnten. Wenn sich die Gelegenheit ergibt, liebevoll zu sein, werden Sie es merken. Ganz bestimmt.«

Darüber zu sprechen, wie man sein Leben mit Liebe füllt, ist keine einfache Aufgabe; denn es gibt keine genau definierte Handlung, die man »Liebe zeigen« nennen könnte. Es ist hingegen einfach, andere Tätigkeiten, beispielsweise den Akt des »Spülens«, zu beschreiben. Dabei sind wir uns ganz klar bewußt, was wir tun, und wir tun es gezielt.

Da es keine Handlung namens »Liebe zeigen« gibt, muß sich Ihre Liebe auf andere Weise ausdrücken, oft durch ganz profane Dinge. Wir planen normalerweise nicht, liebevoll zu sein – auf jeden Fall machen wir uns keine Notiz in unserem Tagesplan, etwa daß wir um zehn Uhr dreißig liebevoll sein wollen. Und oft sind wir uns der Tatsache gar nicht bewußt, daß wir uns liebevoll verhalten.

Wenn jemand fragt: »Wären Sie bereit, für Ihr Kind zu sterben?«, bejahen alle Eltern diese Frage natürlich sofort, und es klingt fast, als sagten sie: »Ja! Legt mich schon auf die Trage und rollt mich raus!« Doch angenommen, es ist acht Uhr abends nach einem anstrengenden Tag; Sie sind erschöpft, und Ihre Tochter fragt: »Spielst du eine Runde Schach mit mir?« Wenn Sie Ihren müden Körper und Verstand dann noch zum Tisch schleppen, um zwanzig Minuten lang Schach zu spielen, dann zeigen Sie wirklich liebevolles Verhalten.

Manchmal, gar nicht so selten, tun Sie etwas, wozu Sie in dem Augenblick eigentlich gar keine Lust haben, wie mit einem Kind spielen, wenn Sie müde sind und lieber ins Bett sinken würden. Sie tun es, weil die Liebe, die Sie für diesen Menschen empfinden, für die Menschheit, für alles, was Ihr Herz berührt, weil diese Liebe Sie antreibt. Und solche Akte aus Liebe helfen Ihnen, auch wenn sie nur widerwillig geschehen, sich über Ihre eigenen Probleme und Ihre Negativität zu erheben.

Ich erhielt einen gewaltigen Auftrieb, als vor einigen Jahren die Frau, die mich aufgezogen hatte, im Krankenhaus im Koma lag. Eines Abends rief mich der Arzt an und sagte: »Ich glaube, eine Operation wird sie retten. Können Sie sofort ins Krankenhaus kommen?«

Ich wollte nicht gehen, denn es war ein ganz schlechter Zeitpunkt für mich. Sie müssen wissen, daß ich unter Eßsucht litt. Ich hatte gerade begonnen, mich davon zu erholen, und es war äußerst wichtig, daß ich mich an regelmäßige Essenszeiten hielt. Ich klammerte mich an diese drei Mahlzeiten am Tag, weil ich nicht wußte, was ich sonst tun sollte. Ich hielt sie für meinen Rettungsanker, aber jetzt wurde ich aufgefordert, der Rettungsanker für einen anderen Menschen zu sein. Ich fragte den Arzt sogar, ob ich tatsächlich in diesem Augenblick ins Krankenhaus müßte. Er sagte: »Ja, kommen Sie sofort.«

Es stand völlig außer Frage, daß ich hingehen würde, aber ich machte mir Sorgen, ob ich meine nächste Mahlzeit pünktlich würde einnehmen können. Nachdem ich im Krankenhaus das Erforderliche hinter mich gebracht, die Papiere unterzeichnet hatte, sagte der Arzt: »Es wird vier bis fünf Stunden dauern. Warum gehen Sie nicht hinunter in die Cafeteria und holen sich etwas zu essen.« Wir gingen zur Cafeteria, aber sie hatte zu; wir mußten unser Abendessen aus dem Automaten ziehen. Ich, die ich vor nicht einmal zwei Monaten meine letzte Freßorgie hatte, würde mein Essen aus dem Automaten der Freßsüchtigen ziehen! Doch es machte überhaupt nichts. Ich wählte das am wenigsten Ungünstige aus dem Angebot und brachte diese Zeit der Anspannung hinter mich, ohne rückfällig zu werden. Ich schaffte das, weil mich meine Liebe zu dieser Frau, mein auf dieser Liebe basierendes Handeln über meine eigenen Bedürfnisse hinausgehoben hatte.

Wie das Handeln aus Liebe uns über die Probleme des Alltags erheben kann, so kann Handeln Liebe schaffen. Als ich einmal auf eine Massage wartete, sah ich zwei reizende kleine Jungen im Korridor spielen. Sie hatten einen jungen Star gefunden. Das Vernünftigste wäre gewesen, mich um meine eigenen Angelegenheiten zu kümmern und den Massagetermin einzuhalten, aber etwas rührte an mein Herz. Der Vogel brauchte Hilfe, und daher sagte ich zu dem Jüngeren der beiden: »Soll ich den Vogel zu einem Tierarzt bringen, der ihm hilft weiterzuleben?« Der kleine fünfjährige Junge schaute mich mit großen Augen an und sagte: »Das hätte ich sehr gerne.« Dann fragte er: »Werden Sie ihn zurückbringen?« Ich erwiderte: »Wir wollen doch, daß dieser Vogel wegfliegt und ein Nest baut und eine Familie hat.« Damit hatte der kleine Junge schon mehr Schwierigkeiten, aber er und sein Bruder willigten ein, und so brachte ich den Vogel zu einem Wildschutzzentrum in Kansas, kurz hinter der Grenze zu Missouri. Die Leute dort sagten: »Oh, dies ist ein Vogel aus Missouri. Wir können ihn nicht nehmen, das ist gegen das Gesetz.« Sie gaben mir den Namen und die Telefonnummer eines Wildschutzzentrums in Missouri, aber es war Feierabend. Also nahm ich den Vogel schließlich für diese Nacht zu mir nach Hause. Am nächsten Morgen rief ich das Zentrum in Missouri an, aber sie sagten: »Stare sind in diesem Staat nicht geschützt. Wenn Sie ihn herbringen, müssen wir ihn einschläfern.« Also behielt ich den jungen Vogel in meinem Büro zu Hause, fütterte ihn alle zwei Stunden mit eingeweichtem Trockenfutter für Katzen und zerkleinerten Blaubeeren. Wir haben drei Katzen und einen Spürhund, und so mußten wir mein Büro in eine Festung verwandeln, um sie von dem kleinen Kerl fernzuhalten. Wir mußten Chirpy so oft füttern wie einen Säugling. Wir konnten nicht ins Kino gehen, wir konnten nicht einmal länger als zwei Stunden von zu Hause wegbleiben. Diese Verantwortung war lästig, aber ich hatte den kleinen Vogel wirklich ins Herz geschlossen. Ich freute mich zwar sehr, Chirpy in seine natürliche Umgebung zu entlassen, doch ich hatte mich auch in ihn verliebt. Das Interagieren mit einem anderen Wesen hatte, auch wenn es ermüdend war und Chirpy nur elf Tage in meiner Welt verbrachte, ehe er in seine eigene entlassen wurde, eine beträchtliche Menge an Liebe entstehen lassen.

Wenn mich jemand fragt, wie er ein liebevoller Mensch werden könne, würde ich ihm einfach raten, auf sein Herz zu hören. Ich glaube, jeder fühlt sich von Zeit zu Zeit angerührt und er sollte, auch wenn es etwas völlig

Verrücktes ist, auf sein Herz hören. Kürzlich fuhren meine Tochter und ich von einem Naturkostladen in einem nicht sehr angenehmen Teil der Straße nach Hause. Ich lege besonderen Wert darauf, keinen Stadtteil zu vermeiden, denn gerade das Vermeiden bestimmter Orte macht sie ja unter anderem so unangenehm. Als wir uns einer Ampel näherten, sah ich, wie ein Mann eine Frau die Straße entlangzerrte. Zuerst dachte ich, sie sei krank, daß sie eine Art Anfall hatte und er ihr half. Doch ihr Gesichtsausdruck und die Mienen der Passanten ließen auf etwas anderes schließen.
Ich sagte: »Rachael, wird diese Frau angegriffen?« Ich saß am Steuer und konnte daher nicht richtig hinsehen. Rachael streckte den Hals aus dem Fenster, schaute es sich an und antwortete aufgeregt: »Ja, ja, sie wird überfallen!« Ich hielt an der roten Ampel an, sagte: »Du wartest hier«, schloß Rachael im Wagen ein und lief der mißhandelten Frau hinterher.
Ich habe so einige Kurse in Selbstverteidigung gemacht. Ich weiß, wie ich mich im Ernstfall schützen kann, und deshalb dachte ich über die Situation nicht weiter nach. Ich reagierte. Ich stürmte auf den Mann zu, der die Frau inzwischen in einen kleinen Bürobereich gezerrt hatte. Alle anderen sahen nur ängstlich zu, während ich brüllte: »Hören Sie auf damit!«
Ich bin nun wirklich nicht groß und mit Mitte Vierzig auch nicht mehr die Jüngste, stelle also alles andere als eine körperliche Bedrohung dar. Doch die Absurdität dieser Situation – diese kleine Frau, die einen großen Kerl zur Rede stellt – muß beeindruckend gewesen sein, denn er stand einfach nur da, sprachlos. Sein Mund bewegte sich, aber nichts kam heraus. Ich schaute mir die Frau an.

Ihr Gesicht war rot und verquollen: Sie war ganz offensichtlich geschlagen worden. Ich fuhr etwas leiser fort: »Diese Frau sieht aus, als ginge es ihr nicht sehr gut.« Er bewegte weiter den Mund, aber kein Wort kam hervor.
Dann lehnte sich die mißhandelte Frau zu meiner Überraschung vor und küßte ihn auf die Backe. Dies war wahrscheinlich die typische Situation, in der die Frau geschlagen wird, ihren Peiniger aber dennoch »liebt« und vor anderen in Schutz nimmt... Ich hatte mein Teil getan und ging wieder. Den Rest mußten sie unter sich ausmachen.
Als ich zum Wagen zurückkehrte und wegfuhr, schossen mir Zweifel durch den Kopf. Wollte ich tatsächlich, daß jeder Verbrecher in der Stadt mein Autokennzeichen kannte? Wie konnte ich das nur tun, wo mein Kind mit im Wagen saß? Doch später sagten mir mehrere Menschen, deren Meinung ich achte, daß sie sich an der Stelle dieser Frau gewünscht hätten, jemand würde ihnen helfen.
Das Wichtigste bei dieser Geschichte ist nicht, daß ich eine Heldin bin oder eine Medaille verdiene. Ganz offensichtlich wollte die mißhandelte Frau meine Hilfe gar nicht. Es geht hier darum, daß Sie nicht zu überlegen brauchen, wie und warum eine Handlung liebevoll ist oder in welcher Situation Sie Liebe zeigen könnten. Wenn sich die Gelegenheit ergibt, liebevoll zu sein, werden Sie es merken. Ganz bestimmt. Ob es nun ein Portemonnaie ist, das Sie auf der Straße finden, ob Sie im Bus einem älteren Menschen Ihren Platz anbieten, eine Verkäuferin anlächeln oder eine weitere Partie Schach mit Ihrem Kind spielen. Die Liebe ist wie eine Glocke, die nie aufhört zu schlagen. Sie brauchen nur zuzuhören. Und je

mehr Sie zuhören, desto besser erkennen Sie die Gelegenheiten, bei denen Sie anderen mit Liebe begegnen können.
Als ich am Tiefpunkt meines Lebens war, hatte ich das Gefühl, nur zwei Dinge zu haben – und es handelte sich weder um Publikationen noch um berufliche Anerkennung. Das eine bestand darin, Dede, der Frau, die mich aufgezogen hatte, in ihrer schweren Zeit zur Seite gestanden zu haben. Das zweite war die Hilfe, die ich anderen Menschen gab, die an Eßsucht litten. Wenn ich an diesem Tiefpunkt gestorben wäre, hätte ich diese zwei Dinge auf meine Reise mitnehmen können, wo immer sie auch hinführte. Sie waren mehr wert als Geld oder alles andere. Sie waren Liebe.
Heute würde ich sagen, daß Liebe meine Religion ist. Liebe ist das, von dem ich will, daß es mein Leben durchdringt. Vielleicht reise ich deswegen am liebsten nach Tibet. Die Tibeter haben ihr Alltagsleben mit Spiritualität und Andacht erfüllt. In Tibet sieht man Menschen, die mit den Gebetsperlen in der Hand ihren täglichen Angelegenheiten nachgehen. Sie beten ihre Gebetsperlen entlang, während sie auf dem Markt Tauschgeschäfte betreiben, einkaufen, ihre Kinder auf dem Rücken tragen. Sie laufen, während sie Gebetsmühlen drehen, und ihre Gebete steigen hinauf zum Himmel. Religion, Spiritualität und Alltagsleben sind verwoben. Für die Tibeter sind Leben, Religion und Spiritualität eins, dasselbe. Wäre es nicht erstrebenswert, das Leben und die Liebe zu ein und demselben zu machen? Jede Gelegenheit zu nutzen, liebevoll zu sein?
Es ist möglich. Leben und Liebe kann eins sein. Wenn wir die Menschen lieben, wecken wir die Liebe in ihnen. Wir

erleben es vielleicht nicht jedesmal mit, aber die Liebe, die wir geben, wird weitergereicht. Sie verwandelt sich in eine Kette, die das gesamte Wesen der Welt verändern kann.

# 5. TEIL
# Herzensangelegenheiten

»Im menschlichen Herzen findet sich
kein Gefühl, das es nur in diesem Herzen gäbe –
das nicht in irgendeiner Form oder einem Maß
in jedem Herz zu finden ist.«

*George MacDonald (1824–1905)*

# Ein Hoheslied der Liebe

*von Dr. Leo Buscaglia*

> »Im Leben und in der Liebe gibt es nur den Augenblick, das Jetzt. Die einzige Wirklichkeit, die wir kennen, ist die, die wir in ebendieser Sekunde erleben. Die Realität ist nicht das, was vorbei ist oder noch geschehen muß. Wenn wir diesen einfachen Gedanken begriffen haben, dann wird die Liebe zum Leben erweckt, und das Leben füllt sich mit Zauber.«

Wenn wir unser Leben mit Liebe füllen wollen, sollten wir überlegen, was es mit der Liebe überhaupt auf sich hat. Der Akt des Liebens ist ein ununterbrochener Prozeß des Aufbauens auf der Liebe, die schon da ist – in uns selbst. Sie ist ständig da in allen Menschen. Doch an jedem Punkt in unserem Leben kann die Liebe sich in einer anderen Entwicklungsphase befinden. Sie ist immer im Prozeß des Werdens.

Manchmal ist die Liebe vielleicht schwer zu erkennen, weil sie sich jedem und bei jedem in anderer Form offenbart. Es ist unrealistisch und sogar tödlich, zu erwarten, daß andere auf dieselbe Weise lieben wie Sie. Nur Sie können Liebe schenken, auf Liebe reagieren und Liebe empfinden in genau der Art und Weise, wie Sie es tun. Das Abenteuer liegt in der Entdeckung der Liebe in sich selbst und in anderen. Der Reiz liegt darin herauszufinden, was Liebe *ist,* und nicht darauf, zu bestehen, wie sie zu sein habe.

Die Kulturen unterscheiden sich sehr in ihrer Einstellung zu Gefühlsbezeigungen. Wenn ich zum Beispiel meine Verwandten in Italien besuche, ist es ganz selbstverständlich, daß sie ihrer Liebe warmherzig Ausdruck geben. Ich spüre sofort ihre Freude und Aufregung über meine Gegenwart. Ich werde umfangen von ihren Glücksausbrüchen, ihren Beteuerungen der Liebe, den Umarmungen und Küssen. Ich bin von ihren Gefühlsbezeigungen entzückt, nicht zuletzt, weil ich inmitten solcher lauten und körperlichen Ausbrüche der Liebe aufwuchs. Es ist jedoch verständlich, daß diese Art der Erfahrung zuviel oder sogar beängstigend sein kann für jene, die einen solchen Gefühlsüberschwang nicht gewöhnt sind.

Ja, viele Menschen in unserer Kultur sind extrem getrennt von anderen, vor allem körperlich. In manchen Teilen der Welt küssen sich Männer und Frauen, umarmen sich, laufen Hand in Hand oder Arm in Arm. In bestimmten Gegenden der Vereinigten Staaten würde dieses Verhalten jedoch als äußerst merkwürdig, wenn nicht gar gesetzwidrig angesehen! Ich finde diese Haltung sehr bedauerlich, denn eine Berührung ist häufig eine wirkungsvollere Form der Kommunikation als bloßes Sprechen. Wenn wir den Arm um jemanden legen oder um seine Schulter, dann sagen wir damit: »Ich fühle mit dir.« Oder: »Das geht mir nah.« Traurigerweise habe ich schon miterlebt, wie Menschen weinen, während andere unangenehm berührt oder verlegen zuschauen. Manchmal bietet jemand ein Taschentuch an, aber selten eine Umarmung. Das soll nicht heißen, daß die, die verlegen dabeistehen, keine liebevollen Menschen sind. Sie haben einfach nicht genügend Mittel, um ihre Liebe zum

Ausdruck zu bringen. Der Trick besteht darin, über die kulturellen Beschränkungen hinaus auf die wahre Liebe im Inneren zu sehen und, wichtiger noch, diese Liebe zum Blühen zu bringen.

Große Schwierigkeiten bereitet den Menschen die Vorstellung, daß die Liebe im gegenwärtigen Augenblick lebt. Leider haften die meisten von uns entweder am Gestern oder blicken voller Sorge auf das Morgen. Wir haben das Jetzt aus den Augen verloren.

Manche denken sehnsüchtig an »die gute alte Zeit« zurück und versuchen, Glück und Sicherheit der Vergangenheit wiederauferstehen zu lassen. Andere fixieren ihren Blick strikt auf die Zukunft und verbringen ihr Leben damit, in Vorbereitung auf ein großartiges Morgen alle möglichen Leistungen und äußerlichen Belohnungen zu sammeln. Sie häufen große Reichtümer an – oder versuchen es wenigstens – und verwahren sie. Sie verleugnen sich und ihre Familien täglich, um hohe Versicherungspolicen oder andere Formen von »Sicherheiten« für die Zukunft zu kaufen. Unser Leben ist fast nur auf eine nebulöse Zukunft oder sogar auf den Tod selbst gerichtet. Wir machen uns so viele Gedanken über das Morgen, daß wir den Zweck und die möglichen Freuden des täglichen Lebens und des Liebens im Hier und Jetzt aus den Augen verloren haben.

Wir müssen uns jedoch daran erinnern, daß das Leben ein Prozeß ist und nicht das Ziel. Leben heißt, nach etwas streben, etwas zu erreichen versuchen und nicht nur das Ankommen, sondern auch die Reise zu genießen.

Im Leben und in der Liebe gibt es nur den Augenblick, das Jetzt. Die einzige Wirklichkeit, die wir kennen, ist die, die wir in ebendieser Sekunde erleben. Die Realität ist nicht das, was vorbei ist oder noch geschehen muß. Wenn wir diesen einfachen Gedanken begriffen haben, dann wird die Liebe zum Leben erweckt, und das Leben füllt sich mit Zauber. Dies bedeutet jedoch nicht, daß wir nur *für* den Augenblick leben sollten. Vielmehr sollten wir danach streben, *im* Augenblick zu leben, was etwas ganz anderes ist.

Natürlich hat auch die Vergangenheit ihren Wert, und unbekannte Schätze liegen in der Zukunft bereit. Aber nur der Augenblick hat wahren Wert, denn er ist hier und kann ausgelebt werden. Der Rest ist lediglich in unserer Vorstellung. Die Liebe weiß das, denn sie schaut nicht zurück. Vielmehr erlebt die Liebe die Vergangenheit und nimmt das Beste davon. Auch schaut die Liebe nicht nach vorn, denn sie hat erkannt, daß der Traum des Morgen noch seiner Verwirklichung harrt und nie eintreten könnte. Nein, die Liebe ist weder Vergangenheit noch Zukunft. Zum Glück geschieht die Liebe jetzt! Und nur im *Jetzt* kann sie Wirklichkeit sein. Alles andere ist nichts als Erinnerung oder Hoffnung.

Es gibt ein altes buddhistisches Koan (eine schwierige, für das logisch-begriffliche Denken paradoxe Frage, die einen Schüler über die Logik hinaus zur Erleuchtung bringen soll), das ich in meinem Buch *Love* anführe. Dieses Koan erzählt von einem Mönch, der vor einem hungrigen Bär davonläuft. Er stürmt bis zum Rand eines Abgrunds, wo ihm klar wird, daß er entweder springen muß oder gefressen wird. Er wirft sich hinunter, doch im Fallen bekommt er einen Klumpen Holz zu fassen, der aus der Felswand herausragt. Der arme Mönch schaut nach unten, wo ein hungernder Tiger im Kreis läuft und darauf wartet, daß er herunterfällt. In ebendiesem

Augenblick beginnen zwei hungrige Ziesel vom Hang aus an dem Holz zu nagen, an dem er hängt. Der hungrige Bär ist oben, der hungernde Tiger unten und die Ziesel neben ihm. Da erspäht der Mönch hinter den Zieseln einen Strauch wilder Erdbeeren und in seiner Reichweite eine riesige, rote, saftige Beere, die nur darauf wartet, gegessen zu werden. Er pflückt sie, steckt sie in den Mund und ruft entzückt aus: »Wie köstlich!«

Aus solchen Geschichten können wir lernen, wo die Liebe wohnt – im Augenblick. Die Liebe wächst und gedeiht im Moment. Die Liebe aalt sich in der Freude des Augenblicks. Wenn Sie ganz in den Augenblick eintauchen, entdecken Sie, was die Liebe Ihnen noch anbietet. Und dann beginnt Ihr Leben sich mit mehr Liebe zu füllen.

Es ist gut, wenn man sein Leben mit mehr Liebe füllen will; doch sollte man darauf achten, welche *Art* von Liebe man möchte. Die größte Liebe ist die, die alles gibt und keine Gegengabe erwartet. Die Liebe ist stets bereit, ja entzückt, eine Gegengabe zu empfangen, aber sie bittet nie um etwas – außer darum, weiterhin sein zu dürfen. Dies ist die reinste Liebe. Es ist auch die wunderbarste, köstlichste Liebe, weil sie niemals Schmerz bereiten kann. Denn wenn wir keine Gegengabe erwarten, können wir auch nie enttäuscht oder betrogen werden. Die Liebe kann nur schmerzhaft sein, wenn sie eine Gegengabe erwartet.

Die Idee der reinen Liebe, die gibt, ohne zu nehmen, klingt einfach, aber in der Praxis ist sie alles andere als das. Nur wenige von uns sind stark genug, frei von Erwartungen zu geben. Doch allein dann, wenn sie frei von Erwartungen gegeben wird, handelt es sich um wahre Liebe.

Lieben wir aus tiefstem Herzen, haben wir keine andere Wahl, als zu glauben, zu vertrauen, zu akzeptieren und zu hoffen, daß unsere Liebe erwidert werden wird. Doch es gibt keine Garantien. Wenn wir mit dem Lieben warten, bis wir sicher sind, daß unsere Liebe in demselben Maße erwidert wird, warten wir vielleicht ewig. Ja, sofern wir überhaupt irgendwelche Erwartungen an unsere Liebe knüpfen, werden wir letztlich enttäuscht werden, denn es ist unmöglich, daß jemand, ungeachtet der Stärke seiner oder ihrer Liebe oder Zuneigung, all unsere Bedürfnisse befriedigen könnte.

Der Buddhismus lehrt uns, daß wir der Erleuchtung näherkommen, wenn wir aufhören zu begehren. Von anderen etwas zu erwarten, weil es unser vermeintliches »Recht« ist, führt unweigerlich zu Unzufriedenheit. Wir können unsere Wünsche vielleicht nie völlig besiegen, aber das Maß, in dem wir ohne Ansprüche oder Erwartungen an andere leben können, entspricht dem Maß, in dem wir frei sind von Desillusionierung und Enttäuschung. Andere geben uns nur das, wozu sie – zu dem ihnen möglichen Zeitpunkt – in der Lage sind, und nicht notwendigerweise das, was wir uns von ihnen wünschen. Wenn wir aufhören, Liebe an Bedingungen zu knüpfen, tun wir einen Riesenschritt vorwärts in unseren Lektionen der Liebe.

Wie geben wir also unsere Wünsche auf und entwickeln reine Liebe? Selbst der größte Guru kann Ihnen keine Liebe geben. Er kann nur helfen, indem er Sie führt, bestärkt, Ihnen Einsichten vermittelt und Vorschläge macht. Daher glaube ich, daß wir durch völliges Eintauchen in das Leben am besten lernen zu lieben. Wo fange ich an? Ein hervorragender erster Schritt besteht darin,

liebevolle Gelegenheiten zu ergreifen. Nehmen Sie sich bewußt vor, aktiv an der Liebe teilzunehmen, und vertrauen Sie vor allem darauf, daß Sie die Fähigkeit haben, sich zu ändern.
Wir können uns nicht ändern, ehe wir nicht an unsere Fähigkeiten glauben, ehe wir nicht an uns selbst glauben. Doch Glaube allein reicht nicht: Wir müssen auch daran arbeiten. Wir können uns nicht einfach fest wünschen, daß unser Leben mit Liebe erfüllt werde. Nein, wir müssen selbst etwas dafür tun.
Der übergewichtige Mensch, der sich nach einem schönen Körper sehnt, kann nicht durch den Willen allein abnehmen und Muskeln bekommen. Genauso ist es mit der Liebe. Der Wunsch nach Liebe ist wichtig, aber nur durch Tun kann sich die Liebe manifestieren. Liebe ist ein Verb, ein Tätigkeitswort. Wenn wir Liebe wollen, müssen wir uns auf sie zubewegen, indem wir uns auf andere liebende Menschen zubewegen.
Da wir in einer unvollkommenen Welt leben, in der unsere Liebe nicht immer erwidert wird, sollten wir uns selbst bestärken, um weiterhin lieben zu können. Der Liebende muß oft sagen: »Ich liebe, weil ich muß, weil ich will. Ich liebe um meinetwillen, nicht für andere. Ich liebe in erster Linie wegen der Freude, die es mir bringt, und erst in zweiter Linie wegen der Freude, die es anderen bringt. Wenn andere meine Liebe erwidern und mich stärken, dann ist das gut. Wenn sie es nicht tun, dann ist das auch gut, weil *ich* sie lieben werde.« Liebende dürfen nie vergessen, daß wir um der Freude der Liebe willen leben. Wir hoffen, daß andere das gleiche tun, aber wir dürfen es weder von ihnen erwarten noch verlangen. Wenn sie es tun, freuen wir uns allerdings noch einmal so sehr.

Unglücklicherweise stehen wir manchmal selbst unserer eigenen Liebe im Weg. Unser Leben ist ein dichtes, kompliziertes Gewebe aus Beziehungen, in denen unsere Motivationen, Begierden, Bedürfnisse und Träume alle miteinander verstrickt sind. Wir können viel über uns lernen, indem wir uns die Muster unserer Beziehungen näher besehen. Wenn wir das Gewebe unseres Lebens untersuchen, wird klar, daß einige der Fäden das Wachstum unserer Liebe behindern.

Um unser Leben mit der Brillanz der Farben und Fäden und Muster der Liebe zu bereichern, müssen wir bereit und fähig sein, bestimmte destruktive Eigenschaften aufzugeben – wie das Bedürfnis nach ständiger Kontrolle, nach Besitz, das Bedürfnis, immer recht zu haben, frei zu sein von Widrigkeiten und Frustration, andere nach unseren Bedürfnissen zu verändern und von allen geliebt zu werden.

Selbst die Gesündesten unter uns haben manchmal Schwierigkeiten im Umgang mit anderen. Wann immer sich zwei oder mehr Menschen – sogar aus freien Stükken und aus Liebe – aufeinander zubewegen, sind die Prozesse, die sie zusammenführen und zusammenhalten, ungeheuer komplex. Gleichgewicht und Sicherheit werden erschüttert. Völlig neue Verhaltensweisen werden nötig, damit die Beziehungen nicht scheitern.

Wie ich zum Abschluß meines Buches *Loving Each Other* schrieb, gibt es verschiedene Strategien, wie wir mit diesen Problemen umgehen können:

Wir können ihre Existenz leugnen.
Wir können zugeben, daß es sie gibt, aber uns davor drücken, etwas gegen sie zu tun.

Wir können uns abhärten gegen sie und mit ihnen leben.
Wir können sie als irreversibel betrachten und die Beziehung beenden.
Oder wir können uns der Herausforderung stellen, liebevoller zu werden. Wir können uns klarmachen, daß unsere Fähigkeit, einen anderen Menschen zu lieben, in dem Maße wächst, wie wir lernen, unsere Beziehungsprobleme zu lösen.

Ich hoffe, Sie entscheiden sich für letztere Möglichkeit, denn es ist mein Wunsch, daß Ihr Leben sich mit Liebe füllen möge.

# Der Tanz des verwundeten Herzens

*von Gabrielle Roth*

»Es mag ja ein natürlicher Impuls sein, einander zu lieben, aber wie können wir jemanden lieben, wenn unser Herz festgefahren ist? Wie können wir jemanden hereinlassen, wenn wir uns selbst nicht herauslassen?«

Unlängst fuhr ich in einem Taxi, als der Fahrer mir ein Geschenk machte. Er erzählte mir, daß es in seinem Heimatort in Afrika üblich sei, wenn man in einen Bus steige, alle im Bus zu begrüßen. Man begrüßt jeden Fahrgast! Und wenn man es nicht tut, halten einen die anderen für verrückt.

Der Grund hinter dieser Handlung ist einfach – wenn man einsteigt, wird man Teil einer Gemeinschaft von Menschen, die im selben Bus fahren. Als Anerkennung dieser Gemeinschaft begrüßt man jeden Fahrgast; es ist völlig unvorstellbar, daß jemand dies nicht tun könnte.

Doch wie anders sind wir in der westlichen Welt. Ein solches Verhalten wäre in einem Bus in Manhattan undenkbar. Hier würde derjenige für verrückt gehalten, der alle Fahrgäste einzeln begrüßte.

Wir hungern nach Anerkennung, aber wir lassen sie anderen nicht zukommen. Wir wollen Respekt, doch wir ergreifen nicht die Gelegenheit, anderen unseren Respekt zu bezeigen. Wir sind alle in einem Bus, sind alle Teil einer Gemeinschaft, und doch verhalten wir uns oft so, als wären wir allein.

Warum fällt es uns so schwer zu lieben? Die Liebe ist der natürliche Impuls des Herzens. Sie ist das Pulsieren, das uns verbindet – mit uns selbst, mit unseren Partnern, mit der Gemeinschaft. Natürlich wurde uns allen beigebracht, unseren Nächsten zu lieben wie uns selbst. Und genau das tun wir leider – denn die meisten modernen westlichen Menschen empfinden nicht sehr viel Liebe für sich selbst. Das Herz befindet sich in Wartestellung. Wartet darauf auszuatmen. Wartet darauf, bewegt zu werden, geliebt zu werden, so gesehen zu werden, wie wir sind. Sitzt passiv auf einem Vulkan. Wir müssen uns bewegen. Bewegung ist meine Meisterin, meine Lehrerin. Seit dreißig Jahren verliebe ich mich immer wieder in diesen Tanz. Ich höre nie auf, mich zu bewegen. Ich bewege mich allein, mit meinem Partner, in der Gemeinschaft. Durch die Bewegung habe ich gelernt, auf das zu vertrauen, was mein Körper über mein Herz zu sagen hat. Oft ist es eine traurige, zornige, ängstliche Botschaft, gezwängt hinter eine Maske. Was es eigentlich sagen möchte, wenn es in den Bus steigt, ist: »Mir geht es nicht gut, und ich hoffe, euch auch nicht.« Aber gesagt wird nichts.
Es mag ja ein natürlicher Impuls sein, einander zu lieben, aber wie können wir jemanden lieben, wenn unser Herz festgefahren ist? Wie können wir jemanden hereinlassen, wenn wir uns selbst nicht herauslassen?
So viele Menschen in unserem Kulturkreis haben ein verwundetes Herz, sind dadurch nicht fähig, einander deutlich zu sehen, zu hören. Wir stellen nur selten die Fragen, die gestellt werden sollten: »Was braucht jener Mensch in diesem Augenblick von mir? Was habe ich zu bieten? Was kann ich ihm geben? Wie kann ich diesem Menschen geben, was er braucht, um zu wachsen und sich zu

ändern, auch wenn dies bedeutet, daß er mir entwächst, daß er sich von mir weg entwickelt?«

Wir haben vergessen, wie man liebt. Wir fragen: »Was kann mir diese Beziehung geben? Warum gibst du mir dies nicht? Warum bekomme ich nicht das?«

Wir unterschätzen uns selbst. Es läuft darauf hinaus, daß wir glauben, es nicht wert zu sein, geliebt zu werden. Dieses vollkommene Fehlen von Selbstachtung lähmt uns. Wenn wir uns nicht selbst lieben, können wir uns nicht vorstellen, daß ein anderer uns liebt, und doch wünschen wir uns nichts sehnlicher; aber wir gestehen uns die Liebe nicht zu, weil wir sie ja verlieren könnten, und dabei haben wir sie schon verloren. Die Selbstverneinung äußert sich darin, daß wir denken: »Du liebst mich? Unmöglich. Du liebst mich? Was willst du wirklich? Du liebst mich? Was stimmt nicht mit dir?«

Einige von uns verlieren nur selten die Verbindung zu sich selbst, haben jedoch Mühe, dieses Selbst mit einem anderen zu verbinden. Einige von uns widersetzen sich der Gruppe. Die Angst bringt alle Prozesse zum Stillstand.

Deshalb tanze ich. Bewegung ist meine Übung. Jeden Tag tanze ich die fünf Rhythmen: fließend, Stakkato, Chaos, lyrisch und Stille. Ich nenne diese Bewegungsübung »Wave«, die Welle, weil die Rhythmen eine Welle der Energie schaffen, den Schlüssel zu den zugesperrten Kammern meines Herzens. Sobald ich zu tanzen beginne, weiß ich, wie ich mich fühle. Mein Körper kann nicht lügen.

Die Botschaft ist nicht immer angenehm. Da sind Geister in meinem Körper, die nicht herauskönnen, Augenblicke des Schreckens, der Wut und Trauer, die in unserer phy-

sischen Landschaft klagend umherziehen. Diese schattenhaften Gefühle aufzurühren ist eine kathartische* Übung und nichts für die im Herzen Zaghaften.
Zum Glück ist das Herz ein »Muskel mit Seele«. Einmal in Gang gesetzt, heilt die Psyche sich selbst. Sobald unser Körper in Bewegung gerät, pumpt unser Herz, beginnt die Erregung zu steigen. Moleküle verschieben sich; wir wissen, daß wir leben.
Manchmal macht es einem angst, am Leben zu sein. Wenn die Energie zu strömen beginnt, reißt sie jene Geister wie dunkle Wolken an einem wilden Himmel durch den tanzenden Körper mit. Das tanzende Herz geht durch den Schmerz. Leiden ist ein Teil von uns, aber ebenso der Instinkt, es künstlerisch auszudrücken. Auch Sie haben mehr als genug Stil, Mut, Spontaneität. In der Bewegung wird die Energie erweckt, strömt ein und aus mit Ihrem Atem.
Die Bewegung ist mein Meister; ich gebe mich ihr vollständig hin, all meine Geheimnisse, meine Sorgen, meine Ängste. Ich gehe völlig auf in dem Tanz und lasse ihn tausendmal am Tag mein Herz brechen.
Ich glaube, um die Energie freizusetzen, die sich Liebe nennt, müssen wir durch die Angst hindurch, die gebunden ist an das Ego, die Angst, die das ganze Herz an einem starren Ort hält oder ihm überhaupt keinen Platz läßt.
Ich stelle mir das Ego oft als einen übertüchtigen Aufsichtsbeamten vor: den Atem anhaltend, alles eng und sicher beisammenhaltend, nichts Spontanes.

* Unter dem Begriff »Katharsis« (griech., wörtlich »[kultische] Reinigung«) versteht man in der Psychologie das Sichbefreien von unterdrückten Emotionen bzw. seelischen Konflikten und Spannungen durch Abreaktion.

Sicherheit ist eine Fata Morgana. Das Leben ist von Natur aus unsicher. Ich übe lieber, unsicher zu sein. Ich übe lieber loszulassen. Ich übe lieber zu fühlen. Angst ist mein Tanz. Ich tanze ihn, er tanzt mich. Bewegung katalysiert Freiheit.

Freiheit heißt im Augenblick sein: keine Vergangenheit, keine Zukunft. Diese Unschuld heilt das verwundete Herz. Was immer Sie auch in Ihrem Herzen halten – lassen Sie es heraus. Vielleicht müssen Sie trauern oder wüten oder lachen, bis Sie zusammenbrechen. Tun Sie es. Tanzen heißt den Körper lieben.

Indem Sie Ihren Körper lieben, öffnen Sie Ihr Herz. Wenn es nicht in Ihrem Körper geschieht, geschieht es gar nicht. Wenn es nicht in Ihrem Körper geschieht, ist Liebe nur ein Abstraktum. Liebe ist Energie, und Energie ist Bewegung.

Bewege ich mich zu den fünf Rhythmen, ist jeder Rhythmus mein Lehrer. Er trägt mich in die Tiefen meiner selbst, reinigt mich, löst alle meine Teile; sogar die Teile tanzen, die ich verleugne. Die Rhythmen nähren meine Seele. Jedesmal wenn ich meiner Seele Nahrung gebe, lockere ich den Griff des Ego.

Körper, Herz und Verstand vereinigt – das ist die Seele. Sie ist nicht abstrakt. Sie ist wirkliche Energie, eine wahre Gegenwart, die aufblüht, wenn die Menschen untereinander verbunden sind – alle Teile setzen sich in Bewegung, die Psyche fließt.

Meine Übung besteht darin, mich ständig zu bewegen. Indem ich für meine eigenen Energien verantwortlich bin, kann ich auf andere Menschen eingehen. Jeden Tag leere ich die Vergangenheit aus. Die Bewegungen der Welle sind wie die Bewegungen der Schlange, weil ich

die alte Gabrielle abstreife, auf daß eine neue geboren werde. Da ist viel Vergangenheit, die ich ausleeren muß; von einigen Teilen werde ich mich mein Leben lang trennen, andere werden mich nicht loslassen wollen. Ich tanze einfach weiter, ich tanze, um mir die Erlaubnis zum Sein zu geben – wirklich zu sein, ehrlich, empfindlich, verletzlich und all das, was man mir verboten hat.
Ich tanze, bis ich leer bin. Ich tanze, bis ich voll bin. Mein Tanz ist mein Gebet. Ich schwitze meine Gebete.

# Die Liebe beginnt in uns

*von John Robbins*

»Verschenken Sie freigebig und ohne Erwartungen Ihre Liebe, und schon bald wird Ihr Leben von Liebe erfüllt sein, und Sie werden andere auf den Pfad der Liebe und des Friedens gelenkt haben.«

Ich war bei vielen Menschen dabei, als sie starben, und hörte ihnen zu, wenn sie mit Bedauern auf ihr sich zu Ende neigendes Leben zurückblickten. Männer, die sagten: »Ich wünschte, ich hätte mehr Zeit mit meinen Kindern, meiner Familie und den Menschen verbracht, die ich liebe«, aber noch niemals habe ich einen Sterbenden sagen hören oder von einem Sterbenden gehört, der gesagt hätte: »Ich wünschte, ich hätte mehr Zeit in meinem Geschäft oder meinem Büro verbracht.« Die Nähe des Todes verleiht den Menschen ein Maß an tiefer Klarheit und Offenheit, das normalerweise kaum jemand von uns erreicht. Am meisten bedauern fast alle, nicht genügend Liebe ausgedrückt zu haben. Die Botschaft für uns ist offensichtlich: Die Liebe ist der bei weitem wichtigste Aspekt des Lebens.

Das Ausmaß unserer Liebe und der Einfluß, den wir auf die Welt und aufeinander haben, werden bestimmt durch den Grad der Liebe und Offenheit in unserem Herzen. Wenn jemand Schmerzen leidet und ich in meinen Herzen Platz mache für diese Schmerzen, dann kann ich im Leben dieses Menschen ein heilender Faktor sein.

Das Maß an Liebe und Offenheit in meinem Herzen ist das grundlegende Kriterium, nach dem ich mich selbst und meine Handlungen beurteile. Ein Großteil meiner Arbeit besteht zum Beispiel aus sozialem Engagement. Oft stehe ich Vertretern von bestimmten Interessenverbänden oder anderen Menschen gegenüber, deren Handlungen in meinen Augen destruktiv sind. Ich finde, es ist eine wirkliche Prüfung, eine der größten Herausforderungen von sozialem Engagement, mich trotz der gewaltigen Unterschiede in unseren Standpunkten und Zielen zu diesen Menschen nicht querzustellen, sondern in einem »liebevollen Raum« mit ihnen zu bleiben. Ich meine dies nicht in der egoistischen Anmaßung, zu glauben, ich sei besser als sie und meine Standpunkte seien die richtigen, aber ich würde ihre tolerieren. Vielmehr geht es mir um ein aufrichtiges Gefühl des Akzeptierens, Respektierens und Liebens. Wenn wir unsere Herzen nicht offenhalten – auch gegenüber den Menschen, deren Handlungen wir ablehnen –, werden wir zu einem Teil des Problems, indem wir etwas aufrechterhalten, was wir eigentlich zu ändern versuchen: den Zustand des Mangels an Liebe.

Wie wichtig es ist, jede Aktion mit Liebe zu erfüllen, wurde mir vor vielen Jahren bewußt, als ich mich an einem Friedensmarsch in der San Francisco Bay Area beteiligte. Die Situation spitzte sich zu, als die Polizei alarmiert wurde und Tränengas in die Menschenmenge sprühte. Ein neben mir laufender Mann schlug doch tatsächlich einem Polizisten mit dem Schild, das er trug und auf dem »Peace«, Frieden, stand, auf den Kopf! Diese Handlung ist mir in bleibender Erinnerung als Metapher für die widersprüchlichen Wünsche, die oft in uns miteinander kämpfen.

Die Kernfrage lautet: Wie können wir inmitten von Chaos, Verwirrung und sogar Wahnsinn unsere innere Liebe bewahren? Wie können wir zum Beispiel leidenschaftlich für den Frieden kämpfen, ohne den »Feind« zu hassen? Ein Teil der Lösung zu diesem Dilemma liegt vielleicht darin, die zentrale Bedeutung der Liebe zu erkennen und die grundlegende Tatsache anzuerkennen, daß die Liebe in uns selbst beginnt. Ich mag die Handlungen eines anderen nicht respektieren oder unterstützen; ich mag sie ablehnen und in gewissen Fällen sogar mein Leben aufs Spiel setzen, um ihn aufzuhalten, aber ich werde – so es mir gelingt – nicht zulassen, daß meine Ablehnung des Verhaltens eines Menschen meine Beziehung zu seiner Seele stört.

Ich versuche, stets daran zu denken, daß jeder von uns unter Schmerz, Leid und Verwirrung leiden kann. Ganz zweifellos würde ich, wenn ich die ganze Geschichte anderer Menschen, unabhängig von ihrer Haltung zu bestimmten Lebensaspekten, kennte, Mitgefühl und Verständnis für ihre Lage und ihre Entscheidungen haben. Wüßte ich, wie ihre Kindheit aussah, und würde ich den Aufruhr und die Schwierigkeiten kennen, mit denen sie fraglos konfrontiert waren, die Zwänge, die ihre Ziele und Handlungen beeinflussen, die Strukturen ihrer Psyche und den Druck, bestimmten Impulsen folgen zu müssen, verurteilte ich diese Menschen nicht, sondern empfände Mitgefühl und Liebe für sie.

Es ist besonders schwierig, Mitgefühl in unsere Beziehungen einzubringen, wenn wir glauben, Liebe nicht zu verdienen. In einer Mediensuppe von Seifenopern, coabhängigen (siehe Seite 101) »Liebes«liedern und anderen Formen der Popkultur schwimmend, haben viele von uns gelernt, zu jammern und zu klagen, wenn wir vermeinen, niemand liebt uns. Es stimmt ja durchaus, daß das Gefühl, ungeliebt zu sein, schmerzt; es gibt jedoch etwas, womit wir unser Leben mit Liebe erfüllen können: indem wir einfach unsere Liebe anderen schenken. Das können wir immer tun, denn die Liebe ist nichts, was wir »bekommen« oder »finden«. Sie ist vielmehr etwas, was wir in uns selbst erschaffen und anderen geben.

Ich empfand mich als Kind nie wirklich als Teil meiner Familie. Ich fühlte mich entfremdet. Ich wußte nicht, wie ich meine Schwester und meine Eltern lieben sollte. Wie die meisten Eltern wollten auch meine, daß ich ihren Erwartungen gerecht wurde und den Plänen folgte, die sie für mein Leben gemacht hatten. Ich hätte ihnen ja gern den Gefallen getan, aber ich konnte es nicht, weil das, was sie für mich wollten, meiner Berufung und meinem Schicksal zuwiderlief. Meine Eltern waren gar nicht glücklich darüber, und dieser Konflikt verursachte einiges an Leid in meiner Familie. Ich fühlte mich oft als völliger Versager, wenn ich meinen Eltern nicht gefallen konnte.

Doch schon früh merkte ich, daß ich meiner Katze gefallen konnte, indem ich sie streichelte. Wenn sie schnurrte und mir ihre Liebe schenkte, wurde mir klar, daß meine Liebe diesem wunderschönen Tier wichtig war, und diese Liebe bedeutete mir viel. Ich entdeckte, daß ich mich besser fühlte, wenn ich einen Ort gefunden hatte, an dem ich freizügig meine Liebe zeigen konnte. Ich war am glücklichsten, wenn ich sie liebkoste, sie streichelte, zu ihr sprach und mich um sie kümmerte.

Als Erwachsener finde ich es überwältigend, einen Vogel, ein Reh oder eine Kuh zu sehen und mir zu sagen, daß dieselbe Lebenskraft, die durch mich und alle Menschen strömt, auch durch dieses Tier fließt. Ich kann eine starke Verbundenheit spüren, die den Kern von Liebe und Spiritualität bildet. Leider neigen viele dazu, Tiere, die doch so empfänglich sind für unsere Liebe, als Ware zu behandeln. Die Grausamkeit, mit der Tiere zum Beispiel in Großmästereien abgefertigt werden, ist unbeschreiblich. Ich sage den Menschen nicht, sie müßten Vegetarier werden oder wo sie Stellung beziehen sollten. Aber ich möchte, daß sie um das Leiden wissen, damit sie ihre Entscheidung treffen können. Es hilft zu fragen: »Wofür steht mein Leben?«, so daß wir nicht etwas unterstützen, das gegen unsere tiefsten Grundwerte verstößt.

Traurigerweise haben viele von uns ihre Verbindung zu sich selbst, zu anderen und zur Natur verloren, haben sich entfremdet. Jede zweite Ehe wird wieder geschieden, Familien verstreuen sich über das ganze Land, Kinder wandern zwischen ihren Eltern und Stiefgeschwistern hin und her. In solchen Zeiten kann es helfen, sich an folgendes zu erinnern: Den Schlüssel zur Liebe hat man in der Hand, wenn man das liebt, was da ist, und seine Liebe nicht für einen einzigen Menschen, eine einzige Idee oder Sache aufspart. Statt auf Vollkommenheit, auf ein Ideal zu warten und unsere Herzen denen zu verschließen, die eine andere Meinung vertreten als wir, können wir alle lieben, mit denen wir in Kontakt kommen. Wir können sogar den Menschen liebevoll begegnen, die wir überhaupt nicht kennen.

In der Gegend um San Francisco, wo ich wohne, gibt es mehrere Mautbrücken. Vor einiger Zeit begannen ein paar Leute, als »anonyme Nettigkeit« die Gebühr für den nachfolgenden Wagen zu bezahlen. Die Fahrer dieser

»Wagen dahinter« waren fraglos überrascht und erfreut, als ihnen gesagt wurde: »Ihre Gebühr ist schon von dem Wagen vor Ihnen bezahlt worden.« Dies ist ein Beispiel für ein spontanes Geschenk, das ohne Erwartung oder die Forderung einer Gegengabe gemacht wird. Ich tat dies eine Weile, bis mir eines Tages der Gedanke kam: Warum diesen Akt der Freundlichkeit nicht bei jemandem ausführen, den ich sehen und kurz sprechen konnte? Die Leute da waren direkt vor meiner Nase und mußten den ganzen Tag Autoabgase einatmen, während sie bei unzähligen Autos die Mautgebühr kassierten. Also begann ich, den Kassierern ein »Trinkgeld« zu geben. Ich sagte: »Der Rest ist für Sie« und lächelte, wenn ich weiterfuhr. Diese Augenblicke persönlichen Kontakts waren für mich noch wertvoller als der eher unpersönliche Akt des Bezahlens für den Wagen hinter mir.

In jedem von uns steckt ein wenig Donald Trump und ein wenig Mutter Teresa. Ein Teil von uns möchte Dinge erwerben und Macht ausüben, während ein anderer Teil sich danach sehnt, unseren Mitmenschen zu helfen, sie zu lieben, für sie zu sorgen, sie zu beschützen. Während Sie sich gleichzeitig als integraler Teil der Welt fühlen, können Sie dies tun, indem Sie einfach andere lieben: Ihre Freunde, Ihre Nachbarn, Ihre Verwandten und sogar Ihre »Gegner«. Verschenken Sie freigebig und ohne Erwartungen Ihre Liebe, und schon bald wird Ihr Leben von Liebe erfüllt sein, und Sie werden andere auf den Pfad der Liebe und des Friedens gelenkt haben.

# Liebe atmen

*von Dr. Jean Shinoda Bolen*

»Ich glaube, die Menschen wissen gar nicht, wie gut es ihnen tut, völlig in einer Sache aufzugehen. Immer wenn sie etwas mit Hingabe tun – ihrer Passion nachgehen –, entsteht eine Zeitlosigkeit, in der sie das wahre Wesen ihres authentischen Selbst ausdrücken. Und diese wahre Essenz, dieses authentische Selbst, hilft wiederum ihrer inneren Liebe zu wachsen.«

Die Liebe ist eine Energie, die uns umgibt, eine Kraft, der wir durch ein offenes Herz besonderen Ausdruck verleihen. Je mehr wir also unser Herz öffnen, desto mehr wird unser Leben von Liebe erfüllt sein; je mehr Liebe wir schenken, um so erfüllter werden wir von ihr sein.

Physiologisch funktioniert unser Körper am besten, wenn wir tief einatmen und unsere Lungen mit Sauerstoff füllen. Doch anders als beim Körper, bei dem der Atemvorgang normalerweise von uns unbeeinflußt ist, müssen wir unser Herz und unser Leben bewußt mit Liebe füllen, um ein an Liebe und ihren Segnungen reiches Leben zu führen. Wir müssen die Liebe »hereinholen« und wieder »hinausschicken«. Je mehr wir diesem Zyklus folgen, desto gesünder werden wir, und desto mehr füllt sich unser Leben mit Liebe. Das physische Herz füllt und leert sich fast hundertmal pro Minute, und genauso muß es das »unsichtbare Herz« machen. Es darf nie stillstehen – Liebe einatmen, Liebe ausatmen, geben, empfangen. Anders als das körperliche Herz, das instinktiv funktioniert, *entscheidet* das Seelenherz selbst über Nehmen und Geben. Wir müssen beschließen, unser Herz mit der Liebe unserer Mitmenschen und der Liebe in der Natur und im Universum zu füllen. Um Liebe einzuatmen, sie zu empfangen, müssen wir die Schönheit sehen und ihr unser Herz öffnen. Wir müssen über das meditieren, was friedvoll ist. Sobald wir uns auf diese Weise »aufgefüllt« haben, haben wir wieder einen reichen Vorrat an Liebe, den wir an die Welt verteilen können.

Wir schicken unsere Liebe von dem Ort der Seele, an dem wir unser Innerstes mit anderen teilen, in die Welt hinaus. Wir können entscheiden, wie unser Seelenort aussieht. Ist er mit Liebe angefüllt, unterscheidet er sich vollkommen von einem solchen, in dem Besessenheit, Zorn oder Groll herrschen. Wenn die Psyche von diesen negativen Gefühlen erfüllt ist, hat die Liebe nicht genügend Raum, um durch uns zu fließen. Das ist vergleichbar mit einer Lunge, die ein Emphysem hat, oder einem Körperteil, der behindert ist und nicht optimal funktionieren kann.

Wir werden mit der Fähigkeit geboren, Liebe zu empfangen, sie zu verstehen und zu verschenken. Ein Kind kommt in diese Welt als ein liebenswerter, verletzlicher Wonneproppen, fähig, Liebe zu wecken, und ihrer bedürftig, um heranzuwachsen. Babys, die nicht geliebt werden, gehen zugrunde, auch wenn ihre körperlichen Bedürfnisse befriedigt werden. Ohne Berührungen, Lächeln und tröstende Zuneigung gedeihen sie nicht, hören sie auf zu wachsen und sterben schließlich aus Depression. Es ist, als bedürfe sogar unsere Materie, unsere Zellen, unser Körper, einer gewissen Menge Liebe, um sich zu entwickeln. Als Erwachsene brauchen wir keine Liebe mehr, um körperlich zu wachsen; dennoch bleibt sie ein wesentlicher Nährstoff für die Seele.

Wenn wir auf die Welt kommen, wollen wir nichts sehnlicher, als geliebt zu werden. Kinder, die in ein gesundes Umfeld geboren werden, bringen allein durch ihre Geburt schon Freude. Wenn wir Säuglinge sind, lächelt die Welt uns an, und wir lächeln zurück. Wir haben das Gefühl, in einem freundlichen Universum zu sein, das uns liebt. Das Bedürfnis, so zu fühlen, haben wir ein Leben lang; aber dem wird nicht immer entsprochen. Manchmal enthält man uns die Liebe entweder vor oder knüpft sie an so viele Bedingungen, daß wir wesentliche Teile von uns unterdrücken müssen, um akzeptiert zu werden. Dann ist die natürliche Ordnung, unser inneres Gleichgewicht, gestört. Eine häufige Reaktion auf das Gefühl, nicht geliebt zu werden, ist das Einschalten von Defensivmechanismen. Menschen, die sich ungeliebt fühlen, glauben dann beispielsweise, sie müßten Macht anhäufen und ausüben, um sich zu schützen. Dieses obsessive Interesse an Macht beschneidet das Vertrauen und letztendlich auch unsere Leistung. Wenn wir gefesselt sind von dem Gefühl, nur unter Vorbehalt akzeptiert zu werden, oder in co-abhängigen (siehe Seite 101) Verhaltensmustern feststecken, um von anderen gewürdigt zu werden, haben unsere Interaktionen mit der Welt nichts mehr mit Liebe zu tun, sondern werden allein von dem brennenden Wunsch angetrieben, akzeptiert zu werden.

Ungemein oft hat das, was die Menschen in die Praxis von Psychiatern und Ärzten bringt, mit ihrer Unzufriedenheit zu tun: dem Gefühl, sie als Individuum seien ohne Wert. Ein selbstnegierender, innerlicher Kritiker, ein unnachsichtiger Richter, hat das Szepter ergriffen. Dieser Zensor fordert, daß der Mensch nicht sein wahres Selbst lebt, sondern sich so gibt, wie andere es von ihm erwarten. Zwischen dem wahren Selbst einer solchen Person – das spontan, instinktiv und natürlich ist – und dem, was sie der Außenwelt gegenüber darstellt, besteht eine Diskrepanz. Diese Dichotomie führt zu einem gewaltigen Maß an Unzufriedenheit, die sich schließlich in körperlichen und seelischen Symptomen offenbart. Ich glaube, die Wurzel dieses Problems ist ein Mangel jenes wesentlichen Nährstoffs Liebe.

Ich bin überzeugt, jeder von uns kann tief in seinem Innern spüren, ob in seiner Umgebung Liebe vorhanden ist oder nicht. Ich glaube nicht, daß wir uns dessen bewußt sind, so wie wir auch nicht genau wissen, wieviel Prozent Sauerstoff sich in einer verschmutzten Umgebung befindet. Doch genauso, wie wir instinktiv wissen, ob wir gute Luft einatmen oder nicht, können wir erkennen, ob wir von Liebe umgeben sind. Dieses Bewußtsein ist sehr wichtig, weil wir, wenn unser »Liebesanzeiger« auf »niedrig« steht, bewußt den Entschluß treffen können, unsere Umgebung wieder mit Liebe zu erfüllen.

Vor vielen Jahren habe ich den Entschluß gefaßt, nur noch das zu tun, was mir Spaß macht und einen Sinn hat. Für mich hängt Spaß von den Beteiligten und ihrer Offenherzigkeit ab. Wenn es schön ist, mit ihnen zusammenzusein, dann kann ich ich selbst sein und lachen und gegebenenfalls weinen. Ich kann aufrichtig sein, und es besteht keine Notwendigkeit, mich zu verstellen. Ich liebe Anne Morrow Lindberghs Worte, daß nichts anstrengender ist, als unaufrichtig zu sein. Also immer, wenn ich die Wahl habe, frage ich mich: »Macht mir das Spaß? Ist es sinnvoll?« Wenn die Liebesenergie frei und ungehindert strömt, dann mache ich es. Genauso wie wir die Wahl haben, die Liebe zu uns »hereinzuholen«, müssen wir auch wissen, wann wir uns aus Situationen begeben sollten, die unserem Leben Liebe entziehen. Wenn Sie spüren, daß etwas in Lieblosigkeit getan wird, und wissen, daß es Ihnen nahegehen wird, sollten Sie wirklich nein sagen. Wir müssen, um unser Leben mit Liebe zu füllen, lernen, in unserem Denken und Handeln wählerisch zu sein.

Ich glaube, die Menschen wissen gar nicht, wie gut es ihnen tut, völlig in einer Sache aufzugehen. Immer wenn sie etwas mit Hingabe tun – ihrer Passion nachgehen –, entsteht eine Zeitlosigkeit, in der sie das wahre Wesen ihres authentischen Selbst ausdrücken. Und diese wahre Essenz, dieses authentische Selbst, hilft wiederum ihrer inneren Liebe zu wachsen. Diese Tätigkeit kann ganz unterschiedlich aussehen: Gehirnchirurgie betreiben, ein Zimmer aufräumen oder ein Bild malen. Was es auch ist, wenn es ihr Herz glücklich macht, dann lassen die Menschen ihr wahres Ich nicht nur in das einfließen, was sie tun, sondern auch in die Liebe, die das Universum erfüllt. Welche Liebesbezeigung könnte größer sein, als der Welt unser authentisches Selbst zu schenken?

# Liebe sein

*von Ram Dass*

> »Man sollte immer daran denken: Wir alle üben in jedem einzelnen Augenblick Wirkung auf die Welt aus, ob wir nun wollen oder nicht. Unsere Handlungen und Stimmungen sind von Bedeutung, weil wir so eng miteinander verbunden sind. An unserem Bewußtsein zu arbeiten ist das Wichtigste, was wir tun können, und Liebe zu sein ist der höchste Akt der Kreativität.«

Das Wichtigste bei der Liebe ist nicht das Geben oder das Empfangen, es ist das Sein. Wenn ich Liebe von anderen brauche oder anderen Menschen Liebe geben muß, dann befinde ich mich in einer Situation der Unsicherheit. Liebe zu *sein,* statt Liebe zu geben oder zu empfangen, ist das einzige, was Sicherheit gibt. Liebe zu sein bedeutet, den Allgeliebten in allem zu sehen, was mich umgibt.

Ich bin nicht daran interessiert, ein »Geliebter« oder »Liebhaber« zu werden. Ich bin nur daran interessiert, Liebe zu sein. In unserem Kulturkreis sehen wir die Liebe als etwas Rationales an: »Ich liebe dich.« Und: »Du bist meine Geliebte, mein Liebhaber.« Doch anders als das Ego, das um Beziehungen herum aufgebaut ist, will die Seele nichts weiter als Liebe *sein.* Es ist zum Beispiel sehr beglückend, aus jemandem, den wir anfänglich nicht mochten, den Allgeliebten zu machen. Ich tue das unter anderem, indem ich das Foto eines Politikers, dessen

Ansichten völlig konträr zu meinen sind, auf meinen *Puja*-Tisch – meinen Altar – lege. Jeden Morgen sage ich nach dem Aufwachen guten Morgen zum Buddha, zu meinem Guru und zu den anderen heiligen Dingen dort. Doch irgendwie ist es anders, wenn ich »Hallo, Herr Politiker« sage. Ich weiß, das klingt komisch, aber es erinnert mich daran, wie weit ich gehen muß, um den Allgeliebten in jedem zu sehen. Mutter Teresa hat dies als »Jesus in all seinen unangenehmen Verkleidungen sehen« beschrieben. Als mir klar wurde, daß Mutter Teresa sich in einem innigen Liebesverhältnis befand mit jedem einzelnen der Armen und Leprakranken, die sie in Indien aus der Gosse holte, dachte ich bei mir: »So geht also das Spiel der Liebe.« Und das übe ich nun seit mittlerweile fünfundzwanzig Jahren: immer und überall den Allgeliebten zu sehen und mit ihm zu sein.

Interessant ist, wenn man den Allgeliebten auf diese Weise sieht, daß der andere Mensch sich nicht selbst als Allgeliebten verstehen muß. Es reicht, wenn ich mein Bewußtsein ordentlich ausrichte. Es ist jedoch interessant, wie intensiv die Menschen darauf reagieren, wenn man in ihnen den Allgeliebten sieht, selbst wenn sie gar nichts davon wissen. (Immer vorausgesetzt natürlich, daß Ihre Gefühle echt sind und Sie nicht dazu gezwungen werden. Hier geht es darum, inmitten des Allgeliebten zu leben und zu atmen.)

Ich versuche, in anderen (wie dem Politiker) den Allgeliebten zu sehen, indem ich mir sage: »Dies ist eine Seele, genau wie ich, in einer komplizierten Inkarnation, genau wie ich. Ich möchte ebensowenig seine Inkarnation annehmen wie er meine. Doch da ich in meiner Seele und nicht in meinem Ego ruhen möchte, würde ich gern allen anderen die Gelegenheit geben, das gleiche zu tun.«

Wenn ich die Seele erkennen kann, die in einem Menschen wiedergeboren wurde, den ich unsympathisch finde, dann wird mein Bewußtsein zu einer Umgebung, in der er oder sie gern zum Luftschnappen nach oben kommen kann, wenn er/sie das möchte. Dieser Mensch kann dies tun, weil ich nicht versuche, ihn auf die Person zu fixieren, zu der er geworden ist. Es ist sehr befreiend, einen anderen Menschen politisch abzulehnen und in ihm trotzdem noch eine andere Seele zu sehen. Das meinte Krishna, als er sagte: »Ich werde nicht kämpfen, denn das dort drüben sind alles meine Brüder.« Wir mögen uns zwar in unserer jetzigen Inkarnation nicht einig sein, aber wir sind doch alle Seelen.

Eine Geschichte, die ich schon oft erzählt habe, verdeutlicht diese Idee. Vor einigen Jahren brachte ich eine Kassette mit Schallplatten heraus namens *Love, Serve, Remember.* Die Schallplatten – mit Musik, Passagen aus dem Johannesevangelium und anderen schönen Dingen – erschienen zusammen mit einem hübschen Heftchen mit Texten und Bildern. Es war eine wunderschöne Kassette, und wir verkauften sie im Direktversand für ungefähr 4,50 Dollar.

Ich zeigte die Kassette meinem Vater. Er war ein wohlhabender Bostoner Anwalt – ein konservativer Republikaner, ein Kapitalist und zum damaligen Zeitpunkt Präsident einer Eisenbahngesellschaft. Er schaute sich die Kassette an und sagte: »Toll gemacht! Aber, weißt du – viereinhalb Dollar? Du könntest sie wahrscheinlich für zehn oder sogar fünfzehn Dollar verkaufen!«

Ich sagte: »Ja, ich weiß.«

»Würden weniger Leute sie kaufen, wenn sie teurer wäre?« fragte er.
»Nein«, erwiderte ich. »Wahrscheinlich würden sie genauso viele Menschen kaufen.«
»Also, ich versteh' dich nicht«, fragte er weiter. »Du könntest sie für zehn Dollar loswerden und verkaufst sie für vier fünfzig? Was ist los, hast du was gegen Kapitalismus?«
Ich überlegte, wie ich ihm den Unterschied in unserer Vorgehensweise erklären könnte. Ich sagte: »Dad, hast du nicht gerade Onkel Henry vor Gericht vertreten?«
»Ja«, erwiderte er. »Und es war ein verdammt harter Fall. Ich habe ganz schön viel Fachliteratur wälzen müssen.«
Ich fragte: »Hast du den Prozeß gewonnen?«
Und er antwortete: »Ja, ich habe ihn gewonnen.«
Mein Vater war ein äußerst erfolgreicher Anwalt, und seine Gebühren entsprachen seinem Ruf. Also fragte ich weiter: »Nun, ich wette, du hast ihm dafür eine gesalzene Rechnung ausgestellt!«
Mein Vater wies diese Unterstellung entrüstet von sich. »Was, hast du den Verstand verloren? Das war Onkel Henry – ich konnte ihm doch dafür nichts berechnen!«
»Siehst du, das ist mein Problem«, sagte ich. »Wenn du jemanden findest, der nicht Onkel Henry ist, werde ich ihn nach Strich und Faden ausnehmen.«
Mir ging es darum, zu zeigen, daß jeder zur Familie gehört und überall Liebe zu finden ist, wenn man rundherum des Allgeliebten gegenwärtig ist. Wenn ich mir erlaube, die Schönheit eines anderen Wesens, die innewohnende Schönheit einer sich manifestierenden Seele zu sehen, fühle ich Liebe in der Gegenwart dieses Wesens. Es ist egal, was wir tun. Wir könnten uns über unsere

Katzen unterhalten, weil wir gerade im Supermarkt Katzenfutter auswählen, oder wir könnten nichts weiter tun, als auf dem Bürgersteig aneinander vorbeizugehen. Wenn wir Liebe sind, schaffen wir eine Umgebung um uns herum, die anderen erlaubt, nicht so wie sonst zu reagieren, sondern liebevoller und friedvoller. Es erlaubt ihnen nicht nur, liebevoller zu sein, sondern es ermutigt sie sogar dazu.

1969 hielt ich eine Reihe von Vorträgen in New York. Jeden Abend, wenn ich in den Bus entlang der Third Avenue stieg, hatte ich denselben außergewöhnlichen Busfahrer. Jeden Abend herrschte Rush-hour in einer der bevölkerungsreichsten Städte der Erde, aber er hatte für jeden, der einstieg, ein herzliches Wort und verströmte eine innere Wärme. Er fuhr, als steuere er ein Boot den Fluß hinunter, ließ den Bus mit dem Verkehr treiben, statt sich gegen ihn zu stemmen. Jeder, der mit diesem Bus fuhr, würde an diesem Abend weniger feindselig und lieblos sein, seinem Hund vielleicht keinen Tritt versetzen, weil dieser Fahrer einen Raum der Liebe geschaffen hatte. Und doch tat er nichts weiter, als seinen Bus zu fahren. Er war kein Therapeut oder großer spiritueller Lehrer. Er war einfach Liebe.

Man sollte immer daran denken: Wir alle üben in jedem einzelnen Augenblick Wirkung auf die Welt aus, ob wir nun wollen oder nicht. Unsere Handlungen und Stimmungen sind von Bedeutung, weil wir so eng miteinander verbunden sind. An unserem Bewußtsein zu arbeiten ist das Wichtigste, was wir tun können, und Liebe zu sein ist der höchste Akt der Kreativität.

# 6. TEIL
# In Liebe

»Es gibt immer etwas, was man
lieben kann. Und wenn ihr das nicht gelernt
habt, habt ihr rein gar nichts gelernt.«

*Lorraine Hansberry*
A RAISIN IN THE SUN (1959)

# Herzenslektionen

*von Dr. Bernie Siegel*

> »Also fing ich an, jedesmal wenn jemand das Zimmer betrat, zu überlegen: Wie würde ich mich diesem Menschen gegenüber verhalten, wenn ich ihn liebte? Und natürlich stellte ich fest, daß ich immer liebevoller und einfühlsamer wurde, je mehr ich mich dementsprechend verhielt. Und die anderen ändern sich ebenfalls, einfach deshalb, weil sie geliebt werden; es wird immer leichter, sie zu lieben. Mit dieser Methode veränderte ich mit der Zeit mich selbst, meinen Körper, meinen Gesundheitszustand, meine Beziehungen und viele andere Aspekte meines Lebens.«

Wie mache ich mir meine Gefühle bewußt? Wann immer mich etwas berührt, schreibe ich ein Gedicht. Dies hier entstand, nachdem ich im Fernsehen eine Geschichte über Lassie gesehen hatte:

Ich liebe Lassie, und Lassie liebt mich.
Lassie ist Liebe.
Ein Hund, ein Hund, ein Hund lehrt uns Liebe.
Ich werde versuchen, ein Hund zu sein.
Ich habe ein Vorbild gefunden.

So schaffe ich es also. Jedesmal wenn ich mich frage, wie ich liebevoller sein könnte, verhalte ich mich so, als wäre ich Lassie.

Liebe ist so wichtig. Wenn wir leiden und jemand für uns da ist, uns liebt, erhalten wir das größte Geschenk der Welt, und unser Schmerz wird gelindert. Ich hoffe, wir erreichen eines Tages den Punkt, an dem es normal sein wird, daß die Menschen sich aus vollem Herzen lieben. Man kann keinesfalls behaupten, wir hätten nicht genügend Informationen darüber, wie man liebt; aber vielen von uns fehlt die Fähigkeit dazu, weil wir selbst nicht geliebt wurden. Am ehesten löst man dieses Problem, indem man täglich liebevolles Verhalten übt.

Vor Jahren fragte ich den Anthropologen Ashley Montagu, wie ich ein liebevoller Mensch werden könne. Ich sagte: »Was könnte ich zum Beispiel tun, wenn meine Schwiegermutter zu mir zöge und ich eine bessere Beziehung zu ihr aufbauen, liebevoller mit ihr umgehen möchte?«

Und er antwortete: »Verhalten Sie sich, wenn Ihre Schwiegermutter ins Zimmer kommt, so, als würden Sie sie lieben.«

Ich fand diesen Rat reichlich oberflächlich, aber dann wurde mir klar, daß ich tatsächlich diese Einstellung erreichen wollte. Ich wollte meine Schwiegermutter oder meiner Frau oder meinen Kindern nichts vormachen. Ich wollte sie lediglich mehr lieben. Also fing ich an, jedesmal wenn jemand das Zimmer betrat, zu überlegen: Wie würde ich mich diesem Menschen gegenüber verhalten, wenn ich ihn liebte? Und natürlich stellte ich fest, daß ich immer liebevoller und einfühlsamer wurde, je mehr ich mich dementsprechend verhielt. Und die anderen ändern sich ebenfalls, einfach deshalb, weil sie geliebt werden; es wird immer leichter, sie zu lieben. Mit dieser Methode veränderte ich mit der Zeit mich selbst, meinen

Körper, meinen Gesundheitszustand, meine Beziehungen und viele andere Aspekte meines Lebens.
Um effektiver lieben zu lernen, muß man nur wie ein Filmstar oder Sportler üben und an sich arbeiten. Wenn zu einem Schauspieler oder einem Sportler gesagt wird: »Oh, Sie haben ja ein solches Glück, daß Ihnen dieses Talent in die Wiege gelegt wurde«, schaut dieser den anderen an, als wolle er sagen: »Halt mal, ich bin nicht ein wunderbarer Schauspieler oder Sportler, weil ich mit diesem Talent geboren wurde, sondern weil ich eine Menge Zeit darauf verwandt habe, zu üben und zu proben und mich nach oben zu arbeiten.« Genauso funktioniert es, wenn man ein liebevoller Mensch werden möchte – üben, üben, üben. Suchen Sie sich Vorbilder. Sie könnten fragen: »Was würde der Buddha oder Jesus in dieser Situation tun? Oder Moses, Konfuzius, Gandhi, der Dalai Lama, Mutter Teresa, Martin Luther King jr.?« Oder stellen Sie sich einfach vor, wie eine liebevolle Mutter sich verhalten würde. Und wenn das zu schwierig ist, könnten Sie immer noch zurückgreifen auf: »Was würde Lassie tun?« Ein Hund leckt Ihr Gesicht, auch wenn Sie ihn ignorieren. Falls er nicht wiederholt mißhandelt wurde, wird ein Hund Ihr Gesicht lecken, selbst wenn ein Tierarzt ein Bein amputiert hat oder ihn einschläfern wird. Einem Hund ist andauernde Feindseligkeit einfach fremd. Er ist hier, um zu lieben, um geliebt zu werden und uns dabei ein paar Dinge zu lehren.
Die ganze Welt ist ein Theater, und wir können wählen, wie wir spielen wollen. Wir haben ein ganzes Leben Zeit zum Üben und können so gut werden, wie wir sein möchten. Aber wir dürfen nicht vergessen, daß wir nicht ständig Höchstleistungen zu vollbringen vermögen. Da-

her müssen wir uns selbst und anderen vergeben können und anerkennen, daß wir in dieser bestimmten Situation dennoch unser Bestes geben.
Als Arzt habe ich festgestellt, daß die Fähigkeit, liebevoll zu sein, nichts mit körperlicher Gesundheit zu tun hat. Ein großer Anteil der wunderbaren, liebevollen Menschen in der Welt muß ohne ein Gliedmaß auskommen oder ist nicht in der Lage, sich zu bewegen. Ich nenne sie »die Gesunden«, aber das hat nichts mit der Verfassung ihres Körpers oder ihrer körperlichen Gesundheit zu tun. Ja, manchmal bedarf es des drohenden Todes, damit Menschen ihre Aufmerksamkeit der Liebe zuwenden und sie zu ihrer Priorität machen. Unsere Sterblichkeit kann ein großartiger Lehrer sein.
Den Menschen, die nicht wissen, wie man spielt, die diese kindliche Eigenschaft verloren haben, fällt es schwerer, liebevoll zu werden, weil sie oft mehr Feindseligkeit in sich tragen. Liebe und Spiel gehören zusammen. Menschen, die pathologische Mörder untersucht haben, sagen, daß viele von ihnen einfach nicht wissen, wie man spielt. Sie können nicht herumalbern. Alles ist ernst.
Lachen läßt in jedem von uns das Kind zum Vorschein kommen. Es zerstreut viel von der Angst und dem Groll auf andere Menschen und macht es einfacher, liebevoll zu sein. Sehen Sie sich nur ein Babyfoto an, und Sie wissen, wie leicht es ist, dieses Kind zu lieben. Schauen Sie jetzt in den Spiegel. Haben Sie die gleichen Gefühle? Warum nicht?
Um im Krankenhaus die Liebe zu fördern (das kann auch in jedem Büro durchgeführt werden), verteile ich Regenbogenanstecker mit dem jeweiligen Namen und der Aufschrift: »Auch du zählst.« Wenn Menschen sich liebevoll

verhielten, gab ich ihnen einen Anstecker und dankte ihnen. Überlegen Sie mal: Wenn jeder, der ganz darin aufginge, liebevoll zu sein, ein Symbol trüge, würden Sie sich ihm gegenüber anders verhalten.

Ich hatte das Glück, mit viel Liebe aufgezogen zu werden. Nicht alles, was ich tat, fand Beifall, aber ich wußte, daß ich geliebt wurde – und dieses Wissen gab mir die Fähigkeit und die Freiheit, so zu sein, wie ich sein wollte. Weil ich die Unterstützung meiner Eltern hatte, brauchte ich nicht die Billigung anderer, und ich konnte liebevoll und frei sein. Diese Art der Unterstützung gibt einem die Freiheit, anders zu sein, wenn man möchte, weil man weiß, daß man immer akzeptiert werden wird. Als ich heiratete, wußte ich immer, daß ich zu einer liebevollen Person nach Hause kommen würde, die mich akzeptierte. Wenn ich also ein wenig ausgefallen, verrückt oder so war, hatte ich einen Ort, zu dem ich zurückkehren konnte. Selbst als mir einige unangenehme Dinge passierten, wußte ich, daß ich nach Hause gehen konnte, wo ich immer noch die Nummer eins war.

Leider haben nicht alle dieses Glück. Wer als Kind nicht geliebt wurde, leidet als Erwachsener oft große Schmerzen, selbst wenn er es äußerlich nicht zeigt. Um zu heilen, müssen wir über den Schmerz, den wir leiden, kommunizieren und einander zuhören. Wir können nicht davon ausgehen, daß jeder so denkt und fühlt wie wir.

Ich finde, wir sollten, ähnlich dem Tierschutzverein, einen Menschenschutzverein gründen. Die Menschen sollten sich und andere so lieben, wie sie ein Haustier lieben. Manche schlucken Substanzen, die sie nicht einmal ihrem Tier zum Fressen anbieten würden. Sie nehmen Drogen, die sie ihrem Schützling nie gäben. Haustiere werden ausgeführt, während man etwa eynsame Menschen nur herumsitzen läßt. Tiere werden geknuddelt, die Mitglieder der eigenen Familie aber nicht. Die Menschen müssen genauso nett zu sich sein wie zu ihren Haustieren. Wir wissen das, finden aber nicht den richtigen Dreh.

In meiner Praxis erlebe ich oft mit, daß die Patienten nicht die notwendigen Schritte unternehmen, um gesund zu bleiben. Ich habe gelernt, daß Wohlbefinden für die meisten Menschen eine spirituelle Reise wird. Um ihnen also einen Anstoß zu geben, frage ich: »Warum sind Sie hier? Warum wurden Sie geboren? Warum ist die Welt, wie sie ist? Was ist der Sinn des Ganzen?« Und meine Antwort lautet, daß wir hier sind, um besser lieben zu lernen, um füreinander Gott und Engel in Verkleidung zu sein, um unsere Liebe zu zeigen, unser Mitgefühl, um aktiv an der Schöpfung teilzuhaben. Das ist der Sinn und Zweck unseres Lebens. Jeder von uns kann entscheiden, wie er die Welt auf seine ganz individuelle Art lieben möchte.

Wo ich auch Vorträge halte, höre ich die Menschen darüber klagen, wie andere sich am Arbeitsplatz oder zu Hause verhalten. Oft lassen sie sich durch ihre Verärgerung das Leben ruinieren. Um ein glückliches Leben zu führen, müssen wir die Menschen liebenlernen, mit all ihren Fehlern, und das bedeutet, Toleranz und Mitgefühl zu lernen und zu üben. Würden Sie die begrenzte Zeit, die Sie hier sind, lieber in Verärgerung oder in Liebe verbringen?

Hier ist die Geschichte, wie ich mich bei einer Meinungsverschiedenheit zwischen mir und meiner Frau Bobbie verhielt. An einigen Tassen brach der Henkel ab, weil ich

sie falsch in die Geschirrspülmaschine gestellt habe. Meine Frau wollte sie wegwerfen. Ich nicht. Ich fand, man konnte sie noch gebrauchen. Also steckte ich die Tassen in eine Tüte, um sie zu verstecken und einen Scheidungsprozeß zu verhindern. Ich nahm sie zu unserem Ferienhaus mit, wo meine Frau sie nicht so oft sehen würde. Eines Morgens, als wir auf Cape Cod waren, ging ich joggen, wie immer mit einer Plastiktüte, um Wiederverwertbares oder Sachen einzusammeln, die Gott mir in den Weg gelegt hat. Ich lief so vor mich hin, als ich eine Tasse ohne Henkel auf der Straße liegen sah. Ich wußte, dies war eine Botschaft Gottes. Also rannte ich hin, hob sie auf, drehte sie um und sah die Zeichnung zweier dicker Elefanten, die sich unter einem Mistelzweig umarmen. Die Inschrift lautete: »Ich liebe dich, so wie du bist.« Ich nahm die Tasse mit nach Hause und zeigte sie Bobbie. Jetzt steht sie auf einem Wandbrett in unserem Haus und erinnert uns jeden Tag an die wahre Botschaft des Lebens. (Die anderen Tassen werden inzwischen von meiner Frau akzeptiert und benutzt.)
Wer liebt, der zerstört nicht – sei es Natur, Gesellschaft oder andere Menschen. Kinder, die Pflanzen und Tiere haben, lernen, für sie zu sorgen, und entwickeln Ehrfurcht vor dem Leben.
Unsere fünf Kinder hatten immer bis zu hundert Tiere in unserem Haus, darunter drei Dutzend Schildkröten in den Kinderplanschbecken, Eidechsen, Hunde, Stinktiere und Grillen. Ich versuchte, meinen Kindern beizubringen, daß sie, wenn sie ein Leben in der Hand hatten, dafür sorgen mußten und schließlich Fachleute für seine Pflege werden würden. Ich glaube, Kinder, die auf diese Weise aufwachsen, werden als Erwachsene ganz anders sein als

Kinder, die gelernt haben, daß Leiden keine Bedeutung hat und es »okay« ist, einen Nachbarn umzubringen, Tiere zu quälen oder daß Nachbarn nicht die richtige Hautfarbe, Figur oder was auch immer haben. Wie sagte unser Sohn Jeff doch: »Die Tiere kommen miteinander aus, weil sie innendrin alle die gleiche Farbe haben.« Die Menschen auch.

Es wäre gut, wenn die Menschen Tagebuch führten oder jeden Tag ein Gedicht schrieben wie meines über Lassie. Es hilft ihnen, mit allen Aspekten des Lebens, auch den schmerzlichen, in Berührung zu kommen. Wichtig dabei ist, nicht nur über die schlimmen Dinge zu schreiben, an die wir uns eher erinnern, sondern auch über die guten und die lustigen Ereignisse. Wenn wir das Humorvolle an einer angespannten Situation sehen können, dann werden wir lachen und den Zorn verrauchen lassen.

Es ist großartig, wenn Eltern sich kindlich verhalten können, denn ihre Kinder merken das und haben keine Hemmungen, sich genauso aufzuführen. Andere zum Lachen zu bringen ist solch eine liebevolle Handlung, denn wenn es keine Liebe zwischen den Menschen gäbe, wären sie nicht daran interessiert, zu lachen oder den anderen zum Lachen zu bringen. Vielleicht könnten wir, wenn wir ein bißchen weniger ernst wären, öfter lachten und uns selbst und andere liebevoller behandelten, in einer liebevolleren Welt leben und, der Botschaft dieses Buches folgend, unser Leben mit Liebe füllen.

# Die Atmosphäre der Liebe

*von Daphne Rose Kingma*

> »Wir müssen unsere Vorstellung von der Liebe ändern, um zu erkennen, daß wir in einem Universum leben, das durch Liebe geschaffen und aufrechterhalten wird, und daß wir die Liebe in allen Aspekten unseres Lebens erfahren können – in unserer Sprache, in unserer Sexualität, in unseren Freundschaften, in unserer Arbeit, unserem Leiden, unserer Transformation, in unserem Leben und unserem Sterben.«

Ich erinnere mich an einen Zeitraum in meinem Leben, als ich zu meiner großen Freude und Verblüffung entdeckte, daß mein Leben mit Liebe erfüllt war. Als Kind hatte ich die Menschen in kleinen Szenen ihrer Beziehungen beobachtet – in der Kirche, in einem Park, auf einen Einkaufswagen wartend –, und ich weiß noch, wie ich dachte: »Oh, ist das nicht schön, ist das nicht wundervoll, wie sie sich bei den Händen halten, wie sie einander trösten.« Das berührte mich sehr. Und dann wurde mir plötzlich bewußt, daß auch ich diese Erfahrung lebte. Wir neigen dazu zu glauben, Liebe werde die große Ausnahme in unserem Leben sein, daß wir Riesenglück haben müssen, um Liebe zu erleben, uns zu verlieben oder einen Liebhaber oder engen Freund zu haben. In Wahrheit ist die Liebe jedoch die Grundlage unseres Lebens. Sie ist die Atmosphäre, in der wir alles erleben, was wir unterneh-

men – sie ist alles, was wir sind, sie ist jeder Mensch, dem wir begegnen. Wir müssen unsere Vorstellung von der Liebe ändern, um zu erkennen, daß wir in einem Universum leben, das durch Liebe geschaffen und aufrechterhalten wird, und daß wir die Liebe in allen Aspekten unseres Lebens erfahren können – in unserer Sprache, in unserer Sexualität, in unseren Freundschaften, in unserer Arbeit, unserem Leiden, unserer Transformation, in unserem Leben und unserem Sterben.
Unglücklicherweise gehört es zur menschlichen Denkstruktur, zu meinen, die Liebe sei etwas von uns Getrenntes, etwas, was wir als eine besondere Erfahrung isolieren können. Diese Ansicht müssen wir ändern, sie aus dem Vordergrund in den Hintergrund verbannen. Wir müssen die Liebe wegführen vom Besonderen und hin zum Universellen. Vor allem dadurch können wir unser Leben mit mehr Liebe füllen.
Es gibt viele Möglichkeiten, um zu zeigen, daß die Liebe nichts Abgetrenntes ist, ja daß sie in allem existent ist, was wir tun, denken und fühlen. Einige Menschen sprechen Affirmationen; andere verwenden ihre Energien darauf, jemanden zu suchen, mit dem sie ihr Leben teilen wollen. Aber wie wir auch vorgehen, um die Liebe zu bekommen, die stets für uns da ist – wir müssen mit zwei Haltungen an die Sache herangehen: mit dem Wille und der Ergebung. Wir alle haben männliche und weibliche Energien: Der Wille ist die männliche, die Ergebung die weibliche. Und paradoxerweise bringt gerade die Kombination dieser Energien Liebe in unser Leben. Das heißt, die Liebe ist etwas, was wir bewußt verfolgen (den Willen dazu haben), und etwas, was wir einfach geschehen lassen müssen (uns darein ergeben). Also, wir könnten zum

Beispiel aktiv werden, indem wir sagen: »Ich suche mir jetzt einen Partner, den ich lieben kann.« Oder: »Ich werde eine Liste von all den schönen Dingen anlegen, die mir passieren, damit ich mir jeden Tag bewußtmache, daß ich in der einen oder anderen Form geliebt werde.« Oder wir könnten ergeben sagen: »Ich werde mich empfänglich machen für die unerwartete Liebe, die mir Augenblick für Augenblick dargeboten wird.« Ob sie nun von einem Fremden kommt, der Ihnen ein Kompliment macht, oder von Handwerkern, die Ihr Haus verschönern, oder ob es sich um ein atemberaubendes Erlebnis mit dem geliebten Menschen handelt, in einem Augenblick köstlicher Intimität während einer Liebesnacht, in einem Augenblick gemeinsamer Trauer, in einem Augenblick offenbarer Verletzlichkeit. Wir müssen sowohl offen sein, um zu empfangen, als auch uns aktiv und bewußt darum bemühen. Wenn Sie das Leben auf diese Weise angehen, wird Liebe keine Ausnahme mehr sein, sondern der Raum, in dem Sie das Leben erfahren.

Nur zu oft nehmen wir die Liebe als selbstverständlich hin, bei Dingen, die jeden Tag passieren und so in unser Leben integriert sind, daß sie unsichtbar geworden sind und wir sie nicht mehr als Liebe erkennen. Um sie als Geschenke der Liebe zu erkennen und zu empfangen, müssen wir uns von dem sehr speziellen, begrenzten, romantischen Bild der Liebe lösen und jenseits davon nach dem Unbegrenzten suchen. Natürlich ist romantische Liebe etwas Herrliches, das »Sichverlieben«, das die sexuelle Anziehung und den Traum von einer gemeinsamen Zukunft vereinigt. Doch wenn wir dies für die einzige Form von Liebe halten, dann haben wir ohne sie das Gefühl, überhaupt nicht geliebt zu werden.

Ich glaube, wir haben in diesem letzten Jahrzehnt des Jahrhunderts die Möglichkeit, unser Verständnis von Liebe zu erweitern und zum Blühen zu bringen, unsere Definition von Liebe zu ändern und zu erkennen, daß Liebe für uns in jedem einzelnen Augenblick in den überraschendsten Formen erhältlich ist. Ich möchte Ihnen ein Beispiel geben: Vor ein paar Wochen war ich in Hawaii. Ich brauchte dringend Erholung nach einem entsetzlichen Brand in meinem Haus. Ich lag am Strand, unglaublich erschöpft, und wollte mit keiner Menschenseele sprechen. Da kam ein kleines Mädchen mit einem Windrädchen heran und fragte: »Kann ich dir ein Lied vorsingen?« Und sie sang ein wunderschönes Liedchen über die Freundschaft. Die letzte Zeile lautete: »Ich singe dir also mein Lied und möchte dein Freund sein – willst auch du mein Freund sein?« Es war ein absolut zauberhaftes Geschenk. Ich werde sie nie wiedersehen, kenne nicht einmal ihren Namen, aber wir teilen das Erlebnis einer tiefen Verbundenheit und wahren Liebe während eines kurzen Augenblicks am Strand. Es gibt Hunderte dieser Momente im Leben, aber sie sind so winzig, daß sie auf der Tabelle, die wir für das angelegt haben, was Liebe ist, keine Eintragung erhalten. Wir haben eine Vorstellung davon, wie Liebe auszusehen habe, und glauben, sie führe zu einem ganz bestimmten Ergebnis. Dabei werden uns bereits ständig Augenblicke der Liebe geschenkt, oft, ohne daß wir es merken. Erlebnisse, die in ihrer Reinheit und absolut geheiligten Vollkommenheit einfach atemberaubend sind.

Wenn wir uns auf eine sehr enge Definition von Liebe beschränken, sehen wir nicht mehr all die Liebe, die wir tatsächlich empfangen, und unserem Leben fehlt ein

Gefühl des Reichtums, selbst wenn wir ständig mit dem Reichtum der Liebe bedacht werden. Statt das Gefühl zu haben, eingebettet zu sein in Liebe, stehen wir immer einen Schritt abseits, warten darauf, daß sie in unser Leben tritt. Doch in Wirklichkeit umgibt die Liebe uns schon längst, sie ist die Atmosphäre. Kürzlich hatte ich viele Handwerker im Haus, die die Schäden nach dem Feuer beseitigten. Und ich hatte das Gefühl, daß sie mich segneten, mich liebten durch ihr Können und ihre Freundlichkeit und ihre Bereitschaft, Teil dieser Restauration und Erneuerung meines Lebens zu sein. Sie waren guter Dinge und führten ihre Arbeit wunderbar aus; dies war ein Erlebnis der Liebe. Sie machten ihr Geschenk, und ich konnte sie lieben, weil ich es entgegennahm und, indem ich sie bezahlte, an ihrem Leben und ihrem Lebensunterhalt teilhatte.

Dies sind alles Transaktionen der Liebe, auch wenn wir sie oft nicht als solche verstehen. Doch das meine ich damit, wenn ich sage, Liebe ist die Atmosphäre, in der wir leben. Sie ist wie die Luft. Wenn wir keine Luft hätten, könnten wir nicht am Leben bleiben. Und genau wie die Luft ist die Liebe eine beständige, dauernde, lebenspendende Substanz, die uns alle buchstäblich am Leben erhält, und zwar in einer Weise, die wir oft nicht erkennen oder verstehen können.

Unseren Interaktionen mit Menschen und mit der Natur wohnt eine unglaublich faszinierende Eleganz inne. Ich selbst habe in der letzten Zeit nach vielen Transformationen gestrebt, weil eine Epoche meines Lebens zu Ende ging. Instinktiv spürte ich, daß ich bereit war, ein neues Kapitel meines Lebens aufzuschlagen. Und dieser neue Anfang wurde mir in Form eines herumschweifenden, gequälten Menschen gegeben, der mein Haus in Brand setzte. In gewissem Sinn gab mir dieser Mensch, den ich nicht einmal kannte, das Geschenk der Befreiung und Transformation. Ich werde ihn wie das kleine Mädchen am Strand nie wieder sehen oder richtig kennenlernen, aber auf der Ebene der Seele möchte ich ihm danken. Ich danke Ihnen, daß Sie der leidende Mensch waren, dessen Handlung mich von meinen Fesseln befreite.

Ich glaube, wir werden auf tiefgründige Weise zu diesem Zeitpunkt der Geschichte gebeten, uns wieder mit der Wahrheit vertraut zu machen, daß die Liebe die Atmosphäre ist, in der wir leben. Wir werden aufgefordert, die mechanistische Beziehung zur Liebe zu beenden, welche die Ursache für die ungeheure Katastrophe ist, die wir über den Planeten gebracht haben. Am Anfang unserer Entwicklung gab es eine enge, vollkommen ausgeglichene Beziehung zwischen Menschen, Tieren, Pflanzen und Bäumen. Dies war eine Beziehung der Liebe.

Dann kam uns der Gedanke, daß wir einen Unterschied machen müßten zwischen »mein« und »dein«, »unser« und »euer«; wir griffen in diese Atmosphäre der Liebe in einer sehr herrischen Weise ein, stifteten Unruhe und verloren dadurch unser Verständnis der Welt als Teil eines unendlichen, für uns unbegreiflichen Universums, eines Universums, das die Verkörperung grenzenloser Liebe darstellt. Wir leben in unserem Ausschnitt und versuchen herauszufinden, was das Ganze bedeutet. Doch weil wir eine sehr begrenzte Perspektive haben, sagen wir: »Also, das kann keine Liebe sein«, da es sich nicht wie unsere Vorstellung von Liebe anfühlt. Aber in Wahrheit würden wir, wenn wir unsere Vorstellung von Liebe änderten, es sofort begreifen. Wir wollen, daß die Liebe unserer Defi-

nition entspricht, statt offen dafür zu sein, uns von der Liebe zeigen zu lassen, wie sie aussieht.
Ich glaube, es gibt zwei Möglichkeiten, wie wir alle auf einer sehr einfachen Ebene die Erfahrung von Liebe vergrößern können: Liebe ausdrücken und sie empfangen. Uns bieten sich tagtäglich Tausende von Gelegenheiten, um Liebe auszudrücken – mit unserem Körper, mit unserer Sprache, mit unseren Entscheidungen, in unserem Verhältnis zu unserem Eigentum, den Beziehungen zu unseren Kindern, zu den anderen Menschen, die wir lieben, und zu Fremden auf der Straße. Wenn wir anfangen, die Wahrheit über unsere Verbindung mit anderen Menschen auszudrücken, werden wir allmählich mehr Liebe empfinden, fühlen, daß die Welt harmonischer wird, daß wir ein Teil von ihr sind und sie eine angenehme, sanfte, mitfühlende Umgebung ist. Wir können zu dem Fremden oder dem Freund sagen: »Du bist schön«, »Ich sehe, daß du leidest, und strecke dir meine Hand hin«, »Du segnest mich mit deiner Weisheit«, »Du bist warmherzig« oder »Deine Worte berühren mich«. Umgekehrt können wir, wenn sie an uns gerichtet sind, all diese kleinen, wunderschönen Geschenke in Empfang nehmen, in das endlose Strahlen unseres Herzens und unseres Geistes aufnehmen und dadurch eine Verwandlung erfahren. Denn es gibt tatsächlich jeden Tag unglaubliche Geschenke. Am Leben zu sein ist allein schon eine Gabe. Aufzuwachen ist eine weitere. Sie müssen an einem bestimmten Tag vielleicht einige unangenehme Angelegenheiten erledigen, aber es ist ein schöner Tag: Sie leben, Sie sind hier.
Diese Geschenke werden nur allzu leicht übersehen oder ignoriert. Wir müssen sie offen anerkennen – vor der Welt und vor uns. Denn wenn wir es unterlassen, uns

offen über sie zu äußern, wird nicht nur der anderen Person ihr Kompliment vorenthalten, sondern auch wir werden nicht daran erinnert, daß das Leben großzügig und gut ist und daß wir ständig von Liebe umgeben sind. Umgekehrt wird die Liebe jedesmal, wenn wir über die Geschenke sprechen, in unseren Erinnerungsschatz aufgenommen. Ich rede von einem »Erinnerungsschatz«, weil diese Erinnerungen an die Unendlichkeit von Liebeserfahrungen uns tatsächlich bereichern, indem sie uns wieder vor Augen führen, daß das Leben etwas Schönes, Gutes, Angenehmes ist. Wir lassen die Liebe hereinfließen; wir wissen, daß wir uns in einem Meer der Liebe befinden, einer See der Liebe, einer Atmosphäre der Liebe, die stets verfügbar ist, wenn wir nur gewillt sind, sie anzunehmen. Und wenn wir sie empfangen, können wir zu uns sagen: »Danke, ich fühle mich angerührt, geehrt, geachtet« – und das wahre Wunder unseres Hierseins im Leben wurde für einen Augenblick gefeiert und anerkannt.

Liebe zu teilen kann viele Formen annehmen: Worte und Gesten und Leidenschaft und schöpferische Taten in Kunst, Musik, Literatur, Film und Theater. In der Welt der Liebe findet ein ständiger Dialog, ein Choreographieren von Ausdruck und Empfang statt. Und da ist auch die innere Haltung, die sagt: »Ich werde ganz ruhig sein und wissen, daß alles wunderbar läuft; mein Leben ist in jeder Sekunde über alle Maßen sinnerfüllt und reich. Um hierhin zu gelangen, brauchen wir nichts weiter zu tun, als zu verstehen, daß die Liebe die Atmosphäre selbst ist, die Luft, die wir atmen. Dann können wir Liebe geben und Liebe empfangen – ausatmen, einatmen –, und unser Leben wird stets von Liebe erfüllt sein.

# Lieben und sein lassen

*von Dr. John Welwood*

> »Um jemanden – losgelöst von unseren Wünschen und Projektionen – für das lieben zu können, was er ist, müssen wir aus unseren Träumen und Phantasien aufwachen. Und dann stehen wir plötzlich vor den Hindernissen der Liebe – all den Orten, an denen wir innerlich starr oder verschlossen sind. Wenn Sie bereit sind, mit diesen Hindernissen zu arbeiten, beginnen Sie, sich auf neue Art zu öffnen und einzubringen.«

Um die Menschen wahrhaftig lieben zu können, müssen wir zunächst lernen, sie sein zu lassen – sie so sein zu lassen, wie sie sind, und nicht nach unseren Vorstellungen ummodeln zu wollen. Wahre Liebe heißt, das *Sein* der Menschen zu lieben, nicht nur ihren Charakter, ihr Aussehen oder was sie für uns tun. Dazu bedarf es einer bestimmten Art von Wahrnehmung oder Bewußtheit dessen, wer ein Mensch wirklich ist. Wahre Liebe versucht nie, jemandem vorzuschreiben, wie oder was er zu sein habe. Das gleiche gilt für die Liebe zu sich selbst. Sie müssen lernen, hinter all Ihren Gedanken und Vorstellungen von dem, wer Sie seien, zu erkennen, wer Sie wirklich sind.

Obwohl die Liebe oft in Projektion und Phantasie gehüllt wird, geht es bei ihr doch eigentlich um Wahrheit. Um wahrhaft zu lieben, müssen wir aufwachen und die Din-

ge so sehen, wie sie tatsächlich sind, müssen die Wahrheit über uns und über diejenigen sehen, die wir lieben.
Liebe ist weitaus mehr, als jemanden mit positiven Gefühlen zu überhäufen. Viele Eltern »überschütten« ihr Kind förmlich mit »Liebe«, ohne zu sehen, wer das Kind wirklich ist. Sie sehen ihre *Version* von ihm und »lieben« dieses Bild. Das geschieht auch in Beziehungen. Wir lieben unter Umständen das Bild, das wir uns von dem anderen machen, oder dasjenige, das wir von uns haben. Wie erkennt man nun die Wahrheit? Dabei hilft es, jeden Tag eine kleine Pause in unserem geschäftigen Leben einzulegen, um uns einzustimmen und durch Meditation oder einfach ruhiges Sitzen mit dem in Verbindung zu treten, der wir wirklich sind, jenseits unserer Persönlichkeit, jenseits unseres Verstandes, jenseits unserer Gedanken, Emotionen und Pläne – jenseits all dessen, was wir über uns wissen oder von uns denken. Einfach dasein, wir selbst sein, fühlen und berühren, wer wir sind, auf ruhige, namenlose Weise. Das kann man auch gut zusammen mit anderen machen; wir können üben, uns ihnen zu öffnen, so wie sie sind, ohne zu versuchen, sie in eine vorgefaßte Form zu pressen.
Sich auf einen anderen Menschen einzustellen, wie er wirklich ist – und ihn nicht so zu sehen, wie wir ihn gerne hätten –, fordert uns heraus. Da bauen sich plötzlich Hindernisse vor uns auf: unsere Hoffnungen, Ängste und Bedürfnisse oder unser Wunsch, uns selbst und alles in unserer Umgebung zu kontrollieren. Liebe ohne Bewußtheit wird schnell zum Zerrbild. Sie kann ein Mittel zur Kontrolle über andere werden und je nachdem, ob wir ein Verhalten als »gut« oder »schlecht« empfinden, als Belohnung gegeben oder zur Strafe vorenthalten werden.

Doch wahre Liebe ist nie ein Instrument der Kontrolle. Liebe heißt, jemanden sein zu lassen. Diese Freiheit ist nichts Passives, sondern vielmehr verbunden mit aktiver Unterstützung und Bestärkung. Sie wollen, daß jemand, den Sie lieben, sich auf seine ganz besondere Art entfalten kann, und geben ihm den Raum dazu. Dies ist wahre Förderung. Es ist das Gegenteil von »mit Liebe erdrükken«. Wer mit Liebe erdrückt, gibt dem geliebten Menschen nicht den Raum, der zu sein, der er wirklich ist – er versucht, ihn nach seinen eigenen Vorstellungen zu formen, zu manipulieren.

Um jemanden – losgelöst von unseren Wünschen und Projektionen – für das lieben zu können, was er ist, müssen wir aus unseren Träumen und Phantasien aufwachen. Und dann stehen wir plötzlich vor den Hindernissen der Liebe – all den Orten, an denen wir innerlich starr oder verschlossen sind. Wenn Sie bereit sind, mit diesen Hindernissen zu arbeiten, beginnen Sie, sich auf neue Art zu öffnen und einzubringen. Ihre Liebe wird auf den Prüfstand gestellt. Sie gehen durch eine Feuertaufe und fragen sich vielleicht sogar: »Habe ich wirklich das Zeug dazu, jemanden zu lieben oder sogar mich selbst zu lieben?« Doch wenn die Liebe nach der Wahrheit ausgerichtet, in den Dienst der Wahrheit gestellt wird, dann besiegt sie schließlich alles – alles, was uns daran hindert, der zu sein, der wir wirklich sind. Wir kommen aus diesem Feuer wirklicher, offener und wahrhaft liebevoll hervor.

Bei meiner Arbeit als Psychotherapeut geht es nicht darum, meine Patienten »in Ordnung zu bringen«, ihnen Antworten oder Ratschläge zu geben. Es geht darum, den Raum zu schaffen, in dem sie sich von den Ketten lösen können, die sie davon abhalten, das zu sein, was sie wirklich sind. Ich versuche, einen offenen Raum der Wahrheit und Erkundung zu schaffen, in dem sie die Unterstützung finden, sie selbst zu sein. Ich setze keine bestimmten Ziele und rate auch meinen Patienten, sich keine festen Ziele zu setzen. Ich gebe ihnen einfach die Gelegenheit, sich das anzusehen, was geschieht, zu fühlen, was sie fühlen, sich ihren Erfahrungen zu öffnen und ein Verständnis für ihre Situation zu entwickeln. Sobald sie dieser Einladung zu folgen, ergibt sich alles übrige fast von selbst.

Diese Art des Miteinanderseins erfordert keine »überschwengliche« Art der Liebe, sondern eher etwas wie Mitgefühl. Es ist warm, es ist einladend, und es erlaubt dem anderen, sich wie eine Blume zu entfalten. In meinen über zwanzig Jahren als Therapeut habe ich festgestellt, daß dies die wirkungsvollste Methode ist, jemandem zu helfen. Für dieses Mitgefühl sind nur wenige Anleitungen nötig. Es schafft lediglich einen Raum, eine Erlaubnis, eine Ermutigung, eine Unterstützung und eine Anwesenheit. In diesem Raum können die Menschen ihren eigenen Weg finden und erblühen.

Das ist es, was wir wirklich wollen, was unser Herz will, was unsere Seele will – diesen Raum zum »Nur-Sein«. Das ist es auch, was wir von unseren Eltern wollten. Wir wollten, daß sie für und *da* waren. Daß sie sahen, wer wir wirklich waren. Diese Art des Da-Seins und der Unterstützung ist das Wertvollste, was wir einem Kind geben können. Doch viele Eltern vermitteln ihren Kindern stattdessen die Botschaft: »Wir lieben dich, wenn du so bist, und wir kritisieren dich, wenn du anders bist.« Diese Art von bedingter Liebe ist eine Form der Kontrolle, weil sie als Belohnung oder Bestrafung benutzt wird. So lernten wir als Kinder und Jugendliche, das zu tun, wofür man

uns belohnte. Und dann wurde daraus ein Gefängnis. Sie können weiter in dem Gefängnis leben, das Sie und Ihre Eltern zusammen aufgebaut haben, und das tun, wofür Sie als Belohnung »Liebe« erhalten. Doch dann sind Sie wie eine Ratte in einem Käfig, die die Taste drückt, um Fressen zu bekommen. Weil Sie nie das Wahre – echte Anerkennung und Akzeptanz – erhalten haben, versuchen Sie ständig, von anderen Menschen dieselben Formen von Belohnung zu erhalten wie von Ihren Eltern.
In Wahrheit sind Sie aber so, wie Sie sind, wertvoll und schön. Ihr eigenes Wesen ist Liebe, ist Da-Sein, Offenheit und Klarheit, ist Reichtum, Macht und Großzügigkeit. Sie *sind* diese Eigenschaften schon. Erst wenn Sie das bei sich und bei anderen erkennen können, sind Sie in der Lage, freigebig Liebe zu schenken und zu empfangen.
Wenn die vor der Liebe liegenden Hindernisse auftauchen, was sie unweigerlich tun werden, ist es wichtig, daß Sie sich öffnen, um zu sehen und zu fühlen, was da kommt. Denn auf diese Weise werden Sie eine Bereitschaft entwickeln, das zu hinterfragen, was geschieht, und die Fähigkeit verbessern, sich Ihre Gefühle – wie immer sie auch sein mögen – zuzugestehen. Jedesmal wenn Sie ein Gefühl oder eine Wahrnehmung zu blockieren oder zu unterdrücken versuchen, lassen Sie die Beziehung zu sich selbst abreißen. Und wenn das geschieht, können Sie auch keine wirkliche Beziehung zu anderen Menschen aufbauen.
Ich versuche, jeden Tag zu meditieren. Ich finde, es hilft mir, mein Bewußtsein und Wahrnehmungsvermögen zu schärfen. Das ist sehr wichtig. Es ist auch hilfreich, wenn ich mir die Zeit gönne, meine Gefühle zu erkunden und mir anzuhören, was sie mir zu sagen versuchen. Meine

Frau Jennifer und ich planen immer Zeit für unsere, wie wir es nennen, »Stunde der Wahrheit« ein. Wir versuchen, einander zu sagen, was wir gerade durchmachen, und bemühen uns dann, dem, was der andere zu sagen hat, wirklich zuzuhören. Es ist oft nicht leicht, die Wahrheit des anderen zu hören, aber wir streben danach, einander diesen Raum und dieses Da-Sein zu geben, und es hat uns schon sehr geholfen. Am einfachsten (und am schwierigsten) ist es, jemandem Einblick in die eigene Erfahrung zu geben und zu hören und zu verstehen, wie der andere empfindet. Wenn meine Frau und ich an einen Punkt gelangen, an dem wir einfach hören und verstehen, wie der andere sich fühlt, fühlen wir uns wieder von Liebe umgeben, auch wenn wir gerade mit einem sehr schwierigen Thema kämpfen. Und dann finden wir – selbst wenn wir uns bei dem, was wir besprechen, nicht einigen können – gewöhnlich doch eine Lösung.

Liebe und Bewußtsein *sind* unsere grundlegende Natur. Sie sind immer schon vorhanden, und es geht lediglich darum, sich auf sie ausrichten zu können und die – meist mentalen – Hindernisse aus dem Weg zu räumen. Unsere Denkgewohnheiten sind wie Wolken am Himmel. Der weite Himmel der Liebe und Bewußtheit ist stets offen und lädt uns ein, auch wenn die Wolken ihn zuweilen verdecken. Das Wesentliche ist, uns auf diesen weiten Himmel hinter den Wolken auszurichten und zu wissen, daß er unsere wahre Natur ist. Die Wolken verdunsten unter der Wärme unseres Herzens. Bewußtheit und Mitgefühl gegenüber uns selbst und anderen verjagen diese Wolken und lassen uns schließlich wieder mit unserem wahren Wesen – Liebe, Mitmenschlichkeit, Offenheit und Herzenswärme – in Verbindung treten.

# Aus dem Herzen heraus leben

*von Helen Hunt*

»Einfühlung ist keine Sache des Verstandes, sondern eine reine Herzensangelegenheit. Oft ist es das sprichwörtliche Brechen des Herzens, das einen Strom des Mitgefühls auslöst. Obwohl Schmerz das Herz aufbrechen und eine offene Wunde in uns schaffen kann, nimmt er uns nichts weg, sondern bietet uns die Gelegenheit, unseres Lebensprozesses gewärtig zu werden, die Zuckungen des Herzens zu spüren – auch wenn es schmerzt.«

Die Fähigkeit, zu lieben, Herz und Einfühlung weiterzuentwickeln, ist unerläßlich für unser weltweites Überleben. Wir sind von Natur aus mit allen anderen Wesen auf diesem Planeten verbunden, hängen auf unerklärliche Weise mit ihnen zusammen, um jenes wunderbare Ganze, genannt Erde, zu bilden. Dieses Bewußtsein ermöglicht uns, unser Schicksal innerhalb des menschlichen Kollektivs zu erfüllen – während wir gleichzeitig zum Wohle der Welt unsere Einzigartigkeit einbringen.
Eines der häufigsten Leiden in unserer Gesellschaft ist das Gefühl der Isolierung. Die Menschen machen Therapien, weil sie sich allein fühlen. Sie sehen sich nicht nur isoliert, sondern allein gelassen in diesem Gefühl der Isolation, die sich auf unterschiedlichste Art zeigt: von der

Unfähigkeit, eine Beziehung einzugehen oder aufrechtzuerhalten, bis zu der Erfahrung, wohin wir auch gehen mögen, »draußen zu stehen und hineinzuschauen«, »abgeschnitten zu sein« und »abseits zu stehen«.

Das Gefühl der Isolierung lähmt den Geist. Wer überzeugt ist, er sei allein und unnahbar, dessen Herz ist abgeschnitten von seinen Mitmenschen. Er kann mit anderen und mit dem Leben nicht in Kontakt treten, weil er den Kontakt zu seinem eigenen »Herz-Selbst« verloren hat. Die Freude und Erfüllung einer gegenseitigen Liebe scheint für immer unerreichbar.

Liebe ist eine Erfahrung des ständigen Öffnens gegenüber dem Selbst und den Mitmenschen – die Bereitschaft, die Freude eines gemeinsamen Lebens, eines gemeinsamen Augenblicks zu empfangen und auszusenden. Es ist auf einer persönlichen Ebene zutiefst befriedigend, sich geliebt zu fühlen und einen anderen Menschen zu lieben. Durch diese gegenseitige Liebe empfinden wir uns als Teil der Menschenfamilie.

Liebe ist für mich auf einer persönlichen Ebene sehr wichtig. Aber ich bin mir auch bewußt, daß es in gesellschaftlicher Hinsicht Bemühungen gibt, die Liebe und das Herz zu verstehen – zu verstehen, was es für die Welt bedeuten würde, wenn jeder von uns Herzensbeziehungen aufbaute. Ich habe zwar nicht alle Antworten, aber ich würde sagen, daß Herzensbildung etwas anderes ist als Kopfwissen. Während wir die Lektionen lernen, die uns nur das Herz lehren kann, weitet sich unser Blickwinkel zu einer umfassenderen Realität und bringt Anmut in unser Leben.

Ich habe eine Kollegin, die ihr Lebensziel darin sieht, eine »Herzologin« zu sein. Dieses Ziel würde uns allen gut anstehen! Die westliche Gesellschaft geht ganz in der Klärung von Problemen, in langfristigen Planungen und besserer Zeitnutzung auf. Wir räumen dem kognitiven Prozeß, dem Analysieren unserer selbst und unserer Mitmenschen, den Vorrang ein. Daran ist zwar nichts auszusetzen – wir haben ganz unbestreitbar in vieler Hinsicht von unseren kognitiven Fähigkeiten profitiert –, aber das Herz hat uns auch einiges an Information zu bieten. Unser Kopf gibt uns einen rationalen Zugang zu Information. Über unser Herz haben wir einen *trans*rationalen Zugang. Ohne die Fähigkeit, offen und empfänglich zu sein für das Transrationale, können wir kein erfülltes Leben führen. Die beiden – Kopf und Herz – müssen sich in harmonischem Gleichgewicht befinden.

Um das zu verstehen, müssen wir das Kopfwissen im Gesamtzusammenhang sehen. Wir gehören zum kartesianischen Zeitalter der Industrialisierung und mathematischen Höhenflüge. Wir sind Teil einer philosophischen Evolution, die das Mechanische, das Logische schätzt. Dazu kommt noch, daß in unserer modernen Epoche die Individualität oberste Priorität hat. Ein Mensch, der vom Kopf aus arbeitet, vertritt – so diese Philosophie – sein eigenes Interesse, denkt nur daran, wie er sich selbst schützen kann, wie er das bestmögliche Individuum werden könnte. Ich glaube, die Benutzung logischer Instinkte und gesellschaftlicher Schulung, um das Bewußtsein unseres Selbst, unsere Persönlichkeit, zu schützen, ist in vielen von uns tief verwurzelt. Dieser Prozeß der Individuation ist zwar eine der aufregendsten Entwicklungen der letzten zwei Jahrhunderte, aber wenn wir uns ausschließlich auf kognitives Denken beschränken, verkümmern die Gefühle – das Herz. Wir laufen Gefahr, auf eine

eindimensionale Lebensweise zusammenzuschrumpfen – statt unsere vieldimensionale Realität anzuerkennen.
»Ich weiß den Text, aber nicht die Melodie«, klagen einige meiner Freunde, die ihre Ausbildungsziele erreicht, eine Unmenge an materiellen Gütern angehäuft und erfolgreich Karriere gemacht haben – und sich dennoch innerlich leer fühlen. Dieser Satz macht den Unterschied deutlich zwischen einem Leben, in dem das Herz eine Rolle spielt, und einem solchen, in dem das Herz verschlossen ist. Sie können nicht »die Melodie wissen«, wenn sie sich nicht dem vollen Rhythmus des Lebens hingeben. Denn die Melodie des Lebens ist im Herzen zu finden. Es ist das Herz, das unsere Melodie der Freude zum Klingen bringt.
Und es ist Delores Williams, eine feministische Theologin, die hervorhebt, daß in der Kirche der Schwarzen nicht die Predigt, sondern das Singen den Geist von Person zu Person wandern läßt und die Gemeinde elektrisiert. Sie und andere feministische Theologinnen haben das Bedürfnis erkannt, wegzukommen vom Intellekt, um eine größere Offenheit für den Teil in uns zu entwickeln, der translogisch ist. Denn nur von hier aus spricht das Herz wirklich zu uns.
Wir sind alle Teil dieser großen, weltweiten Familie der Menschen hier auf dieser Erde. Wie die Wellen in einem Teich, die immer größere Kreise ziehen, beeinflußt unser Handeln nicht nur unsere unmittelbaren Mitmenschen, sondern alles Leben auf der Erde. Deshalb spricht eine andere feministische Theologin, Carter Heyward, vielleicht auch davon, daß ihr Verständnis der Verteidigung des jüdisch-christlichen Erbes in Frage gestellt wird zugunsten eines Zusammenschließens zu »Freunden der

Gerechtigkeit«, die nach der »richtigen Beziehung« zu anderen in dieser Welt suchen. Der Religionsphilosoph und Soziologe Martin Buber sprach davon, daß das Heilige sich manifestiere, wenn eine Beziehung sich von einem »Ich-Es« (= die Einstellung zur Welt als »Erfahrung«) zu einem »Ich-Du« (= die Einstellung zur Welt als »Beziehung«) entwickle, bei dem der andere gleichermaßen geachtet werde wie man selbst. Jene, die aus dem Herzen leben, tun dies kontextuell; das heißt, sie sehen nicht nur das Individuelle, sondern auch das Kollektive. Aus dem Herzen zu leben verleiht einem die Fähigkeit, einer anderen Person in die Augen zu sehen, Einblick in ihr Leben zu nehmen, um ein Verständnis dafür zu entwickeln, wie es ist, in ihren Schuhen zu stecken.
»Herzologen« sind sich auch der Auswirkungen jetzigen Verhaltens in der Zukunft bewußt. In bestimmten Indianertraditionen wird bei allen Entscheidungen nach dem »Sieben-Generationen-Grundsatz« verfahren. Statt nur an das Heute zu denken, machen sie ihre Beschlüsse von den Auswirkungen dieser Entscheidungen auf die nächsten sieben Generationen abhängig. Ein solches Gespür für die Zukunft wird nur möglich durch Einfühlungsvermögen und ein Bewußtsein unserer gegenseitigen Verbundenheit. Wer vom Herzen aus arbeitet, denkt bei der Einschätzung von Problemen nicht nur an das Individuum, sondern auch an das, was für die Gemeinschaft am besten wäre.
Einfühlung ist keine Sache des Verstandes, sondern eine reine Herzensangelegenheit. Oft ist es das sprichwörtliche Brechen des Herzens, das einen Strom des Mitgefühls auslöst. Obwohl Schmerz das Herz aufbrechen und eine offene Wunde in uns schaffen kann, nimmt er uns nichts

weg, sondern bietet uns die Gelegenheit, unseres Lebensprozesses gewärtig zu werden, die Zuckungen des Herzens zu spüren – auch wenn es schmerzt. Es ist so, wie meine Freundin Sara es sagte: »Schmerz ist nur dann schlecht, wenn wir vor ihm davonlaufen.«

Eine Liebesarbeit, die mich in mein Herz einlud, war eine Geschichte, die mir von Dominique Muzart erzählt wurde, einer Künstlerin in Santa Fe. Sie und eine Gruppe von Freunden waren besorgt über die Verschmutzung des Rio Grande. Also schufen sie – aus ihrem Herzen und ihrem Glauben heraus – ein Ritual. Jeden Morgen gingen sie hinunter zum Rio Grande und fischten Abfall aus dem Fluß, wobei sie jedesmal, wenn sie eine leere Bierdose oder einen Papierbecher herausholten, das Ave-Maria sagten. Sie meditierten über dem langsamen Fließen des Wassers und sprachen, wobei sie sich den Fluß als riesigen Rosenkranz vorstellten, ein Gebet. Jedes Stück Abfall war eine Perle.

Diese Geschichte bewegte mich tief. Ich wohnte damals in New York und hatte ungefähr zwei Kilometer von meiner Wohnung zum Büro zu laufen. Gewöhnlich dachte ich auf dieser Strecke an die ganzen Aufgaben des Arbeitstages, mit denen ich meine Assistentin Elizabeth überhäufen würde. Aber nachdem ich diese Geschichte gehört hatte, begann ich, auf dem Weg zur Arbeit etwas Neues zu tun. Auch ich hob Abfall auf und sprach jedesmal leise ein Ave-Maria, wenn ich ein Stück Abfall in einem öffentlichen Mülleimer versenkte. Wenn ich zwanzig Minuten später in meinem Büro ankam, hatte ich alle möglichen Begegnungen mit Eichhörnchen und Pusteblumen (eine der wenigen, zähen Pflanzen, die sich durch Betonrisse hindurchkämpfen können) hinter mir sowie

gelegentlich mit dem Müllmann, der mir ein breites Lächeln schenkte, sobald ihm klar wurde, daß ich ihm half, die Stadt sauberzuhalten. Wenn ich das Büro betrat, war ich dankbar für die Gelegenheit, die Stunden des vor mir liegenden Tages leben zu dürfen. Ich fühlte mich eins mit mir selbst; und es war ein Prozeß, der mich aus meinem Kopf – jener gewaltigen, listenanlegenden Maschine – heraustrug, hin zu einem Ort, dessen Beschreibung sich kaum in Worte fassen läßt, aber mir soviel Kraft und Stärke gibt. Solch ein einfaches Ritual ließ mich alles an diesem Tag mit anderen Augen sehen.
Wir alle wissen, daß Bewegung gut für uns ist, aber wie schwer fällt es uns, regelmäßig dabeizubleiben! Und genauso schwierig ist es, das Leben vom Herzen aus, das doch solch reichen Lohn bietet, zu erreichen und beizubehalten. Bei der »Familie als spiritueller Praxis« können wir die unvermeidlichen Meinungsverschiedenheiten als eine Einladung zur Herzensübung uminterpretieren. Die Angehörigen meines Mannes Harville und meine sind zu einer Familie verschmolzen, und unsere Kinder sind zwischen sechsundzwanzig und zehn Jahre alt. Wir haben das Glück oder auch Pech, mit allen Entwicklungskrisen gleichzeitig fertig werden zu müssen! In einem wilden und bunten Haushalt kann es ganz schön chaotisch zugehen. Wenn wir uns übereinander geärgert haben, sagen Harville und ich gelegentlich: »Sprich mit mir, als würdest du mich lieben.« Das soll uns daran erinnern, daß nicht nur das Was übermittelt wird, sondern auch das Wie. Können wir so sprechen, daß der andere sich eingeladen fühlt zuzuhören?
Echte Liebe – Liebe, die nicht versucht, zu ändern oder zu kontrollieren – bedeutet, daß einem das Wohl eines ande-

ren Menschen tatsächlich so wichtig ist wie das eigene. Echte Liebe vermag die Grundlage all unserer Interaktionen zu sein, wie Kett- und Schußfäden das Grundmuster eines Gewebes darstellen.

Der Schmerz dient oft als Anstoß für uns, uns gegenüber uns selbst, unseren Mitmenschen und dem Leben vollkommen zu öffnen. Unsere spirituellen Praktiken können sowohl den Schmerz als auch die Fähigkeit zur Liebe in einen gemeinsamen Rahmen stellen. Der Glaube an Wiedergeburt und Auferstehung – Teil meiner spirituellen Praktik – ist mein Felsen beim Überstehen der Strömungen des Lebens und erinnert mich daran, daß alles einen ständigen Kreislauf bildet. Leben, Tod und Wiederauferstehung sind überall lebendig und vielleicht am intensivsten spürbar in der Natur. Die Jahreszeiten kommen und gehen – Winter, der dem Frühling folgt, der dem Winter folgt ... Wenn wir den Schmerz als den »Winter« unseres Lebens betrachten, dann hilft uns die Gewißheit, daß wir auch wieder unseren »Frühling« erleben werden, dabei, die Umstände und Geschehnisse richtig einzuordnen und mit Mitgefühl und Geduld unserem »Tauwetter« entgegenzusehen.

Das Herz wächst, wenn es ein Bündnis mit einem anderen Herzen eingeht. Wo es Nähe und Vertrautheit gibt, muß es auch Grenzen geben. Zorn ist zum Beispiel eine Seite der Liebe. Zorn, der oft als negativ bewertet wird, kann eine reinigende Kraft haben. Es ist äußerst wichtig, daß wir bei der Hinwendung zum Herzen die Rolle des Zorns verstehen. Und zum Umgang mit dem Zorn – unserem und dem anderer – gehört das Festlegen und Akzeptieren von Grenzen. Diese Grenzen erleichtern uns, auch wenn es anfänglich nicht so scheint, den Weg zu echter Liebe.

Wir müssen lernen, einander Sicherheit zu geben, so daß wir uns entwickeln und die Herzensarbeit beginnen können. Im ersten Brief des Johannes (4,18) wird deutlich die Richtung gezeigt: »Furcht ist nicht in der Liebe, sondern die völlige Liebe treibt die Furcht aus.« Echte Liebe hat also sehr viel mit Sicherheit zu tun. Ohne klare Grenzen, die unser Selbst schützen, haben wir Angst, uns der Nähe und Vertrautheit zu öffnen. Und auch das Einfühlen in die Lage eines anderen hilft uns, Sicherheit zu finden. Indem wir an unseren Grenzen und unserem Einfühlungsvermögen arbeiten, öffnen wir uns der Vertrautheit und erfahren echte Liebe.

Und hier setzt die Spiritualität an. Jenseits des oft zersplitterten Wesens unseres Lebens und unserer Beziehungen gibt es ein einigendes Ganzes. Die meisten Wissenschaftler erkennen an, daß eine höhere Intelligenz am Werk ist. Wenn wir nur ein Empfinden für diese höhere Sphäre entwickeln, verringert sich die Angst, die wir voreinander haben, die Angst, Fehler zu machen, die Angst vor unserem Zorn. Nicht nur Schmerz und Zorn helfen uns bei unserem Wachsen, sondern auch Fehler. Uns wird sofort der Mut genommen, wenn wir davon ausgehen, wir könnten vollkommen sein, oder versuchen, nach Vollkommenheit zu streben. Vollkommenheit ist ein Ziel, das auf immer unerreichbar ist. Wir sollten statt dessen unsere Fehler willkommen heißen und aus ihnen lernen. Jeder von ihnen kann uns der echten Liebe näherbringen. Und wie die Liebe wächst, so wächst auch unser Leben – und wir können, mit dem Kopf denkend, aber vom Herzen aus lebend, ein Dasein in Fülle und Ganzheit erfahren.

# Eine Kombination von Liebe

*von Shakti Gawain*

»Ich glaube, daß wir als ewige, spirituelle Wesen eine körperliche Form angenommen haben, um eine einzigartige, erstaunliche und phantastische (wenn auch oft schwierige) Reise als menschliche Wesen anzutreten. Wir sind hier, um beide Arten der Liebe zu erlernen: die menschliche Liebe mit ihren Bedürfnissen, Wünschen und Widersprüchlichkeiten und die spirituelle Liebe mit ihrer allumfassenden Güte.«

Ich glaube, es gibt zwei Grundformen der Liebe: spirituelle Liebe und das, was ich »menschliche Liebe« nenne. Spirituelle Liebe manifestiert sich, wenn wir aufs tiefste verbunden sind mit unserem Wesen (unserem Geist), mit der Lebenskraft und dem Eins-Sein. Sie ist ein offenes, umfassendes Gefühl der Zusammengehörigkeit mit allem Leben. Sie ist unbedingte Liebe. Menschliche Liebe, auf der anderen Seite, dreht sich um unsere persönlichen Bedürfnisse auf der körperlichen, emotionalen und geistigen Ebene. Sie ist keine unbedingte Liebe.

Was wir im allgemeinen als »Liebe« bezeichnen, ist eine Kombination der beiden und zeigt sich in unterschiedlichen Formen – als die Liebe zwischen Eltern und Kindern, zwischen Freunden oder zwischen Liebespartnern. Viele Menschen (vor allem jene, die zu Spiritualität neigen) konzentrieren sich auf das Geben und Empfangen von unbedingter Liebe, so als sei dies die reinste und beste Form der Liebe und als sei menschliche Liebe irgendwie weniger wert. In Wahrheit können wir unbedingte Liebe jedoch nur empfinden, wenn unsere körperlichen, emotionalen und geistigen Bedürfnisse befriedigt worden sind. Die unbedingte spirituelle Liebe wird abgeblockt, wenn wir emotional verletzt sind, wenn wir nicht wissen, wie wir uns um unser Wohl kümmern können, oder wenn wir uns nicht nach unserem Wahrheitsempfinden richten. Erst indem wir unsere emotionalen Wunden heilen und uns auf allen Ebenen unserer Bedürfnisse annehmen, können wir wahrhaftig unbedingte Liebe erfahren.

Ich glaube, daß wir als ewige, spirituelle Wesen eine körperliche Form angenommen haben, um eine einzigartige, erstaunliche und phantastische (wenn auch oft schwierige) Reise als menschliche Wesen anzutreten. Wir sind hier, um beide Arten der Liebe zu erlernen: die menschliche Liebe mit ihren Bedürfnissen, Wünschen und Widersprüchlichkeiten und die spirituelle Liebe mit ihrer allumfassenden Güte. Einige versuchen, ohne die menschliche Erfahrung auszukommen. Sie glauben, daß die menschliche Liebe irgendwie weniger wichtig oder niedrigeren Ranges sei, und versuchen direkt zur »höheren Ebene« der spirituellen Liebe vorzudringen. Doch wir können die Bedürfnisse anderer nicht erkennen und befriedigen, wenn wir nicht gelernt haben, unsere eigenen menschlichen Bedürfnisse zu erkennen und zu befriedigen. Wir müssen lernen, uns selbst zu lieben – einschließlich der Teile, die wir für schlecht halten. Viel zu viele Menschen versuchen zu lieben, ohne sich

»schlechte« Gefühle wie Zorn, Trauer oder Egoismus zugestehen zu wollen. Diese Menschen versuchen, ununterbrochen glücklich, liebevoll und großzügig zu sein – und leugnen, jemals negative Gefühle zu haben. Doch so funktioniert es einfach nicht, denn was wir an uns selbst ablehnen, wird schließlich zurückkommen und uns zum Verhängnis werden. Wenn wir jedoch lernen, unseren Haß, unsere Abhängigkeit, unsere Bedürfnisse und Ängste als Teil der menschlichen Erfahrung zu akzeptieren oder sogar zu lieben, können wir diese Liebe und Bejahung auch anderen Menschen entgegenbringen. Dies ist wahres Mitgefühl. Wenn das erreicht ist, können wir leichter das Band zur Lebenskraft, dem Universum und einer wahrhaft spirituellen Art der Liebe knüpfen. Wahre spirituelle Liebe beginnt also damit, daß wir uns selbst lieben und bejahen lernen.

Um uns wirklich lieben und bejahen zu können, müssen wir unsere Bedürfnisse, Gefühle und Energien erkunden – wir müssen uns so gut wie möglich »nahe sein«. Je besser uns das gelingt, desto mehr fühlen wir uns eins mit uns selbst. Das macht es uns wiederum leichter, mit anderen eins zu sein und ihre Liebe zu empfangen. Um an unser inneres Selbst heranzukommen, müssen wir jeden Tag einige Zeit allein verbringen, einen Augenblick der Stille schaffen, in dem wir uns von der Welt zurückziehen, um uns zu entspannen und alles loszulassen. Ich versuche, jeden Morgen ein bißchen – und wenn es nur fünf oder zehn Minuten sind – zu meditieren, um meine innere Ruhe zu finden. Am meisten hilft mir jedoch, ein Weilchen ins Freie zu gehen. Ich mache einen kurzen Spaziergang oder setze mich einfach unter einen schattigen Baum. Dieses Erleben der Natur hilft mir sehr dabei, mich nicht nur eins mit mir selbst, sondern mit einer größeren Wesenheit zu fühlen. Es hilft mir auch, mich selbst und meine Probleme im richtigen Licht zu sehen. Durch ein Wäldchen zu laufen oder die immense, blaue Weite des Ozeans zu sehen oder dem Vogelgezwitscher zu lauschen führt mir wieder vor Augen, daß meine Probleme und mein Sein lediglich winzige Rädchen in einem großen Laufwerk sind. Dieses Wissen kann sehr beruhigend und tröstlich sein.

Es ist wichtig, daß wir, sobald wir uns mit uns selbst, unseren Gefühlen, Bedürfnissen und Wünschen vertraut gemacht haben, andere Menschen finden, bei denen wir vollkommen ehrlich sein können. Liebe beruht auf Ehrlichkeit und dem Gefühl, daß es in Ordnung (und wünschenswert) ist, dem, was in einem vorgeht, rückhaltlos Ausdruck zu verleihen.

Aber die andere Seite der Medaille ist natürlich, daß beide Parteien aufmerksame Zuhörer sein müssen. Wir alle wollen gehört werden. Deshalb ist urteilsfreies Zuhören einer der liebevollsten Akte, den wir ausführen können. Den Erfahrungen eines anderen einfühlsam zuzuhören, auch wenn unsere eigenen Erfahrungen anders aussehen, ist die Grundvoraussetzung einer liebevollen Beziehung. Wahre Nähe und Intimität läßt sich nur erreichen, wenn beide Menschen sich sicher genug fühlen, um sich zu öffnen und ihr Innerstes – ihre Hoffnungen, Träume, Ängste und Wunden – mit dem anderen zu teilen. Für diese Sicherheit ist jedoch Bejahung nötig – und die Bejahung eines anderen wird erst möglich, wenn man sich selbst akzeptieren kann.

Ich glaube, ein wichtiger Teil unserer Arbeit als Menschen besteht darin, Wege zu finden, die uns einen

Zugang zu dieser fundamentalen Liebe, dem Antrieb allen Lebens, schaffen. Es geht weniger darum, sie zu »bekommen«. Sie ist da und war schon immer da. Aber viele von uns haben die Verbindung zu ihr abreißen lassen und müssen nun eine spirituelle Praktik finden, um sie neu aufzubauen. Genauso, wie wir die Verbindung zu uns selbst wiederhergestellt haben, können wir auch die Verbindung zur Spiritualität wiederherstellen – mit ein paar stillen Minuten, in denen wir allein sind, in denen wir einfach mit all unserer Geschäftigkeit innehalten und innere Ruhe finden. Die Spiritualität befindet sich in uns und nicht außerhalb. Sie ist unser Naturzustand. Wir müssen nur herausfinden, was uns von ihr fernhält, und dann mit dem Heilungsprozeß beginnen. Der erste Schritt besteht darin, mit unserem inneren Kern Fühlung aufzunehmen, ihn zu akzeptieren und zu lieben. Einige erreichen dies durch Meditation. Andere gehen in die Kirche, verbringen Zeit in der freien Natur, hören Musik oder malen ein Bild. Es gibt unendlich viele Möglichkeiten – was immer Ihnen das Gefühl tiefer Verbundenheit mit dem Leben gibt.

Der nächste Schritt besteht darin, daß wir uns unserer emotionalen Bedürfnisse annehmen, denn Liebe in all ihren Formen kann es nur geben, wenn wir uns selbst wahrhaft lieben. Je mehr wir uns unserer menschlichen emotionalen Bedürfnisse annehmen, desto leichter fällt es uns, andere zu lieben, und desto mehr eröffnet sich uns die spirituelle Liebe.

Wenn Sie nach Wegen suchen, wie Sie mehr Liebe in Ihr Leben bringen können, dann lieben Sie zuerst sich selbst. Die Liebe ist nichts, was sich einstellt, wenn Sie sich um sie bemühen. Ja, je angestrengter Sie versuchen, zu lieben oder geliebt zu werden, desto mehr entzieht sich oft die Liebe Ihrem Griff. Lernen Sie, sich zu bejahen und zu schätzen, lernen Sie, auch Ihre »unliebsamen« Teile zu lieben, und Sie werden erleben, wie die Liebe in Ihnen und um Sie herum erblüht.

# Sich für die Liebe entscheiden

*von Dr. Richard Carlson*

»Letztendlich wird meine größte Sorge sein: Wieviel Liebe war in meinem Leben? Wie habe ich meine Liebe weitergegeben? Wer hat mich geliebt? Wem war ich zugetan? In wessen Leben habe ich einen Eindruck hinterlassen? Wurde durch mein Leben das eines anderen beeinflußt? Was habe ich der Welt gegeben? Ich bin mir sicher, daß meine einzige Sorge sein wird, ob ich mein Leben mit Liebe erfüllt habe oder nicht.«

Meine zweiundneunzigjährige Großmutter hat mich auf ihre Weise gelehrt, daß allein die Liebe zählt und der einzig wahre Maßstab unseres Erfolges als Menschenkinder ist. Grandma wuchs, als einziges Mädchen in einer Familie von sechs Männern, in einer schweren Zeit auf. Die Familie wohnte weitab von jeglicher Siedlung, und Grandma mußte schon als Kind hart arbeiten. Sie machte die verheerende Wirtschaftskrise der dreißiger Jahre durch und mußte mit dem Verlust ihrer kleinen, zweijährigen Schwester fertig werden. Ihre Erfahrungen lehrten sie, zäh und stark zu sein; ihr Motto lautete: »Das Leben ist gut, wenn du keine Schwäche zeigst.«

Obwohl meine Schwestern, Vettern, Cousinen und ich alle das Gefühl hatten, von Grandma geliebt zu werden, erinnere ich mich nicht, daß sie es uns jemals direkt sag-

te. Einige Monate vor ihrem Tod änderte sich dies jedoch. Sie hatte fast alle willkürliche Kontrolle über ihren Körper verloren, konnte sich kaum noch bewegen und verbrachte ihre Tage im Liegen mit geschlossenen Augen. Ich besuchte sie, massierte ihr den Rücken, setzte mich direkt neben sie. Grandma war so schwach, daß sie mit Bedacht sprechen mußte. Aber sie nutzte die wenigen ihr möglichen Sätze, um mir – nicht nur einmal oder zweimal, sondern immer wieder – zu sagen, wie sehr sie mich liebte. Ihr Körper ließ sie mehr und mehr im Stich, ihre Besitztümer waren bedeutungslos geworden, ihre Leistungen verblaßten, aber eine bedeutende Sache war ihr noch geblieben – die Liebe. In einem von schnellem Wechsel geprägten Leben war die Liebe die einzige beständige Kraft. Immer wieder erzählte sie mir, wie sehr sie uns alle, die ganze Familie, liebte, und zählte alle namentlich auf. Ihre Liebe war echt und warmherzig; nie werde ich ihre Worte oder die ihnen zugrunde liegenden Gefühle vergessen. Bei jenen letzten Besuchen, als es mit ihr zu Ende ging, wußte ich ohne den geringsten Zweifel, daß mir ihre Worte der Liebe mehr bedeuteten als alles andere, wofür ihr Leben gestanden haben mochte.
Was für ein Geschenk sie mir doch machte! Dadurch, daß ich ihre letzten liebevollen Tage teilte, lernte ich soviel über das Leben und die Liebe. Ich denke oft darüber nach, wie ich wohl auf mein Leben zurückblicken werde, wenn es sich dem Ende zuneigt. Ich weiß, daß ich mich fragen werde: »Wie war mein Leben? Was war mir wirklich wichtig? Auf was bin ich am meisten stolz? Wie habe ich meine Zeit und Energie eingesetzt? Wie werde ich in der Erinnerung weiterleben?« Ich denke jetzt über diese Fragen nach, weil ich, um mit Stephen Coveys Worten zu

sprechen, »mit dem Gedanken an das Ende beginnen« muß. Wenn ich dies tue, werden meine Ziele – und meine Wege zu diesen Zielen – viel klarer.
Ich bezweifle sehr, daß ich, wenn das Ende heranrückt, sagen werde: »Ich wünschte, ich hätte mehr Zeit im Büro verbracht«, »Mist, mein Kontostand hat nie die gewünschte Höhe erreicht« oder »Wenn ich nur mein Handicap beim Golf um einen Schlag hätte verbessern können oder die drei Kilo abgenommen hätte, dann wäre mein Leben perfekt gewesen«. Letztendlich wird meine größte Sorge sein: Wieviel Liebe war in meinem Leben? Wie habe ich meine Liebe weitergegeben? Wer hat mich geliebt? Wem war ich zugetan? In wessen Leben habe ich einen Eindruck hinterlassen? Wurde durch mein Leben das eines anderen beeinflußt. Was habe ich der Welt gegeben? Ich bin mir sicher, daß meine einzige Sorge sein wird, ob ich mein Leben mit Liebe erfüllt habe oder nicht.
Viele von uns sagen – und meinen es auch so –, daß die Liebe das Wichtigste in unserem Leben sei. Und trotzdem sind uns häufig ganz andere Dinge wichtig – einen Streit zu gewinnen, das zu bekommen, was wir wollen, zu wünschen, die Leute wären anders, möglichst viel zu erreichen, Konsum, Befriedigung suchen, sogar unsere Autos zu waschen. Mein engster Freund und der Mitautor dieses Buches, Benjamin Shield, hat mich eine wichtige Lektion gelehrt: »An unseren Taten erkennt man uns.« Ein Lippenbekenntnis zur Liebe ist schnell abgelegt, aber wie ernst es uns mit unserem Einsatz für die Liebe ist, läßt sich nur an unseren Taten ablesen. Wir können in guter Absicht das eine sagen, aber etwas völlig anderes tun. Wir können sagen: »Meine Familie ist das Wichtig-

ste in meinem Leben« und dennoch kaum Zeit für sie haben. Oder wir reden Jahr für Jahr davon, daß man das Wohl anderer an erste Stelle setzen solle, und haben auch durchaus die Absicht, jemandem zu helfen, lassen den Worten jedoch nicht die Tat folgen.

Die Fragen, die Sie sich stellen müssen, lauten: »Ist meine Familie wirklich das Wichtigste im meinem Leben?«, »Möchte ich wirklich irgendwo ehrenamtlich etwas tun?« Wenn die Liebe in unserem Leben wachsen und gedeihen soll, müssen wir uns für die Liebe entscheiden. Und wir müssen uns daran erinnern, daß Liebe nicht nur ein Substantiv, sondern auch ein Verb, ein Tätigkeitswort, ist. Denn man erkennt uns an unseren Taten. Wahrhaft liebevolle Entscheidungen erfordern wahrhaft liebevolle Taten.

Mit den Jahren habe ich gesehen, daß die Menschen, die die richtige Entscheidung treffen, nämlich ihr Leben mit Liebe zu erfüllen, letztendlich immer und ausnahmslos diejenigen mit dem befriedigendsten und sinnerfülltesten Leben sind. Daß sie nicht nur sagen: »Meine Familie ist mir wichtig«, sondern sich auch Zeit für ihre Lieben nehmen, vermittelt ihnen das ein Gefühl tiefer innerer Erfüllung. Ebenso wird jemand, der sich tatsächlich einen Ruck gibt und eine ehrenamtliche Arbeit übernimmt, es enorm befriedigend finden, seinen Mitmenschen zu helfen. Auch in anderen Situationen ist es unsere Entscheidung, wie wir uns verhalten. Jemand, der kritisiert wird und, statt aggressiv zu reagieren, gelassen bleibt, weil er erkennt, daß die kritisierende Person wahrscheinlich selbst keine Liebe in ihrem Leben erfährt, hat eine liebevolle Entscheidung getroffen. Uns bietet sich jeden Tag Dutzende von Malen Gelegenheit, eine liebevolle Ent-

scheidung zu treffen – eine Entscheidung, die warmherzige Gefühle, Dankbarkeit, Akzeptanz, positive Beziehungen und Hoffnung bedeutet.
Ich muß hier allerdings zugeben, daß das natürlich leichter gesagt ist als getan. Wir stoßen immer wieder auf Hindernisse, bei denen eine solche Entscheidung zur Liebe schwerfällt. Nur zu schnell denkt man: »Ich werde mich liebevoll verhalten, wenn ...«; und da gibt es unendlich viele Möglichkeiten – wenn meine Kinder nicht mehr aufsässig sind, wenn mein Mann, meine Frau sich anders verhält, wenn meine Rechnungen bezahlt sind, wenn mein Beruf mir mehr Spaß macht, wenn ich diese stressige Zeit hinter mir habe und so weiter. Ein von Liebe erfülltes Leben erreichen wir jedoch nur, wenn wir bereit sind, in diesen schwierigen Momenten liebevoll zu reagieren, und den Raum der Liebe nicht verlassen. Es ist einfach, liebevoll zu sein, wenn alles glattläuft und die Menschen sich Ihnen gegenüber liebevoll verhalten. Viel schwieriger ist es, Liebe für andere (oder für das Leben selbst) zu empfinden, wenn alles um uns herum in Chaos versinkt oder andere Menschen sich nicht so verhalten, wie Sie es gerne hätten – wenn Sie kritisiert werden, Ihre Zeit übermäßig in Anspruch genommen wird oder Sie etwas Nettes tun und es Ihnen nicht gedankt wird.
Eine meiner größten Herausforderungen ist die Art, wie ich reagiere, wenn meine Kinder sich nicht so benehmen, wie ich es erwarte. Stecke ich bis über beide Ohren in Arbeit und die zwei löchern mich mit Bitten und Fragen, unterbrochen von kleinen Hakeleien zwischen den beiden, reagiere ich auf die hektische Atmosphäre im Raum oft mit der Aufforderung an meine Kinder, sie sollten sich »gefälligst liebevoller verhalten«! Doch wie albern

muß das im Ohr einer Vierjährigen und einer Sechsjährigen klingen! Meine Absicht ist, sie zu lehren, mit Liebe auf das Leben zu reagieren, aber meine Taten – der Klang meiner Stimme, mein frustriertes Auftreten, meine strengen, intoleranten Worte – sind alles andere als liebevoll. Hier wie so häufig bei anderen Gelegenheiten in meinem Leben hoffe, ja verlange ich, daß andere sich liebevoll verhalten, bin jedoch nicht bereit, mich selbst für die Liebe zu entscheiden.

Natürlich finde ich immer eine logische Erklärung für meine lieblose Reaktion. Ich rede mir ein, daß es in einer bestimmten Situation angemessen war, ärgerlich zu werden. Und das mag sogar zutreffen. Ich entschuldige mein Verhalten also. Aber sollte ich mit anderen, die sich mir gegenüber wenig liebevoll verhalten, nicht die gleiche Nachsicht haben? Immerhin sind für meine Sechsjährige ihre Reaktionen und ihr Verhalten genauso gerechtfertigt wie meine. Ja, sie hat mir einmal klar und deutlich mitgeteilt: »Daddy, mein Leben ist viel schwieriger als deines!« Und sie könnte tatsächlich recht haben. Sie hat eine vierjährige Schwester, die ihr auf Schritt und Tritt durchs Haus folgt, ob es ihr nun gefällt oder nicht. Täglich sieht sie sich der anstrengenden Aufgabe gegenüber, Lesen und Schreiben und all die anderen schwierigen Fertigkeiten der ersten Klasse zu lernen. Erwachsene sagen ihr den ganzen Tag lang, was sie tun soll. Sie muß eine Erlaubnis einholen, um zu ihren Freundinnen zu gehen oder auch nur vor dem Haus zu spielen. Und so geht es weiter. Das gleiche gilt für meine Vierjährige. Von ihrem Blickpunkt aus wirken ihre Probleme genauso zwingend – und sie sind es auch!

Wie kann ich von meinen Kindern erwarten und verlangen, liebevoll zu sein, wenn nicht einmal ich selbst es schaffe? Steht die Botschaft, die sie von meinem Beispiel empfangen, nicht im Widerspruch zu dem, was ich ihnen beizubringen versuche? Erhalten sie nicht das Signal: Verhaltet euch liebevoll, wenn alles gut läuft, aber ansonsten könnt ihr ausflippen? Und würde der zweite Teil der Botschaft lauten: Wenn ihr ausflippt, könnt ihr euch auch gleich darüber ärgern, daß eure Mitmenschen sich nicht liebevoll verhalten?

Ich will damit nichts sagen, daß es möglich oder auch nur angemessen ist, sich stets und ständig liebevoll zu verhalten, oder daß Sie sich liebevoll verhalten sollten, wenn Sie sich nicht liebevoll fühlen. Was ich sagen will, ist, daß die Liebe in unserem eigenen Herzen beginnt. Sie ist eine Entscheidung. Um Ihr Leben mit Liebe zu erfüllen, müssen Sie in der Liebe ihren eigenen Lohn sehen. Geben und Empfangen müssen als die zwei Seiten einer Medaille, als verschiedene Aspekte derselben Energie gesehen werden. Es ist tatsächlich ein ebenso gutes Gefühl, mit Liebe zu reagieren, wie Liebe zu empfangen. Es ist wichtiger, Liebe zu sein, als Liebe zu erhalten.

Wenn es mir in diesen schwierigen Augenblicken mit meinen Kindern gelingt, die Fassung zu bewahren – indem ich Liebe bin, statt Liebe zu verlangen – merke ich, wie friedvoll ich werde und wie schnell sich die Situation in Wohlgefallen auflöst. Und in diesen Augenblicken bin ich am stolzesten auf mich, zufrieden und dankbar für das Geschenk der Liebe. Wenn ich auch inmitten von Chaos liebevoll bleibe, gleicht sich meine Familie gewöhnlich meinem friedlicheren Zustand an. Dasselbe gilt für meine Frau. Gar nicht selten ist sie es (und nicht ich), die die Ruhe bewahrt, während wir anderen losle-

gen. Ihre Ruhe überträgt sich allmählich auf uns. Mit Liebe zu reagieren ist eine starke Medizin.
In schwierigen Zeiten müssen wir daran denken, daß die Umstände nicht den Menschen »machen«, sondern sein Wesen offenbaren. Wenn ich kritisiert werde und aggressiv reagiere, zeigt das nur, daß ich jemand bin, der aggressiv ist. Ja, ab und zu müssen wir es sein. Aber wenn ich mein Leben mit Liebe füllen möchte, muß ich bei mir anfangen. Immerhin kommt die Liebe aus unserem Innern und wird nach außen gerichtet. Ebenso sagt es, wenn ich jemanden abqualifiziere, nichts über den Menschen aus, über den ich mich abfällig äußere. Es sagt lediglich etwas über mein Bedürfnis aus, andere abzuqualifizieren.
Wünsche ich mir ein Leben voller Liebe, darf ich nicht darauf warten, daß sich die Welt und alle Menschen in ihr nach meinen Vorstellungen richten. In Wirklichkeit ist es genau anders herum. Die Liebe, die ich mir wünsche, beginnt bei mir. Indem ich liebevolle Entscheidungen treffe und mein Leben mit Liebe erfülle, merke ich, wie meine Mitmenschen auch liebevoller werden. Dann erhalte ich die Liebe, die ich brauche. Es ist ein Kreislauf der Liebe, der bei mir beginnt.
Meine Frau und ich haben gerade ein Ritual mit unseren Kindern begonnen, das geholfen hat, unser aller Leben mit mehr Liebe zu füllen. Wir tun so, als hätten wir unsichtbare Antennen, die auf der Suche nach Liebe sind. Wir sitzen da, manchmal die ganze Familie, manchmal allein, und stellen einander Fragen wie zum Beispiel: »Was ist heute gut gelaufen?«, »Was war die liebevollste Tat, die du heute miterlebt hast?« oder »Was war das Liebevollste, was du heute für einen anderen getan hast?«

Diese Fragen helfen uns, über die Bedeutung der Liebe nachzudenken, und führen uns vor Augen, daß es Gutes gibt in der Welt – wenn wir danach Ausschau halten. Indem wir bewußt über die Liebe in unserem Leben, über die Liebe allgemein und liebevolle Entscheidungen nachdenken, kann unser Leben gar nicht anders, als sich mit Liebe zu füllen. Liebe wird zur Gewohnheit. Wenn uns etwas Schlechtes auffällt, sehen wir dies. Wenn uns etwas Kostbares auffällt, sehen wir auch das. Es fällt uns nicht immer leicht, aber es ist eigentlich ziemlich einfach.
Auf ihre bescheidene Weise beeinflußt jede unserer Entscheidungen die Welt. Wir sind entweder Teil des Problems oder Teil der Lösung. Entweder bringen wir mehr Liebe in die Welt, oder wir verhindern sie. Jede unserer Entscheidungen wird zu einem wichtigen Schritt auf dem Pfad der Liebe. Wenn Sie es sich zur Priorität machen, eine Quelle der Liebe zu sein, wird das Leben zu einer herrlichen, kostbaren Reise der Liebe.

# Nachwort

> »Die besten und schönsten Dinge der Welt können weder gesehen noch berührt werden... sie können nur mit dem Herzen gefühlt werden.«
>
> *Helen Keller (1880–1968)*

Wir hoffen, daß dieses Buch Sie dazu angeregt hat, mehr Liebe in Ihr Leben zu lassen. Manche Menschen glauben, die Bewegung eines Sandkorns werde unter Umständen auf der ganzen Welt gespürt. So kann auch die Bereitschaft, die Liebe zur Grundlage unseres Lebens zu machen, damit beginnen, unser Herz und folglich unsere Welt mit mehr Liebe zu erfüllen. Ein wunderbarer Lehrsatz lautet: »Die kürzeste Entfernung zwischen zwei Punkten ist der Wille.« Oft kann eine einfache Veränderung unserer Absichten den Beginn eines völlig neuen Lebens einläuten.

Wir leben in einer Kultur, die uns sagt, die Liebe sei irgendwo »dort draußen«. Wenn unser Einkommen die richtige Höhe hat, wir das richtige Auto fahren, die richtige Frisur haben und uns nach der Mode kleiden, *dann* haben wir es verdient, Liebe zu finden oder von der Liebe gefunden zu werden. Im Gegensatz dazu lehren uns die Beiträge in diesem Buch die einfache und doch so wesentliche Wahrheit, daß die Liebe ihren Ursprung in unserem Inneren hat: Unsere Fähigkeit, Liebe zu geben und zu empfangen, steht in direktem Verhältnis zu unserer Fähigkeit, uns selbst zu lieben. Uns allein ist es möglich und obliegt es, die Liebe zu schaffen, die wir uns in unserem Leben wünschen.

Der Gedanke ist tröstlich, daß wir die wesentlichen Aspekte der Liebe schon in unserem Herzen tragen. Um den Zugang zu ihr zu finden, ist es oft nötig, jene Hindernisse aus dem Weg zu räumen, die sich vor den Ausdruck der Liebe stellen. Wenn wir uns auf unserer Reise von diesen persönlichen »Bodenschwellen«, wie Angst oder mangelnder Selbstachtung, lösen und die Liebe wahrhaftig »hereinlassen«, Augenblick für Augenblick, dann haben wir einen großen Schritt auf unserem Weg zur Liebe getan.

Unseren Absichten müssen jedoch Taten folgen. Der japanische Philosoph Takuan Soho hat einmal gesagt: »Man kann das Wasser erklären, aber davon wird der Mund nicht feucht.« Um die Botschaften der Autoren dieses Buches wirklich in unser Leben zu integrieren, müssen wir uns aktiv bemühen, mehr zu lieben. Wir würden nicht erwarten, daß unser Körper stärker und gesünder wird, ohne daß wir Sport betreiben. Und ebenso müssen wir, indem wir die Absicht in die Tat umsetzen, Seele, Verstand und Herz darin üben, Liebe in unser Leben zu bringen.

Vergessen Sie nicht, daß Lieben ein Prozeß ist, in dem wir nie nachlassen dürfen, wenn die Liebe wachsen und gedeihen soll. Wir hoffen, daß es für Sie, wenn Sie die letzte Seite dieses Buches erreichen, kein Ende ist, sondern ein Neuanfang. Sie werden zweifellos genau wie wir feststellen, daß das Leben, gerade wenn man das Gefühl hat, am Ziel zu sein, die nächste Lektion bereithält – eine weitere Gelegenheit, noch mehr aus dem Herzen zu leben. Ram Dass hat gesagt: »Die Feuerprobe auch für den erleuchtetsten aller Gurus kommt dann, wenn er nach Hause zurückkehrt, um das Wochenende bei seinen Eltern zu verbringen!«

Wir fühlen uns geehrt, an diesem Projekt mitgearbeitet zu haben. Wir trafen dabei einige der anregendsten, liebevollsten Menschen, die wir kennen. Es war auch eine Ehre, *Sie* als unsere Leserinnen und Leser zu haben. Es ist unser innigster Wunsch, daß dieses Buch Ihr Leben – genauso wie das unsere – im positiven Sinne beeinflussen möge.

Respektvoll,

*Dr. Benjamin Shield*
2118 Wilshire Boulevard
Santa Monica, CA 90403
USA

*Dr. Richard Carlson*
P.O. Box 1196
Orinda, CA 94563
USA

# Über die Autoren

*Dr. Jean Shinoda Bolen* ist Psychiaterin, C.-G.-Jung-Analytikerin mit Privatpraxis, Professorin der Psychiatrie am Medical Center der University of California in San Francisco und eine international bekannte Vortragsreisende. Sie ist die Autorin von *Göttinnen in jeder Frau, Götter in jedem Mann, Ring der Macht* und *Auf der Suche nach Avalon.* Ihr neuestes Buch ist *Close to the Bone: Life-Threatening Illness and the Meaning of Life.*
Allen Aspekten ihrer Arbeit gemeinsam ist die Suche nach dem Sinn und einer spirituellen Dimension des Lebens, ohne jedoch die tiefgehende Wirkung von Archetypen in uns und der Familie und Kultur aus den Augen zu verlieren. Sie hat an zwei Dokumentarfilmen mitgewirkt, die auf breite Anerkennung stießen: *Goddess Remembered,* dem ersten Teil der Trilogie des Canadian Film Board über die Spiritualität von Frauen, und dem Anti-Atomkraft-Dokumentarfilm *Women – For America, For the World,* der mit dem Academy Award ausgezeichnet wurde. Ihre Beiträge erscheinen in zahlreichen Anthologien und auf vielen Kassetten. Sie lebt in Nordkalifornien, praktiziert in San Francisco und hat einen Sohn und eine Tochter.

*Dr. Joan Borysenko* ist wissenschaftliche Medizinerin, Psychologin und Autorin, die Medizin, Psychologie und Spiritualität im Dienste persönlichen und globalen Heilens verbindet. Neben dem Bestseller *Minding the Body, Mending the Mind* hat sie *Guilt Is the Teacher, Love Is the Lesson, On Wings of Light, Meditations für Awakening the Source, Feuer in der Seele* und andere Bücher veröffentlicht.
Joan Borysenko ist Mitbegründerin und ehemalige Direktorin der Mind/Body Clinic am New England Deaconess Hospital und war Dozentin der Medizin an der Harvard Medical School. Sie hat akademische Grade in Zellbiologie und Psychologie.

Der Name *Dr. Nathaniel Branden* ist zu einem Synonym für die Psychologie der Selbstachtung geworden, einem Gebiet, auf dem er vor über dreißig Jahren Pionierarbeit leistete. Vielleicht mehr als jeder andere Theoretiker hat er uns gezeigt, wie wichtig Selbstachtung für das menschliche Wohlbefinden ist. Er wird auch »der Vater der Selbstachtungsbewegung« genannt. Nathaniel Branden hat vierzehn Bücher veröffentlicht mit einer Gesamtauflage von mehr als drei Millionen. Er hält häufig Vorträge vor Fachleuten und in Unternehmen. Zu seinen Veröffentlichungen gehören: *Ich liebe mich auch, Selbstvertrauen lernen* und *Die sechs Säulen des Selbstgefühls.*

*Dr. Leo Buscaglia* hat dreizehn Bücher geschrieben, die sich fast alle mit dem Thema Liebe befassen. Einmal standen fünf davon gleichzeitig auf der Bestsellerliste der *New York Times*. Sein erstes Buch, *Love*, ist seit zwanzig Jahren ein Verkaufserfolg. Mehr als achtzehn Millionen Exemplare seiner Bücher sind in Umlauf, und sein Werk ist in siebzehn Sprachen übersetzt. Er ist immer noch sehr aktiv, forscht, schreibt und hält weltweit Vorträge. Unermüdlich versucht er, über seine gemeinnützige Stiftung Felice Foundation und seine Mitarbeit bei einer Unzahl von philanthropischen Organisationen die Idee des Gebens und Liebens weiter zu fördern.
Leo Buscaglia lebt und arbeitet in Nevada. Er ist außerordentlicher Professor der University of Southern California, wo er neunzehn Jahre lang lehrte. Hier gab es zum ersten Mal seine berühmte »Love Class«.

*Dr. Richard Carlson* ist Doktor der Psychologie und in den USA ein bekannter Berater für Streßbewältigung und Lehrer auf dem Gebiet der persönlichen Entwicklung und Zufriedenheit. Mehrere Jahre lang schrieb er eine Zeitungskolumne mit der Überschrift »Rezepte für Glück und Zufriedenheit«, und er ist Autor vieler populärer Bücher, unter anderem von *Wege zu Gott – Leben aus der Liebe* (gemeinsam herausgegeben mit Benjamin Shield).
Richard Carlson hält viele Vorträge und ist gerngesehener Gast bei Talk-Shows. Er ist verheiratet und Vater zweier Kinder. Er lebt in Kalifornien.

*Dr. Deepak Chopra* ist ein internationaler Experte der Geist-Körper-Medizin. Er hält weltweit Vorträge, leitet Seminare und ist schon in vielen Fernseh- und Radioshows aufgetreten.
Er hat vierzehn Bücher veröffentlicht, darunter die außerordentlichen Bestseller *Die Körperzeit, Mit Ayurveda jung bleiben*, außerdem *Die Rückkehr des Rishi, Das Gewicht, das zu mir paßt, Endlich erholsam schlafen* und *Der Weg des Zauberers*. Seine Bücher sind in mehr als fünfundzwanzig Sprachen übersetzt, und er hat über dreißig Kassettenserien produziert.
Deepak Chopra steht im Mittelpunkt eines PBS-(Public-Broadcasting-Service-)Specials, das zum ersten Mal im Frühling 1995 ausgestrahlt wurde und eine der erfolgreichsten PBS-Spendenaktionen aller Zeiten ist.
Deepak Chopra wurde 1995 von Toastmasters International zu einem der besten fünf Redner Amerikas ernannt.

*Dr. Stephen R. Covey* ist Gründer und Vorsitzender des Covey Leadership Center, einer internationalen Firma mit siebenhundert Mitarbeitern. Ihr Ziel besteht darin, Menschen und Organisationen Mittel zur Erhöhung ihrer Leistung bei der Verfolgung lohnenswerter Projekte zu geben, und zwar auf der Grundlage von Principle-Centered Leadership.

Er ist auch der Gründer des Instituts für Principle-Centered Family Living, einer gemeinnützigen Forschungs-und-Entwicklungs-Gruppe, die sich der Reform des Schulwesens und der Verbesserung von Familien- und Gemeinschaftsleben verschrieben hat.
Seit mehr als fünfundzwanzig Jahren lernen Führungskräfte in Geschäftswelt, Regierung und Schulwesen bei Stephen Covey Führungs- und Managementqualitäten. Mehr als die Hälfte der Fortune-500-Firmen sowie Tausende mittlerer und kleinerer Betriebe nehmen seine Beratertätigkeit in Anspruch.
Er ist der Autor mehrerer Bücher und zahlreicher Artikel über Führungsqualitäten, persönliche und betriebliche Effektivität und familiäre und zwischenmenschliche Beziehungen. Sein Buch *Die sieben Wege zur Effektivität* war mit mehr als sechs Millionen verkauften Exemplaren Nummer eins der nationalen Bestsellerliste der *New York Times*. Es wurde in mehr als vierundzwanzig Sprachen veröffentlicht. Andere Titel sind *Die effektive Führungspersönlichkeit*, und sein neuester Bestseller heißt *First Things First*. Seine Zeitschrift *Executive Excellence*, die sich mit Führungsfragen beschäftigt, erscheint inzwischen im zehnten Jahr.

*Betty Eadie* ist die Tochter einer Siouxindianerin und wuchs als siebtes von zehn Kindern auf dem Land in Nebraska und im Indianerreservat Rosebud in South Dakota auf. Betty Eadie ist achtfache Mutter und Großmutter.
Im Alter von einunddreißig Jahren erholte sie sich gerade im Krankenhaus von einer Operation. Völlig überraschend ergaben sich jedoch Komplikationen, und sie war klinisch tot. Ihr Sterbeerlebnis gilt als eines der erstaunlichsten, von denen man jemals gehört hat. Betty Eadie schreibt darüber in ihrem Buch *Im Licht*, das bisher mehr als viereinhalbmillionenmal verkauft wurde und sich länger als ein Jahr auf der Bestsellerliste der *New York Times* befand.
Sie hat Hunderte von Reden über ihr Erlebnis gehalten und ist unzählige Male innerhalb und außerhalb der Vereinigten Staaten im Fernsehen aufgetreten. Betty Eadie lebt mit ihrem Mann Joe im Nordwesten der USA.

*Shakti Gawain* ist Bestsellerautorin und international anerkannte Rednerin sowie Workshopleiterin in der Weltbewußtseinsbewegung. *The Path of Transformation: How Healing Ourselves Can Change the World*, ihr neuestes Buch, ist das letzte in einer langen Reihe erfolgreicher Veröffentlichungen zum Thema »Der Mensch und seine Möglichkeiten«, etwa *Stell Dir vor: Kreativ visualisieren, Leben im Licht* oder *Im Garten der Seele*. Sie hat Tausenden von Menschen geholfen, ihre Intuition und Kreativität zu entwickeln und danach zu handeln. Sie ist in vielen amerikanischen Talk-Shows aufgetreten.

Shakti Gawain gründete zusammen mit ihrem Mann Jim Burns Nataray Publishing und war Mitbegründerin des Verlags New World Library. Sie und ihr Mann wohnen im kalifornischen Mill Valley und auf der hawaiianischen Insel Kauai.

*Dr. John Gray* ist der Verfasser vieler Bücher, unter anderem des phänomenalen Bestsellers *Männer sind anders. Frauen auch,* der in den Vereinigten Staaten mehr als dreimillionenmal verkauft wurde und in sechsundzwanzig Sprachen übersetzt ist.
Dr. Gray ist ein international anerkannter Experte auf den Gebieten Kommunikation, Beziehungen und persönliches Wachstum. Sein Hauptinteresse besteht darin, Männern und Frauen zu helfen, ihre Unterschiede zu verstehen, zu respektieren und schätzenzulernen. Seit über zwanzig Jahren führt er öffentliche und private Seminare durch, an denen bisher mehr als hunderttausend Menschen teilgenommen haben. In seinen höchst erfolgreichen Büchern und seinem beliebten Wochenendseminar »Männer, Frauen und Beziehungen« unterhält und inspiriert er sein Publikum mit praktischen Erkenntnissen und leicht anzuwendenden Methoden, die sofort zur Bereicherung von Beziehungen umgesetzt werden können.
John Gray wird in ganz Amerika gern als Vortragsredner eingeladen und hat schon oft in Fernsehen und Radio über seine Arbeit gesprochen.

*Louise L. Hay* hat sich als eine der Begründerinnen der Selbsthilfebewegung einen Namen gemacht. In ihren Büchern wie *Du bist Dein Heiler!* befaßt sie sich mit der Verbindung zwischen Geist und Körper. Sie erklärt, warum unsere Überzeugungen und Selbsteinschätzungen oft die Ursache unserer emotionalen Probleme und körperlichen Leiden sind und wie wir mit Hilfe bestimmter Methoden unser Denken ändern und unser Leben zum Besseren wenden können. Die Bücher erreichten weltweit Millionenauflagen. Thema ihrer Vorträge und Workshops sind ihre Heilmethoden und positive Philosophie; dort wird gelehrt, wie man mehr aus seinem Leben machen, wie man größeres Wohlbefinden von Seele, Körper und Geist erreichen kann.
Louise Hay konnte ihre Philosophien in die Praxis umsetzen, als bei ihr Krebs festgestellt wurde. Nachdem sie sich mit den Alternativen zu Operation und starken Medikamenten vertraut gemacht hatte, entwickelte sie ein Intensivprogramm des affirmativen Denkens, der Visualisierung, körperreinigende Ernährung und Psychotherapie. Innerhalb von sechs Monaten hatte sich der Krebs vollkommen zurückgebildet.
1985 gründete Louise Hay ihre in den USA berühmte Aids-Selbsthilfegruppe »The Hayride«, bei der sich bald allwöchentlich achthundert Menschen einfanden. Während dieser Zeit schrieb sie *The Aids Book: Creating a Posi-*

*tive Approach,* das ihre Erfahrungen mit dieser mächtigen Gruppe zur Grundlage hatte.
Zur Zeit ist sie Vorsitzende von Hay House, das einige der bedeutendsten Autoren von Selbsthilfebüchern unserer Zeit verlegt, und hat die Hay Foundation und den Louise L. Hay Charitable Fund ins Leben gerufen, gemeinnützige Organisationen, die viele unterschiedliche Organisationen unterstützen, darunter solche, die sich mit Aids, mißhandelten Frauen und anderen benachteiligten Gruppen unserer Gesellschaft befassen.
Louise Hays neuestes Buch *Life!* wurde 1995 veröffentlicht. Ihre monatliche Kolumne »Dear Louise« erscheint weltweit in über dreißig Zeitschriften. Sie lebt in San Diego in Kalifornien zusammen mit drei Hunden, zwei Kaninchen und einer Katze.

*Dr. Harville Hendrix,* Gründer und Präsident des Institute for Imago Relationship Therapy, ist der erfolgreiche Autor unter anderem von *Soviel Liebe, wie du brauchst.* Außerdem veröffentlichte er zusammen mit seiner Frau Helen Hunt, die ihn sehr bei der Entwicklung der Imago Relationship Therapy unterstützt hat, *The Couples Companion: Meditations and Exercises für Getting the Love You Want.* Eine weitere Gemeinschaftsarbeit ist *Getting the Love You Want: The Home Video,* bei dem Harville Hendrix und Helen Hunt leitender Cutter und leitende Produzentin waren. Diese preisgekrönte Serie wurde bei der Ausstrahlung im Fernsehen von Oprah Winfrey vorgestellt und empfohlen. Hendrix, ehemaliger Professor an der Southern Methodist University, machte seinen Doktor der Psychologie und Religionswissenschaft an der Theologischen Fakultät der University of Chicago und seinen Magister theol. am Union Theological Seminary in New York. Er hat einen Diplomabschluß der American Association of Pastoral Counselors und ist Mitglied der American Group Psychotherapy Association und der International Transactional Analysis Association. Harville Hendrix und Helen Hunt haben sechs Kinder.

*Helen Hunt,* M. A., arbeitet seit fünfzehn Jahren in der säkularen Frauenbewegung. Sie ist Präsidentin des Sister Fund, einer Frauenstiftung, deren Ziel es ist, Frauen und Mädchen sozial, ökonomisch, politisch und spirituell mit mehr Macht auszustatten; sie war maßgeblich an der Gründung anderer Frauenorganisationen in New York und Dallas beteiligt. In letzter Zeit hat sich ihr Schwerpunkt auf das Spirituelle verlagert, und sie nahm am Union Theological Seminary in New York City an Kursen zu feministischer Theologie teil. Zur Zeit arbeitet sie an einer Studie, die, wie sie hofft, durch das globale Bemühen von Frauen um mehr Würde, Gleichheit und Gerechtigkeit Wege aufzeigen könnte, in denen sich das Spirituelle und das Weltliche verflechten ließen. Ihrer Meinung nach wird die feministische Theologie dazu beitragen, eine größere Betonung auf Kollektivität und zwischenmenschliche Verknüpfungen zu legen, Energien, die in unserer heutigen Welt wichtiger sind als je zuvor. Sie lebt derzeit mit ihrem Mann Harville Hendrix und zweien ihrer sechs Kinder in New Mexico.

*Barry Neil Kaufman,* Autor, Redner und Dozent, ist der Mitgründer und einer der Direktoren des Option Institute, eines Lehrzentrums in Sheffield, Massachusetts, das Programme für diejenigen anbietet, die glücklicher, effektiver und erfolgreicher werden wollen. Das Option Institute hilft Menschen, unter anderem Familien mit »Problemkindern«, angesichts von Widrigkeiten hoffnungsvolle und liebevolle Lösungen für ihre Schwierigkeiten zu finden.
In seinem Buch *Happiness Is a Choice,* einem nationalen Bestseller, finden sich zu Herzen gehende Geschichten aus seiner zwanzigjährigen Erfahrung bei der Arbeit mit Menschen, denen das Schicksal besondere Schwierigkeiten in den Weg gelegt hat. Sein neuntes Buch, *Son-Rise: The Miracle Continues,* erschien 1995. Barry Neil Kaufman ist Vater von sechs Kindern.

*Samahria Lyte Kaufman* widmet sich seit nunmehr zwanzig Jahren den endlosen Möglichkeiten, die für jeden von uns bestehen. Alles begann, als sie und ihr Mann, der Autor Barry Neil Kaufman, damit anfingen, ihren eigenen Sohn gegen die von den Ärzten als »unheilbar« bezeichnete Krankheit Autismus zu behandeln. Dieses Unterfangen wurde Thema eines Buches und dann eines NBC-Fernsehspecials, *Son-Rise,* das mit dem Christopher Award und dem Humanitas Prize ausgezeichnet wurde. 1994 erschien das Buch in seiner überarbeiteten Fassung. Es enthält die ursprüngliche Geschichte und zusätzlich die Erfahrungen von fünf weiteren Familien, die mit Hilfe dieser Methode ihre anscheinend »hoffnungslosen« Kinder heilten. Sie ist außerdem Mitverfasserin des Buchs und Drehbuchs *A Sacred Dying,* in denen sie ihre Arbeit auf das Thema »Sterben und Tod« anwendet. 1983 gründeten Samahria Lyte Kaufman und ihr Mann das Option Institute.

*Daphne Rose Kingma,* Dichterin, Psychotherapeutin und Beraterin in Beziehungsfragen, praktiziert seit mehr als fünfundzwanzig Jahren in Beverly Hills und Santa Barbara in Kalifornien.
Sie ist unter anderem Verfasserin von *Die kleinen Gesten der Liebe, Liebe für jeden Tag,* außerdem des revolutionären Buchs über die männliche Psychologie für Frauen: *Allein schafft ein Mann das nie. Frauen bringen Männer an ihre Gefühle.* Kürzlich erschienen ist *Heart and Soul: Living the Joy, Truth and Beauty of Your Intimate Relationship.*
Ihre Bücher sind in neun Sprachen übersetzt. Sie hält viele Vorträge und ist häufiger Gast in Talk-Shows.

*Dr. Jack Kornfield* hat sich in Thailand, Birma und Indien in der buddhistischen Mönchsreligion ausbilden lassen und lehrt seit 1974 weltweit Meditation. Er ist einer der wichtigsten Lehrer, die die buddhistische Theravada-Tradition in den Westen einführten. Seit vielen Jahren liegt der Schwerpunkt seiner Arbeit darin, die großen spirituellen Lehren des Ostens zu integrieren und sie den westlichen Menschen und Gesellschaften zugänglich zu machen. Er hat außerdem einen Doktor in klinischer Psychologie. Er ist verheiratet, Vater, Psychotherapeut und Begründer der Insight Meditation Society und des Spirit Rock Center. Zu seinen Büchern gehören *Buddhas kleines Weisungsbuch, Frag den Buddha – und geh den Weg des Herzens* und *Die Lehren Buddhas.*

*Dr. Harold Kushner* ist Rabbi Laureatus des Temple Israel, Natick, Massachusetts, nachdem er vierundzwanzig Jahre lang dieser Gemeinde gedient hatte. Am bekanntesten ist er für sein Buch *Wenn guten Menschen Böses widerfährt,* einen internationalen Bestseller, der zum ersten Mal 1981 erschien. Das Buch wurde in zwölf Sprachen übersetzt und von den Mitgliedern des Book-of-the-Month Club zu einem der zehn einflußreichsten der letzten Jahre erkoren. Er ist außerdem Verfasser weiterer, zum Teil mit Preisen ausgezeichneter Bücher.
Rabbi Kushner wurde in Brooklyn in New York geboren und studierte an der Columbia University. Er wurde 1960 am Jewish Theological Seminary geweiht und erhielt 1972 am gleichen Seminar seinen theologischen Doktor. Er ist fünffacher Dr. h. c., hat an der Hebrew University in Jerusalem und an der Harvard Divinity School studiert und an der Clark University in Worcester in Massachusetts und der Rabbinerschule des Jewish Theological Seminary unterrichtet.

*Stephen Levine* war in den späten sechziger Jahren Herausgeber des *San Francisco Oracle.* Nach intensivem Studium der Mindfulness-Meditation bei einem amerikanischen buddhistischen Mönch gab er die Mindfulness Series für Unity Press heraus. Er hat mehrere Bücher veröffentlicht, darunter *Schrot für die Mühle* (zusammen mit Ram Dass), *Sein Lassen. Heilung im Leben und im Sterben, Sich öffnen ins Leben* und *Wege durch den Tod.*

*Ondrea Levine* leitete zusammen mit ihrem Mann das Hanuman Foundation Dying Project. Seit nunmehr zwanzig Jahren arbeiten die Levines mit Sterbenskranken und Menschen, die sich in einer Krise befinden. In trauter Zweisamkeit leben sie inmitten der hohen Bergwälder im Norden New Mexicos. Sie schreiben, lehren und heilen gemeinsam. Ihr neuestes Buch, *Embracing the Beloved: Relationship as a Path of Awakening,* gibt Einblick in ihren Lebens- und Erfahrensprozeß.

*Dr. Patricia Love* ist approbierte Ehe- und Familientherapeutin. Sie ist Mitglied und ausgewiesene Tutorin in der American Association for Marriage and Family Therapy und ehemalige Präsidentin der International Association for Marriage and Family Counselors. Zusammen mit Jo Robinson hat sie zwei Bücher geschrieben: *Heiße Liebe in festen Partnerschaften* und *Wenn Kinder unter Liebe leiden.* Patricia Love hat mehrere Artikel veröffentlicht, ist von zahlreichen populären Zeitschriften interviewt worden und tritt regelmäßig in Talk-Shows auf.
Sie ist Ausbilderin und Dozentin am von Harville Hendrix gegründeten Institute for Imago Relationship Therapy und verbringt den größten Teil ihrer Arbeitszeit mit Schreiben, dem Halten von Vorträgen und der Lehre. Sie ist in den USA für ihre mit Humor und praktischen Informationen angereicherte nüchterne Art bekannt. Sie lebt im texanischen Austin, umgeben von Freunden, Familie und der lebendigen Tejanokultur.

*Victoria Moran* ist die Verfasserin mehrerer Bücher, darunter *Essen mit Lust und Liebe.* Artikel von ihr sind schon in *Ladies' Home Journal, Vegetarian Times, New Age* und *Creation Spirituality* erschienen.
Sie reist viel durch Indien und Tibet und hält überall in den Vereinigten Staaten Vorträge über mitfühlendes Leben und praktische Spiritualität. Sie lebt in Kansas City in Missouri.

*Hugh Prather,* der Bücher wie *Notes on Myself, Notes on How to Live in the World … and Still Be Happy* und viele andere geschrieben hat, wurde von der New York Times schon »ein amerikanischer Khalil Gibran« genannt und von der Zeitschrift *New Realities* als »einer der ergreifendsten, einsichtsvollsten, anregendsten spirituellen Autoren unserer Zeit« bezeichnet. Er ist Vater, Geistlicher, Lehrer und Therapeut.

*Gayle Prather* ist Mitbegründerin der Santa-Fe-Grief-Selbsthilfegruppe, die Eltern hilft, deren Kinder gestorben sind. Sie ist außerdem Mutter von drei Jungen und (zusammen mit ihrem Mann Hugh) Mitverfasserin mehrerer Bücher. Hugh Prather hat über sie geschrieben: »Gayle ist einfach das warmherzigste, selbstloseste, einfühlsamste Wesen auf der Erde.« Zusammen leiten sie landesweit Workshops für Paare. Die Prathers leben in Arizona.

*Ram Dass* wurde 1931 als Richard Alpert geboren. Er studierte Psychologie, wo er sich auf menschliche Motivation und Persönlichkeitsentwicklung spezialisierte. Er machte am Wesleyan seinen Magister und promovierte an der Stanford University. Er arbeitete an den psychologischen Fakultäten von Stanford, der University of California und der Harvard University.
1974 rief Ram Dass die Hanuman Foundation ins Leben, eine Stiftung mit

dem Ziel, den Menschen westlicher Kulturen spirituelles Bewußtsein und Wohlbefinden näherzubringen. Aus der Stiftung entstand das Living-Dying Project, das unheilbar kranken Menschen und Sterbenden Unterstützung und bewußtes Umsorgen geben soll. Außerdem entstand das Prison-Ashram Project, das Gefängnisinsassen helfen soll, während ihrer Inhaftierung spirituell zu wachsen. Beide Projekte führen ihre Arbeit jetzt erfolgreich als gemeinnützige Organisationen weiter.
Ram Dass hat eine Reihe von spirituellen und Selbsthilfebüchern verfaßt, unter anderem *Sei jetzt hier, Subtil ist der Pfad der Liebe, Schrot für die Mühle* (zusammen mit Stephen Levine) oder *Auf dem Weg zum Herzen.*
1978 war Ram Dass Mitbegründer der Seva Foundation – einer internationalen Hilfsorganisation, die sich überall in der Welt im Bereich Gesundheit und soziale Gerechtigkeit einsetzt. Seine Vorträge und Workshops sind eine Hauptquelle für Spenden und Public Relations der Sevastiftung.
Ram Dass lehrt und hält Vorträge in der ganzen Welt: der Dienst am Mitmenschen als Weg zur Spiritualität, Altern als Möglichkeit zum Erwachen, die Beziehung zwischen geschäftlicher und sozialer Verantwortung, zwischenmenschliche Beziehungen, spirituelles Erwachen und seine Methoden, soziale Aktivität. Wenn er nicht auf Reisen ist, wohnt Ram Dass in San Anselmo in Kalifornien.

*James Redfield* interessiert sich seit nunmehr zwanzig Jahren für den Menschen und inneres Wachstum. Er hat einen Abschluß in Soziologie und einen Magister in Counseling. James Redfield blickt auf eine fünfzehnjährige Tätigkeit als Therapeut von emotional gestörten Jugendlichen zurück. Zur Zeit schreibt er über die spirituellen Dimensionen menschlichen Bewußtseins und hält Vorträge zu diesem Thema.
Sein erster Roman, *Die Prophezeiung von Celestine* ist eine spannende Abenteuergeschichte voller Intrigen und Offenbarungen. In dieser Geschichte findet sich eine mitreißende Vision des neuen spirituellen Verständnisses, das sich in persönlicher und globaler Bewußtheit durchzusetzen beginnt. Zur Zeit hat die gebundene Ausgabe in den USA eine Auflage von 1,2 Millionen und befindet sich seit mehr als hundert Wochen auf der Bestsellerliste der *New York Times,* inzwischen auf Platz 1. Daneben ist er der Verfasser der Bücher *Das Handbuch der zehnten Prophezeiung der Celestine, Das Celestine-Meditationshandbuch* und *Mit der Erde sprechen.*

Nach einer Reihe von einschneidenden Veränderungen in ihrem Leben litt *Salle Merrill Redfield* 1989 unter zunehmendem Streß und Angstanfällen. Da sie schon die wohltuende Wirkung der Meditation kennengelernt hatte, trat sie einer Meditationsgruppe bei und wurde bald gebeten, die Leitung der Gemeinschaft zu übernehmen. Diese Erfahrung bildete die Grundlage

für die Gruppenmeditationen, die Salle Merrill Redfield später in Zusammenarbeit mit ihrem Mann leiten sollte, als sie in der ganzen Welt herumreisten und über *Die Prophezeiung von Celestine* sprachen.
Salle Merrill Redfield lebt zur Zeit mit ihrem Mann in Alabama und Florida und schreibt regelmäßig für *The Celestine Journal.*

*John Robbins* ist der Autor des internationalen Bestsellers *Ernährung für ein neues Jahrtausend.* Für viele der führenden amerikanischen Autoritäten auf dem Gebiet alternativer Gesundheit und Ökologie gilt er als der weltweit führende Experte für die Verbindung von Ernährung, Umwelt und Gesundheit. Sein Leben und seine Arbeit waren Mittelpunkt des einstündigen PBS-(Public-Broadcasting-Service-)Specials *Diet For a New America.*
John Robbins ist ein angesehener Redner auf bedeutenden Konferenzen, die von UNICEF und vielen anderen Organisationen des öffentlichen Interesses gesponsert werden. Er ist Träger des Rachel Carson Award 1994. Als er vor den Vereinten Nationen sprach, erhielt er stehende Ovationen.
John Robbins, der einzige Sohn des Gründers des Baskin-Robbins-Eiskrem-Imperiums, drehte einem Leben in immensem Reichtum den Rücken zu und verschrieb sich »dem Traum einer Gesellschaft, die mit sich im reinen ist, weil sie alle Lebensformen respektiert und mit ihnen in Harmonie lebt«. Er gründete die gemeinnützige Stiftung EarthSave, die Anleitungen zu einer gesünderen umweltbewußteren Ernährung, zu »sauberen« Energien und einer besseren Nutzung natürlicher Ressourcen gibt.

*Gabrielle Roth* ist die Autorin von *Das befreite Herz,* Gründerin des Moving Center, künstlerische Direktorin ihrer Schauspieltruppe The Mirrors und ehemaliges Mitglied des Actor's Studio (Abteilung Playwright & Director). Ihre eindringlichen Musikalben, darunter *Tongues, Luna, Trance, Waves, Ritual, Bones, Initiation und Totem,* sind halb Trance-, halb Tanzmusik, und ihr revolutionäres Video *The Wave* hat bei Menschen in der ganzen Welt einen nachhaltigen Eindruck hinterlassen.
Gabrielle Roth hat sich dem Erforschen und Kommunizieren der Sprache der Urbewegung, ekstatischer Erfahrung und der Reise der Seele verschrieben. Sie lebt zur Zeit in Manhattan, wo sie experimentelles Theater unterrichtet und andere darin ausbildet, ihre Methoden in einem künstlerischen, erzieherischen und heilenden Kontext anzuwenden.

*Sharon Salzberg* praktiziert und studiert seit 1970 unterschiedlichste buddhistische Traditionen. Sie hat bei Lehrern aus vielen Ländern gelernt, darunter Indien, Birma, Nepal, Bhutan und Tibet. Seit 1974 leitet sie weltweit Einkehrtage, Freizeiten der Besinnung. Sie lehrt sowohl intensive Bewußtheit als auch die tiefe Verinnerlichung von Güte und Mitgefühl.

Sharon Salzberg ist Mitbegründerin und leitende Hand der Insight Meditation Society in Barre in Massachusetts, wo man in Einkehrtagen unterschiedlicher Länge Unterricht in Meditation erhalten kann. Sie ist ebenfalls Mitbegründerin der Integration buddhistischer Lehren in die moderne Welt und die Autorin des Buches *Geborgen im Sein.*

*Dr. Benjamin Shield* ist Therapeut, Erzieher und Dozent, der in Santa Monica in Kalifornien praktiziert und überall in den Vereinigten Staaten und in Europa unterrichtet. Er hat an der University of California Biochemie und Biologie studiert und einen weiteren Abschluß der Boston University School of Medicine. Promoviert hat er auf dem Gebiet der Gesundheitswissenschaften. Seine Arbeit befaßt sich vor allem mit der Integration von Körper, Seele und Geist und hilft den Menschen, Schmerzen zu reduzieren und außergewöhnliche Ebenen emotionaler und körperlicher Lebensentscheidungen zu erreichen. Er ist überzeugt, daß Heilen und Spiritualität vieles gemeinsam haben und jedem von uns zugänglich sind. Benjamin Shield ist häufiger Gast in Fernseh- und Radio-Talk-Shows.
Er ist Verfasser zahlreicher Artikel zu Psychologie, Heilen und Spiritualität, und seine Bestseller wie *Wege zu Gott – Leben aus der Liebe* wurden in zahlreiche Sprachen übersetzt. Kürzlich war er Gast in der Serie *Medicine of Magic?,* einer Gemeinschaftsproduktion von BBC und Canadian TV, und schrieb einen Beitrag für das Buch *Alternative Medicine.*

Vor über fünfzehn Jahren sprach *Dr. Bernie Siegel* zum ersten Mal über die Ermächtigung von Patienten und die Möglichkeit, erfüllt zu leben und in Frieden zu sterben. Siegel – oder Bernie, wie er lieber genannt werden möchte – hat als Arzt schon mit Tausenden von Schwerkranken zu tun gehabt und vertritt eine Philosophie des Lebens – und Sterbens –, die an der Spitze ärztlicher Ethik steht.
1978 begann Bernie Siegel mit Exceptional Cancer Patients (ECaP), einer besonderen Form von individueller Therapie und Gruppentherapie, bei der Träume, Zeichnungen und Bilder der Patienten eine Rolle spielen. ECaP basiert auf einer liebevollen, sicheren therapeutischen Konfrontation, die persönliche Veränderung und Heilung erleichtert. Diese Erfahrung führte für Bernie Siegel zu dem Wunsch, jeden Menschen über seine Heilungspotentiale aufzuklären. Seine Bestseller wie *Prognose Hoffnung* und *Mit der Seele heilen* erschließen völlig neue Aspekte der Kunst des Heilens.
Die Familie Siegel lebt in New Haven in Connecticut. Bernie und seine Frau Bobbie Siegel haben zusammen mehrere Bücher herausgebracht und sind Eltern von fünf Kindern. Die Familie hat unzählige Interessen und Haustiere. Ihr Haus gleicht einer Kreuzung aus Familienmuseum, Zoo, Kunstsammlung und Autowerkstatt.

*Dr. Andrew Weil* ist der Autor von sechs Büchern, darunter des Bestsellers *Spontanheilung. Die Selbstheilungskräfte des Körpers.* Er hat an der Harvard Medical School studiert und für das National Institute of Mental Health gearbeitet. Fünfzehn Jahre lang war er als Stipendiat des Institute of Current World Affairs Forschungsbeauftragter der Ethnopharmakologie am Harvard Botanical Museum. Er reiste durch die ganze Welt und sammelte Informationen über die Heilkraft von Pflanzen, veränderte Bewußtseinszustände und Heilen.
Zur Zeit ist er Direktor der Division of Social Perspectives in Medicine und des Programms für integrative Medizin der University of Arizona in Tucson, wo er natürliche und Präventivmedizin praktiziert.

*Dr. John Welwood* ist Krankenhauspsychologe und Psychotherapeut mit Privatpraxis. Er schrieb erfolgreiche Bücher wie *Dem Herzen folgen.* Sein neuestes Buch trägt den Titel *Love and Awakening: Discovering the Sacred Path of Intimate Relationship.*
Zusammen mit seiner Frau Jennifer führt John Welwood Journey-of-the-Heart-Seminare durch, die auf den Prinzipien und Praktiken seiner Bücher basieren und für Alleinstehende oder Paare gedacht sind, die sich für bewußte Beziehungen interessieren. Die Welwoods leben und arbeiten in der San Francisco Bay Area.

*Marianne Williamson* ist eine international erfolgreiche Autorin und Rednerin. Jedes ihrer drei Bücher – *Frausein als Weg* und *Illuminata. Gedanken und Meditationen für eine Rückkehr zur Liebe* sowie *Rückkehr zur Liebe* stand schon auf Platz eins der Bestsellerliste der *New York Times.*
Marianne Williamson reist seit 1983 durch die USA und in andere Länder, um Vorträge über Spiritualität und Metaphysik zu halten. Sie organisiert im ganzen Land Wohltätigkeitsveranstaltungen, um Menschen mit lebensbedrohlichen Krankheiten zu helfen.